Thomas Noetzel / Horst-Dieter Zahn (Hrsg.)

Die Kunst des Möglichen

Thomas Noetzel · Horst Dieter Zahn (Hrsg.)

DIE KUNST DES MÖGLICHEN

Neokonservatismus und industrielle Kultur

CIP-Titelaufnahme der Deutschen Bibliothek

Die *Kunst des Möglichen* : Neokonservatismus und industrielle Kultur /
Thomas Noetzel ; Horst-Dieter Zahn (Hrsg.). -
Marburg : SP-Verl. 1989
ISBN 3-924800-41-3
NE: Noetzel, Thomas [Hrsg.]

SP-Verlag Norbert Schüren GmbH
Deutschhausstraße 31, 3550 Marburg

Druck: Fuldaer Verlagsanstalt, Fulda
Printed in Germany

ISBN 3-924800-41-3

Inhalt

Vorwort der Herausgeber

Trotz aller aktuellen politischen Pannen, Skandale und Wahlniederlagen ist der deutsche Konservatismus stark und erfolgreich. Er hat seinen Schwung noch nicht verloren. Das ist für den großen Teil der Linken sicherlich eine provozierende Feststellung. Gängig und einfach ist es, den Konservatismus moralisch anzuklagen, Belege für seine intellektuelle Unterlegenheit zu sammeln und das Neue und Moderne an ihm nur als Verkleidung zu sehen. Mit der »Entlarvung« des rechten Gegners ist dann die Immunisierung der eigenen Positionen verbunden. So erfreut man sich an Scheinsicherheiten und verliert gleichzeitig den Kontakt zu einer gesellschaftlichen Realität, in der die Neokonservativen Legitimation und Sinnproduktion prägen.

Daneben gibt es aber auch diejenigen, die sich als »Vordenker« darstellen und doch nur dem neokonservativen »Zeitgeist« gedankenlos hinterherrennen und sich ihm angleichen.

Vertreter beider Trends bestätigen sich gegenseitig: Die »Renegaten« verweisen, wenn sie in ihrem libertären Heißluftballon abheben und Ballast über Bord werfen, auf gebetmühlenhafte Orthodoxie, politische Arterienverkalkung der Linken. Die »Linientreuen« auf der anderen Seite entlarven dies: Eine neue Mittelschicht schmiege sich hier politisch-kulturell den Konservativen an. Im Prinzip gebe es nichts Neues zu vermelden.

Viele Kommentare und Analysen breiten die Überzeugung aus - sie ist vor allem in den Gewerkschaften verbreitet -, die Regierungspolitik laufe auf eine Neuaufführung dessen hinaus, was aus den 50er und frühen 60er Jahren bekannt ist, mit allenfalls neuen Schauspielern und modernerem Bühnenbild. Hier (ebenso wie in manchen Anspielungen auf die »Nähe« zur Weimarer Republik) wird das große Bedürfnis deutlich, in den schwierigen Auseinandersetzungen und irritierenden Problem-Konstellationen von heute in heroisch anmutenden Kostümen von gestern herumzulaufen. Das soll Sicherheit und das Gefühl von Übersicht geben. Peter Glotz hat dies treffend und bitter die »Stimmung in der Wagenburg« genannt. Könnte die Linke etwa unversehens zum Bestandteil einer affirmativen »Musealisierung der Industriekultur« sich entwickeln, indem sie in Theorie wie Praxis immer nostalgischer wird? Dann wäre ihr das Verständnis eines Hermann Lübbe sicher. Sein Wohlwollen gilt schließlich all den verschiedenen Versuchen, der verlorengehenden »Anmutungsqualität des Vertrauten« nachzusinnen - wenn diese »Vergangenheitsflüchtigkeit« nur hübsch kompensatorisch und regressiv bleibt.

»Der Aufklärer muß immer daran denken: Der Konservative könnte recht haben!« Diese Mahnung Herbert Schnädelbachs sollte Bestandteil jeder kritischen Anstrengung sein, die der Zwieschlächtigkeit der Aufklärung eingedenk ist. Auch die Linke muß in ihrer Auseinandersetzung an ihr entlang denken. Vergleicht man die Konservatismus-Kritik der 68er Jahre mit der heutigen Situation, so wird ein gravierender Wandel deutlich:

Die skeptischen Einwände gegen den Fortschritt der bürgerlichen Gesellschaft, zumal gegen die Ineinssetzung von Vernunft und technisch-wissenschaftlicher Expansion, waren wohl prominent (Adorno, Benjamin, Bloch, Horkheimer, Marcuse u.a.) und umfangreich ausgebreitet worden; auch in der Neuen Linken setzte sich aber jenes fatale Überlegenheitsgefühl fort, in dem man, den Wind der Geschichte im Rücken, die konservativen Gegner als Ewig-Gestrige abtut. Deren Widerstand gegen radikale Demokratisierung galt nicht nur als moralisch und politisch kritikwürdig und als theoretisch falsch begründet. Er war besonders auch darum verachtenswert, weil er sich gegen die Logik der objektiven Entwicklung stemmte. In Helga Grebings hervorragender, umfang- und einflußreicher Konservatismus-Kritik etwa zieht sich die Gewißheit wie ein roter Faden durch ihre Argumentationen, die »demokratisierenden Effekte der Entwicklung der Produktivkräfte« würden die politische Rechte schon in die Enge treiben.

Von dem Vertrauen auf die Produktivkraft-Entwicklung ist heute nicht mehr viel zu spüren. Die Linken sind, wie Wulf Schönbohm aus dem Konrad-Adenauer-Haus süffisant anmerkte, »von Bannerträgern zu Klageweibern des Fortschritts« geworden. Parallel zu diesem Rückzug in die Larmoyanz haben sich die Konservativen gefangen und eine Zukunftszuversicht entwickelt, die nicht nur semantische Waffe ist, sondern durchaus auf Überzeugung beruht und erhebliche Auswirkungen zeigt.

Die Konservativen sind nun die »Bannerträger des Fortschritts«. Dies ist gewiß nicht neu, versteht man darunter wirtschaftliches Wachstum, Zunahme von Technik und Wissenschaft. Der lange Weg von der radikalen kulturpessimistischen Ablehnung dieses Fortschritts bis zur Begeisterung für ihn hatte schon vor dem Beginn der politisch-kulturellen Protestbewegungen der 60er und 70er Jahre im »technokratischen Konservatismus« geendet. Was vor etwas mehr als 20 Jahren aber noch aufgeregte Denkanstrengungen, polemischen Eifer und umtriebige Aktivitäten ausgelöst hatte, war die Furcht vor der *kulturellen Moderne*, war die Angst, das erhoffte »Ende der Aufklärung« würde noch einmal hinausgeschoben und maßlos radikale Subjektivität könnte ihr die Institutionen wie die

Menschen selbst zerstörendes Werk beginnen. Sie ist mittlerweile bei einer maßgeblichen »Strömung« der deutschen Konservativen überwunden. Während die zutiefst besorgten Rechten schon Mitte der 60er Jahre Pläne schmiedeten (»Formierte Gesellschaft«), quasi gegen die Gesellschaft repressiv vorzugehen - also eine Bändigung der kulturell massenhaft wirksamen subversiven Kräfte sozusagen »von oben« und »von außen« und autoritär -, können die aufgeklärten, modernen Enkel gerade mit gesellschaftlichen Trends Politik machen.

So werden sie zu den wahren »Künstlern des Möglichen«. Und das gerade in bezug auf eine Kunst, die offensichtlich jede Widerständigkeit gegen die gesellschaftlich-ökonomische Entwicklung aufgegeben hat. Zur High Technology gesellt sich die Ästhetik des Video-Clips. In den allerorten entstehenden Medienzentren wird dem Mega-Chip das »Schöne« abgezwungen. Andrew Lloyd-Webber schreibt das passende Musical dazu und gerät in den Verdacht, ein großer Komponist zu sein. Diese Versöhnung von sozialer, wirtschaftlicher Innovation und einer Kunst, die das Jetzige für das Mögliche ausgibt, hätten sich jene bei Ästhetik und Moderne immer Skandal mitdenkenden Altkonservativen wohl nicht träumen lassen. Die real*politische* »Kunst des Möglichen« (v. Bismarck) des 19. Jahrhunderts, in der immer das Bewußtsein des nicht Einzulösenden, des Mangelhaften lebendig blieb, wird im ausgehenden 20. Jahrhundert von einer Kunstproduktion willfährig übertroffen, die die Gegenwart für die Beste aller Zeiten erklärt.

Wenn wir hier von *Neo*konservatismus reden, dann nicht, um Spitzfindigkeiten zu entfalten oder ähnliche Verlegenheiten zu kaschieren, wie sie in dem Gebrauch verwandter Präfixe wie »Post-« oder »Spät-« zuweilen zum Ausdruck kommen. Wir meinen dabei dreierlei: *Erstens* die Tatsache, daß der Konservatismus insgesamt ein neues Gesicht hat, neu zusammengesetzt und sozial, politisch und kulturell erneuert ist. *Zweitens*, daß innerhalb des konservativen Spektrums eine spezifische Strömung, die der »*Modernitätstraditionalisten*«, die intellektuell anregendste und fruchtbarste, die im eigenen »Lager« wie der gesamten Gesellschaft einflußreichste ist. *Drittens*, daß er über parteipolitische Grenzen hinweg ein politisch-kulturelles Phänomen ist, eng verknüpft mit wichtigen gesellschaftlichen Wandlungen.

Fragen der Wirtschafts-, Technologie- oder auch Sozialpolitik werden in diesem Band nicht eigens behandelt. Zum einen, weil wir den Eindruck haben, an solchen Analysen mangele es nicht; zum anderen, weil wir uns auf die *politisch-kulturellen* Aspekte, Gehalte und Wirkungen des Neokonservatismus konzentrieren wollen. Sie sind keine bloßen Nebenfolgen oder Resultanten der ökonomischen Entwicklung und lassen sich zumindest aus ihr allein nicht erklären. Jene zahlreichen Analysen, in denen triumphierend oder in verhaltener Zufriedenheit nachgewiesen wird, welche nackten ökonomischen Interessen hinter der politischen Propaganda stünden, mögen zuweilen das modische Wort von der »*kulturellen Hegemonie*« verwenden - können aber dennoch nicht erklären, worin diese denn bestehe und wie sie sich entwickelt. Oft genug bleibt dies ein Rätsel, das noch nicht einmal formuliert wird: Wie denn die Mehrheiten und die zur konservativen Politik passenden politischen Apathien zustandekommen, wenn doch deren Schaden für die Mehrheit auf der Hand liege?

Die Antwort lautet hier wie so oft: falsches Bewußtsein. Daraus ergeben sich dann vergleichsweise schlichte pädagogische Konsequenzen: Die Kritik - als Entlarvung - muß unermüdlich sein, also wiederholt und in ihrer Präsentationsform verbessert werden. Seit 1988 mehren sich die Hoffnungen auf »Verschärfung der Widersprüche« zwischen den verschiedenen Strömungen und Gruppierungen im Regierungslager. Diese Widersprüche, zusammen mit den Skandalen und den anderen Verschleißerscheinungen sowie vor allem der immer offener zutagetretenden Umverteilung zu Lasten der Schwachen lasse das Ende der konservativen Ära näherkommen. Die Reduktion des Politischen auf die Ebene des Bonner Spektakels wird hier deutlich. Als ob es mit den zerfallenden Begriffen und Strategien der Linken besser bestellt wäre, wenn diese Regierung im Orkus verschwände!

Gegen diese rein wahlarithmetischen Spekulationen, in denen nur vom Staat, aber nicht mehr von der Gesellschaft die Rede ist, haben wir viele Einwände. Einmal abgesehen davon, daß in den Prognosen des Niedergangs der Konservativ-Liberalen eine kräftige Portion Wunschdenken enthalten ist, die der nüchternen Einschätzung nicht bekommt: Wie sollte denn eine Alternative aussehen, die mehr als nur eine Ablösung der Regierungsmehrheit bedeutet? Bei der Bestimmung der Ziele und Konturen einer solchen Alternative ist selbstkritische Aufarbeitung linker Politik ebenso vonnöten wie das Zur-Kenntnis-Nehmen neokonservativen Denkens. Gerade weil es zum Teil in hohem Maße differenziert und realitätshaltig ist und weil im politischen Niedergang der Linken diese Eigenschaften und Potenzen von Theorie enorm gelitten haben.

Ein Beispiel dafür bietet die Fähigkeit der politischen Mehrheit, den Freiheits-Diskurs zu bestimmen. Dabei ist es mit der Klage nicht getan, dies sei schamlose Ideologisierung ökonomischer Interessen. Der dann meist nachgeschobene Hinweis, die Freiheit aller anderen, der »kleinen Leute« zumal, sei gar nicht ernsthaft gemeint, ist gleichfalls nicht ganz falsch und zielt doch auch daneben. Die vor allem in der gewerkschaftlichen Publizistik ausgebreitete Polemik gegen den neokonservativen Freiheits-Diskurs ist aus verschiedenen Motiven zusammengesetzt;

neben verständlichem *Mißtrauen* und *Abwehr* enthält sie auch *Ignoranz* und einen durchaus unangebrachten *Impetus der erzieherischen Belehrung »falschen Bewußtseins«.* (Die Debatte um eine Flexibilisierung der Arbeitszeit ist ein Beleg dafür). Ignoriert wird, daß noch die »verlogenste« konservative Propaganda populär ist, weil sie an Erfahrungen und Enttäuschungen der Menschen vor allem mit der sozial-liberalen Reformpolitik anknüpfen kann. Ignoriert wird auch, daß dieser Diskurs nicht der gleiche ist wie der vor 30 Jahren oder auch der Maggie Thatchers, sondern einer, der sich auf aktuelle soziale und kulturelle Verschiebungen in der Bundesrepublik bezieht.

Der modische Begriff der *Individualisierung* ist eine Chiffre für solche Verschiebungen. Er enthält drei zu unterscheidende Dimensionen. Zunächst ist *Individualisierung* (im engeren Sinne) als *sozialstruktureller* Vorgang gemeint: fortschreitende Differenzierung von Lebenslagen auf dem Weg einer institutionellen Erweiterung individueller Optionen; dann *Privatisierung* als *soziokultureller* Vorgang: Zerstörung von Gemeinschaftsbezügen und Isolierung der Individuen voneinander; schließlich *Autonomisierung* als *psycho-sozialer* Vorgang: Die Individuen werden dazu befähigt, mit vorgegebenen Handlungsalternativen reflektiert, selbstbewußt umzugehen.

Die Individualisierung (im engeren Sinne) wird nun rasch nach etwa diesem Muster »erledigt«: Erstens gebe es sie gar nicht, zweitens habe es sie schon immer gegeben, drittens sei sie nicht relevant, viertens eine Ideologie in den neuen Mittelschichten. Diese - etwas überspitzt gezeichnete - Reaktion von Teilen der Linken ist ein Abwehrvorgang, in dem höchst widersprüchliche Politikmuster zusammenkommen. Zum einen ein inzwischen verkalkter, erstarrter Etatismus, in dem *Solidarität* ein *autoritär* und *staatlich hergestellter Zustand der Uniformität* ist; zum anderen ein leninistischer Anachronismus, die von der revolutionären Partei hegemonial hergestellte und gewährleistete Vereinheitlichung der Arbeiterklasse. Beide Muster treffen sich im *Mißtrauen gegen die Verschiedenheit*, die *Abweichung* - und bestätigen insofern den konservativen Diskurs gegen die Gleichmacherei. Ähnliches ließe sich zur Reaktion auf die Trends der Privatisierung und Autonomisierung sagen. Ersterer wird undialektisch als ausschließlich negativ gesehen - unterstellt wird außerdem, daß er auch von den Individuen als negativer erlebt und begriffen werde. Außer der Betrachtung bleiben zudem die Ansätze neuer und neuartiger Gemeinschaftsformen sowie alltagskultureller Veränderungen. Die gleiche Borniertheit findet sich auch in der Reaktion auf den Trend der »Autonomisierung«. (Man vergleiche das mit den konservativen Reflexionen über die Ambivalenz der Selbstverwirklichungswerte.) In der traditionalistischen Linken wird die Bedeutung der Lebensstile und der Persönlichkeitsentwicklung unter dem Signum der Individualisierung zu oft noch mit altklugen Hinweisen auf die Bedeutung der Strukturen abgetan. Von den Neokonservativen kann dabei viel gelernt werden.

Modelle einer wie auch immer zeitgemäß angepaßten etatistisch durchstrukturierten Gesellschaft taugen - so viel ist jetzt schon klar - als utopische Alternativen zu *dieser* Gesellschaft nicht mehr. Ein geläuterter, sozusagen Kreide fressender Leninismus hat ebenfalls verspielt, mag er sich auch mit sowjetischen Federn schmücken. Die beschworenen Werte der Offenheit, Vielfalt und politischen Kultur lassen sich nämlich letztlich nicht halbieren; werden sie verwirklicht, ist es mit Führern vorbei, auch mit denen, die womöglich sympathisches Charisma ausstrahlen.

In anderen, noch einmal gemäßigten und geläuterten Gesellschaftsentwürfen bei Linken, Alternativen und Grünen - ob nun die anheimelnde Dezentralität und das Netzwerk in ihrem Zentrum stehen oder die politisch nichtssagende bis dubiose »Kreislaufwirtschaft« - tritt das Moment linker Führungs- und Herrschaftsansprüche zurück und macht einem anderen, damit aber eng verwandten, Platz: dem Unvermögen, Gegensätze und Konflikte auszuhalten. Im paternalistischen, ja erziehungsdiktatorischen Zug mancher ökologischer Utopien ist diese Konfliktscheu ebenfalls nachzuweisen. In den gemäßigten Modellen sollen wärmende Netzwerke, allumfassende Pädagogisierung und Therapeutisierung uneingestandene Harmoniebedürfnisse und Führungsansprüche der Linken dereinst befriedigen.

Die Linke muß ihren Anspruch, Partei der Freiheit zu sein, erst neu begründen. Nicht allein, indem sie wieder freiheitliche Utopien entwickelt - statt autoritären Verlockungen (Ökologie) oder technokratischer Sachzwang-Logik (Weltmarkt) zu erliegen. Sondern auch und vor allem im Handgemenge. Die neokonservative Freiheits-Rhetorik kann nicht im Handumdrehen und nach einem simplen Mechanismus à la Anspruch-Wirklichkeit »enttarnt« werden. Sie setzt aber an widersprüchlichen Prozessen kultureller Freisetzung an; und diese enthalten auch Anhaltspunkte, daß das Vorhaben kompensatorischer Kultur nicht gelingen könnte. Angesichts umfassender Durchstaatlichung der Gesellschaft, bedrückend komplexer ökologischer Risiken und einer vielfältig, weltweit verflochtenen Ökonomie, schließlich eines nach wie vor ungebändigten technisch-wissenschaftlichen Wandels können die gewachsenen Freiheits-Wünsche nicht in den illusionären Schutzmauern der Alltagskultur und gepflegten Privatheit bleiben. Freiheit heißt heute Gestaltung der eigenen Wirklichkeit, Veränderung des falschen Ganzen, Produktion neuer Gegenständlichkeit - oder sie wäre nur synthetisches Surrogat, ironisch-unernste Erinnerung der Postmoderne an heroische Vergangenheit. Die Linke muß sich diesem fundamentalen Konflikt stellen. Beschiede sie sich sauertöpfisch und pessimistisch - ohne genauer hinzusehen und ohne sich ins Handgemenge zu begeben -, daß ohnehin kulturindustrielle Stillegung des Bewußtseins heute universell geworden und rundum erfolgreich sei - dann wiederholte sie als Farce, was zu Beginn der konservativen Tradition noch tragisch war; die nun »ortlos« gewordene Klage über Kulturzerfall.

Dann freilich - ohne die mögliche und nötige Neubestimmung des Freiheitsbegriffs - könnte auch die zweite, eng damit verbundene Aufgabe nicht bewältigt werden: Solidarität neu zu formulieren und zu entwickeln. In diesen Solidaritätsbegriff müssen viele Entwicklungen und Erfahrungen eingearbeitet werden, darunter auch jene, die die Konservativen als »Künstler des Möglichen« in ihr Vorhaben einfügen wollen; etwa die Kritik an bürokratischen und diskriminierenden Formen der sozialstaatlich vermittelten Wohlfahrt oder Tendenzen der Individualisierung und Pluralisierung der Lebensstile. Linke Solidarität - das lehrt der Erfolg des Neokonservatismus - muß auf neue Weise freiheitlich sein. Sie muß ernstgemeint sein. Das heißt, sie darf sich nicht in bequem zu verabschiedenden Partei- und Gewerkschaftstagsbeschlüssen erschöpfen. Sie muß praktisch werden. Es geht um die Produktion einer politischen Kultur der Vielfalt und der Widersprüche.

Anders wird dieses als ein großes Vorhaben nicht bewältigt werden können: Das, was als blinder Zwang zur Modernisierung dann doch nichts anderes ist als der funktionale Imperativ der Systemerhaltung, zu überwinden, zu kontrollieren, sozial, politisch, kulturell umzuwälzen.

Diese knappen Überlegungen sollen den Zusammenhang skizzieren, in dem die *Beiträge dieses Bandes* stehen (ohne daß die Autoren mit ihnen immer übereinstimmten):

Thomas Noetzel und *Horst-Dieter Zahn* (Zur Einführung. Konservatismus, Technik, Moderne) stellen den Wandel dar, den der deutsche Konservatismus in seinem Verhältnis zu Arbeit und Technik von der Jahrhundertwende bis in die 60er Jahre vollzogen hat. Dieser Wandel hat für die Herausbildung des Neokonservatismus einige Bedeutung.

In einem zweiten Beitrag (Konservative Industriekultur? Kulturelle Dimensionen der neuen Technologien in konservativen Strategien) zeigt *Horst-Dieter Zahn*, wie für die Herausbildung des »Modernitätstraditionalismus« die Auseinandersetzung mit der vermeintlichen Infragestellung der »Industriekultur« zentral war. Aus der Sorge um die Brüche zwischen technisch-wissenschaftlichem Fortschritt und kulturellen Freisetzungsprozessen ist eine differenzierte und nüchterne Einschätzung von Wertewandel und Alltagskultur erwachsen. Thema dieses Beitrags sind auch die neuen Technologien als Moment von Projektionen und Hoffnungen in der neokonservativen Politik.

Hermann Schwengel (Neo-Konservative Collage des Politischen. Modernisierung, Lebensstile und politische Modernität) stellt den Neokonservatismus in internationale Zusammenhänge und macht deutlich, daß er auf tiefgreifende soziale und kulturelle Veränderungen antwortet. Er begründet ein »Primat des Politischen über die Logik von sozialer und ökonomischer Modernisierung«.

In *Thomas Kreuders* Beitrag (Neokonservative Formierung und liberalistische Individualisierung) wird entfaltet, wie im deutschen Neokonservatismus Momente des Liberalismus eingearbeitet sind und wie seit der Zeit der »Formierten Gesellschaft« Kontinuität und Brüche im neokonservativen Denken verlaufen.

Volker Heins (Gefühl und Härte. Zur »zweiten Modernisierung« der CDU) beschreibt den widersprüchlichen Zusammenhang von technischer Effizienz der Parteipolitik und ihrer »sub-politischen Verankerung«. In der postmodernen »Kulturgesellschaft« wolle die CDU pastorale Führungsstile durchsetzen.

Fritz Reusswig und *Michael Scharping* (Wo steht die Natur, wenn der Geist rechts steht?) unterscheiden am Beispiel ökologischer Ethik zwischen der modernistischen Strömung der Konservativen und einer konservativen Ökologie. In der detaillierten Auseinandersetzung mit der letzteren können sie deren politischen Autoritarismus und letztendliche Kapitulation vor der Ökologiekrise aufzeigen. Die Autoren entwerfen demgegenüber Grundpositionen einer sozial-ökologischen Politik, in der die Herausforderungen durch zerstörerische Naturaneignung ernstgenommen werden.

Ulrich Mückenberger (Zwang zur Freiheit. Ruhe, Ordnung, Deregulierung) fragt, wie es kommt, daß die Neokonservativen das »Freiheitsprojekt« besetzt haben. Er stellt exemplarisch anhand der Entwicklung des Arbeitsrechts und der Tendenz der »Rekontraktualisierung« dar, wie die Strategie der Deregulierung in den Kontext eines zunehmenden »Zwangs zum Selbstzwang« gehört. Diese »ungleich feinere Apparatur der indirekten Beeinflussung« sei gleichzeitig die »Achillesferse« der Neokonservativen.

Oskar Negt (Wissenschaft in der Kulturkrise und das Problem der Heimat) skizziert die Entwurzelung der Menschen, die Enteignung der Arbeitsvermögen und Sinne in der kapitalistischen Modernisierung. Heimat als der Gegenbegriff dazu enthält die Bedürfnisse nach gegenständlicher Realität, »welche die Fremdheit der Dinge und Personen aufhebt«. Diese Perspektive weist über eine kompensatorische Kultur hinaus und wäre für Heimat-, Traditions- und andere Tümeleien die gefährlichste.

Bernd Wagner (Wohin wird die Kultur »gewendet«? Konservative Kulturkonzeptionen zwischen Tradition und Moderne) stellt die verschiedenen kulturpolitischen Positionen der Konservativen dar. Die »Verschmelzung von Kultur und Gesellschaft zur Kulturgesellschaft« sei »januskopfig«; sie berge für die Konservativen die Gefahr einer Politisierung und Subversität der Kunst - aber auch die Möglichkeit einer Entleerung von Kunst und Kultur.

Norbert Reiber (Kultur und Weltmarkt in Baden-Württemberg) behandelt an Kultur und Wissenschaftsinitiativen von »Cleverle« Lothar Späth beispielhaft Ziele und Formen der Kulturpolitik des modernistischen Flügels der Konservativen.

Gerd Benders Thema (Führung an der langen Leine. Produktivitätssteigerung durch Unternehmenskultur) sind jene Formen von betrieblicher Personal- und Sozialpolitik, von »synthetischer Kultur«, die den einzelnen zuweilen größere Handlungsspielräume gewähren und dabei oft nicht mehr sind als ein neuer, diesmal »ganzheitlicher« Zugriff auf die Individuen.

Thomas Noetzel / Horst-Dieter Zahn

Zur Einführung: Konservatismus, Technik, Moderne

Die Einordnung des Konservatismus war lange Zeit einfach. In ihm manifestierte sich eine Sehnsucht nach dem jeweiligen gesellschaftlichen und staatlichen ancien régime. Im Konservatismus schwang immer die Melancholie über die mit dem Fortschritt verbundenen Verluste tradierter Ordnung und Sicherheit mit. Doch gerade angesichts des säkularen industriellen und partizipatorischen Umbaus der letzten 150 Jahre wurde das Beharren auf dem Rückwärtsgang bzw. der Ablehnung einer marktliberalen, demokratischen Entwicklung für Konservative selbst immer schwieriger.[1] Gelang in einigen westeuropäischen Gesellschaften, wie

1 Hans Freyer, konservativer Denker der »Revolution von rechts«, einer der führenden Soziologen in der Weimarer Republik und im Dritten Reich, hat vom Ende der »früheren Kulturkritik« mit ihren Haltungen: dem »Ethos des Warnens«, der »Mahnung zur Umkehr«, der »Mahnung zum Einhalten«, gesprochen. An deren Stelle trete »der Entschluß, die *Eigengesetzlichkeit der industriell-bürokratischen Lebensordnung* unvoreingenommen zu studieren und sie als die *Ausgangslage anzuerkennen, von der aus nur nach vorn gedacht werden kann.*« H. Freyer, Das industrielle Zeitalter und die Kulturkritik, in: Bähr, W. (Hg.), Wo stehen wir heute?, Gütersloh 1960, S. 204. -
Es gibt bisher keine ausführliche Analyse dieses für den deutschen Konservatismus zentralen Wandels; allenfalls einzelne Untersuchungen, die spezifische historische Umstände und bestimmte Personen bzw. geistig-politische Strömungen behandeln oder sie von anderen Fragestellungen aus streifen. Noch immer sind dabei Interpretationen einflußreich, in denen mit Aristokratismus, Antisemitismus und Chauvinismus der deutschen »Mandarine« gleich noch jede radikal werdende Kritik an der Industriegesellschaft - etwa an entfremdeter Arbeit und an Arbeitsteilung - als »romantisch«, »irrational« und vorgestrig abgetan wird: Arnold Gehlen und Herbert Marcuse werden so in einen Topf gesteckt. In einer Besprechung des Buches von Fritz Ringer - s.u. - hat Jürgen Habermas die Intention der kritischen Theorie erinnert, eine nicht-irrationale Kritik der herrschenden Rationalität zu leisten. Habermas wirft Ringer vor, daß er die Mandarine von einem neoliberalen Deutungsmuster aus analysiere. »Ihm liegt der Gedanke fern, daß in dem kulturkonservativen Bezugssystem der deutschen Mandarine auch Erfahrungen verarbeitet und Problemstellungen verdeckt sein könnten, die in einem angemessenen Bezugssystem neu formuliert werden und heute noch systematisches Interesse beanspruchen könnten ... *Einsicht in die Dialektik der Aufklärung ist noch nicht Antimodernismus.* Die eigentliche Melancholie, die mit den unvermeidlichen, aber akzeptierten Fortschritten jenes von Max Weber untersuchten Rationalisierungsprozesses auch die *Erinnerung an die Opfer und die nicht eingelösten utopischen Gehalte der bürgerlichen Emanzipation* in sich aufnimmt, *ist noch nicht Kulturpessimismus.* Die Kritik am objektivistischen *Selbstverständnis einer Sozialwissenschaft,* die sich über den Umstand der symbolischen Vorstrukturierung ihres Gegenstandsbereichs methodologisch nur unzureichend Rechenschaft gibt, *ist noch nicht Wissenschaftsfeindschaft.* Und Opposition gegen einen Szientismus, der den Zusammenhang zwischen

z.B. der britischen, die Formulierung und zeitweilige Durchsetzung antitechnischer und anti-industrieller Vorstellungen[2], so haben die deutschen Konservativen früh die Kraft verloren, »gegen den Fortschrittsbegriff jene humane Insistenz (auszusprechen), daß die Gegenwart ihren Wert behalte und daß sie nicht bloß als Mittel gelte und die Zukunft ihr Zweck sei«[3]. In der Aussöhnung mit der dynamischen, expansiven, auf das Morgen gerichteten modernen Technik und ihrer Erscheinungsform in der industriellen Arbeit verändert (nicht nur) der deutsche Konservatismus seinen Charakter grundlegend. Diese seit der Wende zum Jahrhundert verlaufende Transformation hat die Entwicklung neokonservativer Positionen zu Arbeit, Technik und Kultur seit den späten 60er Jahren stark angeregt und beeinflußt.

Dabei bringt die Jahrhundertwende allerdings zunächst Höhepunkte konservativer Technikkritik. Es gibt vielfältige Debatten um den Kulturwert der Technik, in denen ihre traditions- und umweltzerstörende Wucht ebenso wie die zersetzenden Wirkungen der von ihr hervorgebrachten »Masse« (Konsum, Sitte, Ansprüche) beklagt werden.

In der Festschrift der Freideutschen Jugend zur Jahrhundertfeier auf dem Hohen Meißner 1913 sagt Ludwig Klages in der grandiosen Abhandlung »Mensch und Erde« stellvertretend für den großen Teil der bürgerlichen Jugend dem »Fortschritt« adieu:

> »Wie ein fressendes Feuer fegte er über die Erde hin, und wo er die Stätte einmal gründlich kahl gebrannt, da gedeiht nichts mehr, solange es noch Menschen gibt! Vertilgte Tier- und Pflanzenarten erneuern sich nicht, die heimliche Herzenswärme der Menschheit ist aufgetrunken, verschüttet der innere Born, der Liederblüten und heilige Feste nährte, und es blieb ein mürrischkalter Arbeits-

Wissenschaftstheorie und Grundfragen der praktischen Philosophie leugnet, ist noch nicht Obskurantismus.« Jürgen Habermas, Die deutschen Mandarine, in: Philosophisch-politische Profile, Frankfurt/M. 1984, S. 458 - H.D. Zahn arbeitet momentan an einer ideologiekritisch-hermeneutischen Darstellung dieses Kapitels konservativer Geschichte. Hinweise geben außer den weiter unten zitierten Schriften:
Thomas Kluge, Gesellschaft, Natur, Technik: Zur lebensphilosophischen und ökologischen Kritik von Technik und Gesellschaft, Opladen 1985; Fritz Stern, Kulturpessimismus als politische Gefahr: Eine Analyse nationaler Ideologie in Deutschland, München 1986; Friedrich Dessauer, Streit um die Technik, Frankfurt am Main 1956; Fritz K. Ringer, Die Gelehrten: Der Niedergang der deutschen Mandarine 1890 - 1933, München 1987; Jeffrey Herf, Reactionary Modernism: Technology, culture and politics in Weimar and the Third Reich, Cambridge University Press 1984; Jeremy Z. Muller, The Other God That Failed: Hans Freyer and the Deradicalization of German Conservatism, Princeton University Press 1987

2 Martin J. Wiener, English Culture and the Decline of the Industrial Spirit, 1830 - 1980, Cambridge, Mass. 1981

3 Hans Blumenberg, Lebenszeit und Weltzeit, Frankfurt am Main 1986, S. 116

tag, mit dem falschen Flitter lärmender »Vergnügungen« angetan. Kein Zweifel, wir stehen im Zeitalter des Untergangs der Seele«.[4]

In diesem Zitat wird die Manifestation eines kulturkritischen Antikapitalismus exemplarisch deutlich: Der fragmentierenden, den gesellschaftlichen Zusammenhalt bedrohenden Konsequenz des Industrialismus wird die ganzheitliche Natur gegenübergestellt. Aus dieser Angst vor dem Moloch der modernen Wirtschaftsgesellschaft entwickelt sich jedoch keine Nähe zum sozialen und politischen Antikapitalismus der Arbeiterbewegung. Es ist vor allem die unversöhnliche Feindschaft gegen das organisierte Proletariat, die zur Festigung dieser Trennung beiträgt. Sie ist Ausfluß einer merkwürdig ambivalenten Haltung des Bürgertums.[5] Die Arbeiterklasse gilt als bedrohliche Verkörperung des Rohen, Triebhaften, Unkultivierten und scheint zugleich als Gegner von der stählernen und dynamischen Kraft der industriellen Technik und der expandierenden Naturwissenschaften zu zehren. Denn »Weltanschauung« wie Fortschrittsbegriff der Arbeiterbewegung der 2. Internationale sind eng - und affirmativ - an die systematische und schrankenlose Entfaltung wissenschaftlich-technischen Fortschritts gebunden. So ist das Proletariat also zugleich Verkörperung von Irrationalität und Rationalität, von verdrängter Natur und gefürchteter »Maschine«. Die Utopie der Arbeiterbewegung muß als Verlängerung und Steigerung all dessen verstanden werden, was dem konservativen Kulturpessimismus verhaßt ist.[6]

Demgegenüber entwickeln sich Bewegungen des Bürger- und Kleinbürgertums - Vegetarismus, Makrobiotik, Freikörperkultur, Ausdruckstanz, Reformtrachtenbewegung, Wandervogel, Gartenstadtbewegung, Heimatschutzbund u.a.[7] -, in denen sich alltagspraktisch, kulturell und

4 Ludwig Klages, Mensch und Erde, Jena 1929, S. 28

5 Vgl. dazu Nori Möding, Die Angst des Bürgers vor der Masse: Zur politischen Verführbarkeit des deutschen Geistes im Ausgang seiner bürgerlichen Epoche, Berlin 1984 und den Abschnitt »Geistesaristrokratismus und Massengesellschaft«, S. 53 u.f. in Helmuth Berking, Masse und Geist: Studien zur Soziologie in der Weimarer Republik, Berlin 1984

6 »Den angeblichen Feinden der bestehenden Ordnung hat unsere Gesellschaft ja die Waffen in die Hand gedrückt: In Wahrheit sind es auch gar nicht ihre Feinde, sondern ihre Erfüller. In der neidisch bewunderten Disziplin der Sozialdemokratie, ... haben der Geist der Technik und der Geist des Staates, wesensverwandt, sich in ihrer Erfüllung vereinigt. Schließlich zeigt sich, daß die technische Arbeit trotz allem nur ein Mittel zum Ziel war. Dieses Ziel heißt aber: Masse.« Eduard von Mayer, Kultur und Technik: Gedanken über die Verstaatlichung des Menschen, Berlin 1906, S. 136/137

7 Eine Übersicht gibt Krabbe, W.R., Gesellschaftsveränderung durch Lebensreform: Strukturmerkmale einer sozialreformerischen Bewegung im Deutschland der Industrialisierungsperiode, Göttingen 1974. Die Zusammenhänge zwischen künstlerischer Avantgarde und lebensreformerischen Bestrebungen stellt Corona Hepp dar: Avantgarde. Moderne Kunst, Kulturkritik und Lebensreformbewegungen nach der Jahrhundertwende, München 1987

weltanschaulich Unbehagen an der Modernisierung im Kaiserreich, Existenzängste, Identitätskrisen, Antisozialismus und alldeutscher Imperialismus verbinden.

Die Pathologien der Moderne sollen in verschiedenen Heilverfahren wegkuriert werden. Diese Lebensreformversuche drücken deutlich die Unfähigkeit des damaligen Konservatismus aus, sich mit der industrialisierten Gesellschaft und deren Widersprüchen abzufinden.

In der Weimarer Republik schwillt die konservative Kulturkritik an und wird folgenreich verändert. Sie erhält in der durch die Weltkriegs-Niederlage ausgelösten Politisierung und Polarisierung neue Nahrung und Themen; gleichzeitig radikalisiert und verändert sie einige ihrer hergebrachten »Motive«. Dem Weltkrieg wird ein Sinn abgewonnen:

> »Hier deckt das Zeitalter, aus dem wir stammen, seine Kehrseite auf. Die Herrschaft der Maschine über den Menschen, des Knechtes über den Herrn wird offenbar, und ein tiefer Zwiespalt, der schon im Frieden die wirtschaftlichen und gesellschaftlichen Ordnungen zu erschüttern begann, tritt auch in den Schlachten dieses Zeitalters tödlich hervor. Hier enthüllt sich der Stil eines materialistischen Geschlechts, und die Technik feiert einen blutigen Triumph.«[8]

Während im Denken etwa von Klages das Verhängnis der Moderne als unausweichlich gilt - für ihn liegt die zur »Umkehr« nötige »innere Lebenswende ... nicht im Vermögen von Menschen«[9] -, setzen sich die Protagonisten der »Konservativen Revolution«[10] eindeutig von der lebensphilosophischen Technikkritik ab. Sie werde von »Hofnarren des Liberalismus«[11] geübt, sei resignativ und gescheitert.

> Die »Kulturuntergangsstimmung« der »vorangehenden deutschen Generation« sei der Angst vor Proletariat und Technik geschuldet. In ihr aber komme »doch schließlich nichts anderes« zum Ausdruck »als der Zweifel an der eigenen Kraft, das großartige Instrumentarium der neuen Technik in seinen Dienst zu stellen... Eine Gruppierung, die auf der eigenen Seite nur Geist und Leben,

8 Ernst Jünger, Feuer und Blut, Hamburg 1929, S. 25. Vgl. auch Karl Heinz Bohrer, Die Ästhetik des Schreckens: Die pessimistische Romantik und Ernst Jüngers Frühwerk, Frankfurt/Berlin/Wien 1983. Zur Bedeutung des 1. Weltkrieges als »Zeugungsakt« des »totalen technischen Raumes« und der »totalen Herrschaft« vgl. Ernst Jünger, Der Arbeiter: Herrschaft und Gestalt, 1932. Vgl. auch Moeller van den Bruck, Das Dritte Reich, 3. Aufl., Hamburg 1931, dessen »deutscher Sozialismus« mit der »Entdeckung des einfachen Mannes« im Weltkrieg eng verbunden ist.

9 Ludwig Klages, Mensch, S. 39

10 Armin Mohler, Die Konservative Revolution in Deutschland 1918 bis 1932, Darmstadt 1972, bietet eine umfassende Sammlung von Namen, Gruppen, Veröffentlichungen und Zeitschriften, wenn auch wenig Analyse und keine Kritik.

11 Ernst Jünger, Arbeiter, Stuttgart 1981, S. 241

auf der anderen nur Tod und Mechanik sieht, bedeutet nichts als einen Verzicht auf den Kampf und hat nur den Wert einer romantischen Klage.«[12]

Die Philosophen und Publizisten der »Konservativen Revolution« entwerfen und antizipieren einen reaktionären Modernismus, eine »Volksgemeinschaft«, archaisch und modern zugleich, ganz ähnlich dem, was 1933 in Deutschland etabliert wurde. Und in der Tat: Die technische Moderne - dies ist die schmerzliche Einsicht der wenigen noch lebensphilosophisch-antitechnisch gebliebenen Konservativen - erfährt im Dritten Reich gerade keine Stillegung. Vielmehr wird eine neue Stufe und Intensität kapitalistischer Akkumulation entfesselt. Der Heimatschutzbund ist paradigmatisch für das Schicksal des konservativen Anti-Industrialismus auf dem Weg vom Kaiserreich über die ungeliebte Republik bis zum Nazismus: Seine wesentlichen Forderungen, beispielsweise zur Beendigung der Umweltzerstörung, bleiben unerfüllt. Beim Bau der Reichsautobahn degeneriert Ökologie zu archaisch-moderner Symbolik: Die neuen Verkehrsadern werden nicht in starrem Gittermuster über Deutschland verlegt, sondern »schmiegen sich der Landschaft an« und »künden vom deutschen Wesen«. Schultze-Naumburg, Vorsitzender des Heimatschutzbundes, hatte bereits in den 20er Jahren die ideologische Entwicklung vollzogen, die für viele deutsche Konservative typisch sein sollte - er hat Irrationalismus, Chauvinismus und Antisemitismus zur völkischen Ideologie gesteigert. Das hieß unter anderem, daß der bislang bedeutsame Gegensatz Stadt-Land im Begriff einer »Volksgemeinschaft« sich auflöste, in der Tradition und Moderne per Definition versöhnt waren, ja, ihre Entgegensetzung und Unterscheidung nicht mehr möglich sein sollte. Denn aus der Moderne war nun die »nordische Technik« geworden, die scheinbar Fragmentierung und Unnatur überwand. Der »Arbeiter« ist kein Proletarier mehr. In der Führergestalt symbolisiert sich die Zusammenführung der technisch-ökonomischen und gesellschaftlichen Modernisierung. Der deutsche Konservatismus entwirft Konzepte eines Staates, der stark, planerisch streng und aggressiv-dynamisch gerade mit dem Mittel modernster Technik ist (so etwa bei Freyer, Schmitt, Jünger). Scheinbar paradox bleiben jedoch grundlegende Posi-

12 Carl Schmitt, Der Begriff des Politischen: Text von 1932 mit einem Vorwort und drei Corrolarien, Berlin 1963, S. 92/93. Typisch auch dafür Jüngers »Arbeiter«, der einen großen Einfluß - u.a. auf Heidegger - hatte. Eine gute Skizze der sich aus diesem Blickwinkel stellenden philosophischen Probleme bietet Hans Freyer, Zur Philosophie der Technik (1929), in: ders., Herrschaft, Planung und Technik: Aufsätze zur politischen Soziologie, herausgegeben und kommentiert von Elfriede Üner, Weinheim 1987. Für die semantischen Diebstähle bei der Arbeiterbewegung und die Konzeption eines völkisch-reaktionären Modernismus typisch ist Werner Sombart, Deutscher Sozialismus, Berlin-Charlottenburg 1934.

tionen des Kulturpessimismus gültig. Und daß sie es nun erlauben, die gleiche Technik als »Waffe« zu betrachten, die ehedem als »Verhängnis« erschien, ist bereits ein erster Hinweis auf ihren affirmativen Charakter. Eng verbunden miteinander sind es vor allem zwei Grundannahmen, die konservative Kritik stumpf machen und verengen: »Kapitalismus« wird ineinsgesetzt mit der Zirkulationssphäre und die moderne Technik wird als ein reines Mittel nach der Maßgabe unbestreitbarer, naturwissenschaftlich begründeter Gesetze angesehen.

Die Reduktion des »Kapitalismus« auf Zirkulationserscheinungen erlaubt den Anschluß an antisemitische Traditionen und an Beobachtungen kulturellen Niedergangs (Massengesellschaft, Großstadt, Asphalt etc.) erleichtert normativ aufgeladene Unterscheidungen und macht es möglich, das »Gewinnstreben« überhaupt als dem »Wirtschaftsleben« äußerlich und feindlich zu betrachten.[13] Gegen die Profitsucht der vom »kapitalistischen Geist« beherrschten Händler wurde der Mythos eines gebrauchswertorientierten, zünftischen Handwerks gesetzt.

Der darin schon angelegte Weg der Anpassung an die »Unvermeidlichkeit« der technischen Moderne unter Wahrung eines kulturkritischen Jargons wird fundiert und ausgebaut, indem Arbeit als Bereich instrumenteller, technischer Tätigkeit begriffen wird. Verschiedene philosophisch-weltanschauliche Synthesen und Begriffsbildungen erlauben den Konservativen, ihre Anpassung dennoch nicht als »Kotau vor den Tatsachen«[14] zu verstehen, sondern als Bewahrung kritischer Gehalte: Das ist zum einen die Unterscheidung von Zivilisation und Kultur, mit deren Hilfe die Bedingungen benannt werden sollen, unter denen Technik einen »Kulturwert« hat; zum anderen sind es mannigfaltige Versuche,

---

13 Diese Unterscheidung findet sich bei Werner Sombart, der großen Einfluß auf den »linken Flügel« der NSDAP hatte, in zahlreichen Veröffentlichungen. Er unterscheidet zwischen dem Zweck des Wirtschaftens, der in der Profiterzielung liege, während sein Sinn die Bedarfsdeckung sei. Der sich historisch entfaltende »kapitalistische Geist« (ähnlich gefaßt wie bei Weber, wenn auch eher mit dem Anspruch sozialpsychologischer Empirie verbunden) läuft zunächst auf eine immer weiter voranschreitende »Versachlichung« dieses Geistes hinaus (Kommerzialisierung«). Die »Abstraktheit des kapitalistischen Wesens« findet, wie wir uns schon denken können, im »jüdischen Wesen« ihre Entsprechung. Eine ausgezeichnete Einführung, Kommentare, Materialien und Bibliografisches zum Sombart bietet Bernhard vom Brocke, Sombarts »moderner Kapitalismus«: Materialien zur Kritik und Rezeption, München 1987. Der nüchterne, politisch »vorsichtigere« Max Weber hatte, was dies angeht, einiges mit Sombart gemein. Ähnlich auch Gottl-Ottlilienfelds Unterscheidung zwischen Taylor und Ford. Die Rationalisierungsstrategie des ersteren diene dem »Rentenwillen«, das »Werk« des zweiten dem »Dienstwillen«, der »Seele der Gemeinschaft«. Friedrich von Gottl-Ottlilienfeld, Fordismus? Paraphrasen über das Verhältnis von Wirtschaft und technischer Vernunft bei Henry Ford und Frederick W. Taylor, Jena 1924, S. 31. Vgl. auch Paul Krannhals, Der Weltsinn der Technik als Schlüssel zu ihrer Kulturbedeutung, München 1932, S. 27

14 Hans Freyer, Kulturkritik, S. 204

antipositivistische und antimoderne Intentionen sei es Nietzsches, sei es der Lebensphilosophie und des Neukantianismus aufzunehmen (»faustische Technik«, »Apriorität« des sich in der Industrie offenbarenden »Willens zur Macht«[15]) und in eine Hymne der Technik einzufügen. In deren Mittelpunkt steht eine besondere Verbindung archaischer und moderner Mythen und politisch-ideologischer Instrumente, darunter nicht zuletzt eine Ästhetik religiös drapierter kollektiver Unterwerfung unter die Maschinerie der modernen Industrie mit Hilfe und in entfremdeter Arbeit.

Die Pathogenese des Industrialismus wurde zur Machination der linken Intellektuellen, der Juden, der Kader der Arbeiterbewegung. Dem Kulturpessimismus wurden nun wirksame Waffen in die Hand gegeben: Vertreibung, Inhaftierung, Vernichtung.

Doch die gefährlichen Harmonisierungsträume der »konservativen Revolution« erfüllten sich nicht. Schon bevor das Dritte Reich mit Folgerichtigkeit im Weltkrieg unterging, hatte seine innere Entwicklung viele Konservative enttäuscht. Zwar war die als Todfeind empfundene Arbeiterbewegung zerschlagen, dafür aber konnten archaische Politikformen und irrationale Symbolik kluge Beobachter nicht darüber hinwegtäuschen, in welch rasantem Ausmaß Kulturzerstörung betrieben wurde. Die führenden konservativen Revolutionäre wurden zudem nicht in dem von ihnen erhofften Maß in die funktionelle Elite des Dritten Reiches integriert. Darum und wegen des Kontrasts zwischen Aristokratismus der Theorie und plebejisch-roher Wirklichkeit der Nazi-Politik resignierten viele von ihnen. Erst der Zusammenbruch des Nazi-Regimes aber war das Trauma des deutschen Konservatismus. Von seiner aktiven Beteiligung an der Zerstörung der Weimarer Republik und der politisch-ideologischen Nähe zum Faschismus erholte er sich lange nicht.

Die Ideengeschichte des deutschen Konservatismus nach dem Ende des Zweiten Weltkrieges ist zunächst geprägt von den Anstrengungen, den Erfordernissen eines Wandels gerecht zu werden, der zwangsweise und von außen herbeigeführt und als Katastrophe empfunden wurde. Unter diesen veränderten Vorzeichen galt es, dennoch die Kontinuität von Fragestellungen, Themen und Zielen zu wahren. Dabei waren erhebliche Widerstände zu überwinden. 1945 wurde für den deutschen Konservatismus tatsächlich eine »Achsenzeit«. Anders als 1918, nach dem Zusammenbruch der Monarchie, wollte und konnte er sich zur entstehenden Republik nicht in Opposition stellen. Im scharfen Antikom-

15 Oswald Spengler, Der Mensch und die Technik: Beitrag zu einer Philosophie des Lebens, München 1931; die »faustische Technik« ist eine ungenannte Übernahme von Sombart. Zur Verbindung von Kant und Nietzsche s. Georg Foerster, Machtwille und Maschinenwelt, Potsdam 1930.

munismus boten sich Möglichkeiten der Verdrängung und der Kontinuität im gesellschaftspolitischen Denken. Mit der Öffnung zum Westen und der Bejahung eines praktisch-pragmatischen Politikstils entfernte sich der deutsche Konservatismus immer mehr von den Ideen einer »Konservativen Revolution«. Seine technokratische Wende, wie sie von Helmut Schelsky verkörpert wird, führt zu einer Neubewertung der Moderne. Doch die neue Selbstgewißheit enthielt Momente einer trügerischen Auto-Suggestion.

Eine der wichtigsten Folgen dieses Wandels im deutschen Konservatismus ist, daß einzelne »Motive« der Kritik an Umweltzerstörung und kultureller Freisetzung nun »heimatlos« sind: Der Konservatismus ist nicht mehr wie noch zur Zeit der lebensreformerischen Bewegungen ihr quasi selbstverständliches geistiges Bezugssystem und ein den Zusammenhang disparater Protest-Themen herstellendes organisierendes Zentrum.

Die am Ende der 60er Jahre beginnende Protestbewegung mit ihrer Erneuerung sozialistischer Gesellschaftskritik, Mobilisierung von Aufklärungstradition und nicht zuletzt radikaler Infragestellung des offiziellen Antifaschismus, getragen von breiten antiautoritären und gegenkulturellen Strömungen, mußte da als »Wiederkehr des Verdrängten« - wenn auch in der verdrehten Form von »Intellektualismus« und »Rationalismus« - erscheinen. Sie löste tiefgehende Irritationen aus; gerade dort, wo sie sich den Mustern nicht fügte, in denen sie wahrgenommen und in die sie gepreßt wurde. (Also beispielsweise Rekonstruktion der verschütteten Geschichte der Arbeiterbewegung, aber nicht deren Wiederholung; vielmehr Kritik des Objektivismus und Fortschritts-Mechanismus der II. und der III. Internationale) In einer kritischen Theorie der Gesellschaft sollten, anknüpfend an eine undogmatische Marx-Rezeption, an Analysen der Sozialpsychologie und der Kulturindustrie auch Erfahrungen und Problemstellungen - wenngleich in einem anderen Bezugssystem - der konservativen Kulturkritik aufgegriffen werden. Es ging der Protestbewegung auch um »die Erinnerung an die Opfer und die nicht eingelösten utopischen Gehalte der bürgerlichen Emanzipation« (Habermas, s. Anm. 1) - ein gerade für Konservative provozierendes Unterfangen.[16]

Fortgesetzt und gesteigert wurde diese Irritation durch die im Gefolge der Protestbewegung sich bildenden neuen sozialen Bewegungen und die Grünen. Es schien, von ihnen angezeigt wie betrieben, ein dramatischer

16 Selbst in der distanzierten Rückschau wird deutlich, wie tief die Irritation über diese »Jugendbewegung« mit ihrem »Stich ins Romantisch-Totalitäre« war. Lesenswert Hermann Lübbe, Der Mythos der »kritischen Generation«: Ein Rückblick, in: Beilage »Aus Politik und Zeitgeschichte«, B 20, 1988, S. 17 f.

Verfall zentraler Werte und psychischer Dispositionen bevorzustehen. Kulturkritik und massenhafter Zweifel an den Resultaten des wirtschaftlichen Wachstums kamen auf. Skepsis und Angst gegenüber der Zukunft nahmen zu. Die »Akzeptanz« neuer Technologien und naturwissenschaftlicher Autorität schien rapide zu schwinden. Gerade das - und massiver denn je - wurde bezweifelt, kritisiert, abgelehnt, was den Kern des Wandels und der Anpassung konservativer Positionen in Deutschland ausmacht.

Allein ein leichtes Unbehagen angesichts der von ihnen selbst losgetretenen Modernisierungslawine mit ihren sozialen und kulturellen Konsequenzen ist den Konservativen geblieben. Nicht zufällig ist ja »konservativ« zu sein keine modische Auszeichnung, um die sich die politischen Strategen schlagen. Die es eigentlich sein müßten, bekennen sich zum Fortschritt und glauben an die Aussöhnung der Moderne mit sich selbst. Die es wirklich sind (auch in dem Sinne, daß sie Herrschaft und Repression für ihre politischen Ziele legitimieren), wollen aber verständlicherweise auch nicht als konservativ gelten oder höchstens - was ehrenwert und zugleich recht unverbindlich ist - als »wertkonservativ«.

Horst-Dieter Zahn

Konservative Industriekultur?

Kulturelle Dimensionen der neuen Technologien in konservativen Strategien

»Was als offener oder verdeckter Protest einer hochdifferenzierten Industriegesellschaft seinen Ausgang genommen hat, könnte möglicherweise helfen, sich leichter als erwartet in die Industriegesellschaft zu finden.« Lothar Späth[1]

Es gibt einen Kulturboom hierzulande, ohne Zweifel. Wen die außerordentlich anschwellende öffentliche Rede, von Politikern, Journalisten, PR-Agenturen, Mäzenen, Wissenschaftlern, Künstlern, von und über Kultur nicht beeindruckt - sie ist in ihrer Selbstbezüglichkeit, Menge und Vielfalt selber wieder ein Kulturphänomen -, der muß immerhin zur Kenntnis nehmen, was vor zehn Jahren noch kaum jemand anzunehmen gewagt hätte: Die Etats der Kulturdezernenten wachsen, Wirtschaftsunternehmen geben mehr Geld den je für Kultur aus, vielfältigste kulturelle Aktivitäten haben zugenommen, Besucherzahlen in Museen und Konzerten steigen.

Die Interpretationen dieser Phänomene freilich gehen weit auseinander: Der Neu-Konservative Peter Koslowski begründet die Aussichten seiner »postmodernen Kultur« aus einer Erschöpfung, ja Pathologie der Moderne.[2] Ganz im Gegenteil verspricht sich im Umfeld von Jürgen Habermas Helmut Dubiel, daß die »Kultur zu dem Feld« werde, »auf dem soziale Gruppen um die Rationalitätsmaßstäbe der gesellschaftlichen Organisationen streiten«.[3] Neuerdings wird von »Kulturgesellschaft« gesprochen, unter anderem im Irseer Entwurf der SPD[4], aber auch von Helmut Kohl (in der Kulturdebatte des Bundestages am 4.12.1986). Die Zeitschrift »Ästhetik und Kommunikation«, mit neuen

---

1 Lothar Späth, Wende in die Zukunft: Die Bundesrepublik auf dem Weg in die Informationsgesellschaft, Reinbek 1985, S. 81

2 Peter Koslowski, Die postmoderne Kultur: Gesellschaftlich-kulturelle Konsequenzen der technischen Entwicklung. Perspektiven und Orientierungen, Schriftenreihe des Bundeskanzleramtes Band 2, München 1987

3 Helmut Dubiel, Was ist Neokonservatismus? Frankfurt am Main 1985, S. 44

4 Lesenswert dazu Hermann Glaser, »Ein aufgeblähter Schaumberg: Zum Kulturteil des Irseer Entwurfs«, Die neue Gesellschaft/Frankfurter Hefte, Nr. 6 (1987), 528 u.f.

Trends immer rasch vertraut, widmet eine komplette Doppelnummer der »Kulturgesellschaft«. Werden die neuen Phänomene kultureller Expansion und Ausdifferenzierung aber wirklich angemessen begriffen, indem sie so zusammengefaßt sind? Auch dort, wo nicht gedankenlos, beliebig und modisch, sondern ausdrücklich und mindestens im Gestus theoretischen Ernstes von »Kulturgesellschaft« gesprochen wird, überzeugen die Begründungen nicht[5]. Adorno hat die im kulturkritischen Jargon einst beliebte »Massengesellschaft« einmal ein »Schlagwort« genannt, »das überhaupt nichts erklärt, sondern lediglich einen blinden Fleck anzeigt, an dem die Arbeit der Erkenntnis anheben müßte«.[6] Ähnliches gilt auch für die »Kulturgesellschaft«.

In der Linken und im gewerkschaftlichen Spektrum, so scheint es, folgt man dieser Schlagwort-Bildung nicht, neigt aber dafür zu einem Traditionalismus, der sich mit der Wahrnehmung und Analyse neuer Entwicklungen schwer tut. Mehr oder weniger klammheimlich, so möchte man sagen, gilt hier Subjektives, Psychisches, Kulturelles noch immer als »abgeleitet« und teilt das Schicksal aller »Nebenwidersprüche« - wird als Nebensache ignoriert. Es ist verhältnismäßig einfach, die ökonomischen Funktionen vor allem der urbanen Kultur nachzuweisen - sie ist Standortfaktor, selber Industrie und fördert den Tourismus. Das verleitet denn auch manchen, sich mit dieser »Entlarvung« zufriedenzugeben und anzunehmen, was als »Zeitalter historisch singulärer Expansion der Kulturmusealisierung«[7] bezeichnet werde, sei nicht mehr als eine Veranstaltung von alter Bourgeoisie und neuen Yuppies.

Diese Phänomene und Spielarten, in denen sie abwehrend, konventionell, unkritisch oder emphatisch etikettiert werden, erwähne ich nicht, um ihnen eigene »topologische« Begriffs-Vermessungen entgegenzusetzen. Vielmehr soll daran erinnert werden, daß Analysen in zweierlei Hinsicht fruchtlos sein können: Wenn Prozesse kultureller Freisetzung von vornherein nur als Reflexe und Funktionen ökonomischer und sozial-

5 Vgl. Dietmar Kamper u.a., »Tendenzen der Kulturgesellschaft. Eine Diskussion«, Ästhetik und Kommunikation Nr. 67/68, 18. Jg. (1988), S. 56/57

6 Theodor W. Adorno, Theorie der Halbbildung, in: ders., Gesellschaftstheorie und Kulturkritik, 2. Aufl., Frankfurt am Main 1981, S. 67

7 Hermann Lübbe, Der Fortschritt und das Museum. Über den Grund unseres Vergnügens an historischen Gegenständen, London 1982 (The 1981 Bithell Memorial Lecture), S. 2. Zum »kompensatorischen Historismus«, der als ein gesellschaftlich breit und tief angelegtes Phänomen in der »Historikerdebatte« leider - wenn auch verständlich - untergeht, vgl. noch vom Neokonservativen Lübbe: Zwischen Trend und Tradition: Überfordert uns die Gegenwart? Zürich 1981 und Historisches Bewußtsein heute, in: Wolfgang Weidenfeld (Hg)., Geschichtsbewußtsein der Deutschen, Köln 1981. Eine ausgezeichnete Kritik findet sich bei Peter Assion, Historismus, Traditionalismus, Folklorismus: Zur musealisierenden Tendenz der Gegenwartskultur, in: Jeggle u.a. (Hg.), Volkskultur in der Moderne: Probleme und Perspektiven empirischer Kulturforschung, Reinbek 1986, S. 351 u.f.

struktureller Entwicklungen verstanden werden, umgekehrt, wenn aus der quantitativen Expansion von Kultur ohne weiteres deren qualitatives Gewicht gefolgert, ja, ein neuer Gesellschaftstyp suggeriert und der Bezug zum gesellschaftlichen Ganzen zur obligaten, aber folgenlosen Randbemerkung wird. Emanzipatorische Politik wird hier übrigens ganz analog zu kritischer Theorie Traditionalismus ebenso wie affirmative Anpassung an Zeitgeistiges vermeiden müssen.

Der gegenwärtige und anhaltende tiefe strukturelle Wandel in den hochentwickelten kapitalistischen Gesellschaften hat mächtige kulturelle Dimensionen. Er stellt hergebrachte kulturelle Übereinstimmungen in Frage, insbesondere die Entwicklung neuer Technologien - real wie symbolisch im Zentrum dieses Strukturwandels - ist Gegenstand lange dauernder, komplizierter, widersprüchlicher und kontroverser, die gesamte Gesellschaft erfassender politisch-kultureller Auseinandersetzung. Viele Konservative tragen dem in ihren politischen Konzepten, Strategien und Zukunftsentwürfen Rechnung. Wie sie das tun, ist lehrreich.

Sorge um den Fortbestand der Kultur

Als exemplarisch für den zentralen Ausgangs- und Bezugspunkt neokonservativer Argumentation soll hier Michael Stürmer angeführt werden. Er versteht die »Dissonanzen des Fortschritts«[8] vor dem Hintergrund europäischer Geschichte. In Europa (»Weltsystem«) seien »Schöpferkraft und Zerstörungskraft von Wissenschaft und Technik dialektische Einheit« geworden. Damit aber seien »Fortschrittsangst und Rebellion niemals fern« gewesen. Bezeichnend ist, daß Stürmer die kritischen Gehalte selbst der konservativen Kulturkritik nur noch zu Worthülsen verstümmelt anklingen läßt.[9]

---

8 Michael Stürmer, Dissonanzen des Fortschritts. Was die neuen Technologien für Bildung und politische Kultur bedeuten, FAZ 14.12.1985, Nr. 290

9 Vgl. Hans Freyer, Theorie des gegenwärtigen Zeitalters, Stuttgart 1956. In der stellenweise eindrucksvollen kultursoziologischen Abhandlung »Schwelle der Zeiten«, Stuttgart 1960, hat Freyer den »Ernst des Fortschritts« in das Bild des »Katarakts« gekleidet. Dazu und generell zum »technokratischen Konservatismus« Richard Saage, Rückkehr zum starken Staat? Studien über Konservatismus, Faschismus und Demokratie, Frankfurt am Main 1983 und ders., Zur Aktualität des Begriffs »Technischer Staat«, in: Gewerkschaftliche Monatshefte 1/86, 37. Jg., S. 37 u.f. Stürmer spricht nun von den »Katarakten des Fortschritts«, ohne an jenen Versuch Freyers, von dem dieses Bild stammt, anzuknüpfen, dem »Ernst des Fortschritts« gerecht zu werden und dennoch eine kritische Perspektive zu gewinnen. Freyers Pessimismus ist ehrlich und seine Analyse der »zweiten Genesis« gibt wenigstens von Nichtübereinstimmung kund. Bei Stürmer nur noch Opportunismus. Für Kritik hält er das naturmetaphorische Bild des Kataraktes bereit, um ihre Vergeblichkeit ebenso zu unterstreichen wie den naturhaften Sieg der Seite, auf die er sich geschlagen hat.

»Skepsis vor jenem Fortschrittsglauben, der seinen Preis nicht kennt, ist Bürgertugend. Neuerdings aber erzeugt der Zweifel an Wissenschaft und Technik nicht nur jene Gesten der Abwehr, die in selbstgestrickten Sweatern und postmoderner Architektur ihren freundlichen Ausdruck finden. Der Protest macht Maschinensturm und Anti-Atom-Theologie zu seiner Sache und bleibt nicht stehen vor den Normen der parlamentarischen Demokratie und dem Friedensgebot des Rechtsstaats. Angst und Panik sind Geschwister. Und leichtfertig wäre es, das Verhältnis von Technik und politischer Kultur als Sache zwischen Machern und Spinnern oder als Objekt esoterischer Kamingespräche zu sehen. Hier liegt eine Sprengkraft, welche die politische Kultur bedroht, deren Geschäftsgrundlage der Rationalismus ist. Am Ende des 20. Jahrhunderts bietet sich wenig Anlaß zu der Vermutung, die Rebellionen gegen Kultur und Technik seien verbraucht...«

Es stellt sich die Frage, woher der außerordentlich dramatische Ton in der Wortwahl rührt, wieso Stürmer annimmt, das »politische System« sei tatsächlich gefährdet. Die Frage stellt sich gerade auch dann, wenn man ihm in der Sache entschieden widerspricht. Es ist mit guten Gründen zu bezweifeln, ob die zweifellos starke öffentliche Strömung der skeptischen bis angstbesetzten Technikkritik zur technologischen Modernisierung tatsächlich in einem oppositionellen Verhältnis steht. An zweierlei läßt sich dieser Zweifel festmachen: Zum einen ist die links-grün-alternative Technikkritik überwiegend uninteressiert bis unfähig, innere Widersprüche in der Technikentwicklung und deren gesellschaftliche Vermittlung zu begreifen, also auch uninteressiert bis unfähig, irgendwelche Strategien zur Einflußnahme auf und Veränderung von technischer Modernisierung zu entwickeln - von verbalradikalen Verweigerungsphantasien abgesehen. Zum anderen gibt es diese lebensphilosophisch geprägte, ökologisch-alternative Technikkritik auch fast nur in jenen Milieus, die für die Entwicklung und Durchsetzung von neuen Technologien wie möglicher Alternativen nahezu irrelevant sind. Auch in den Gewerkschaften, die zu einer gegenüber den Planungsimperativen des Kapitals eigenständigen Technologiepolitik bisher kaum in der Lage waren, gibt es jedenfalls keine Ansätze, die von ihrer Quantität und Qualität her Stürmers dramatischen Warnruf rechtfertigten. Stürmer steht mit dieser Idiosynkrasie jedoch keineswegs allein und sie ist auch nicht etwa einer größeren Nähe zur Tagespolitik geschuldet, in der er als gelegentlicher »FAZ«-Kolumnist und Ghostwriter von Kohl stehen mag.

Besorgnis, die gesellschaftlichen Strukturen könnten im Tempo des industriellen Fortschritts nicht nur zurückbleiben, sondern erodieren, gar zerbrechen, war nämlich immer schon ein besonderes Anliegen des deutschen Konservatismus, von daher muß den deutschen Konservativen die mangelnde »Akzeptanz« der neuen Technologien im Gefolge von »Frauen-, Ökologie- und Friedensbewegung sowie der Alternativkultur als besondere Herausforderung erscheinen. Die Anpassung an das »Schicksal«,[10] zu dem ihm die Technik geworden ist, kann nicht ein *bißchen* vollzogen werden, sie muß *vollständig* sein. Die massenhafte Wiederkehr von Kulturkritik, von Zweifeln an den »Segnungen« des Fortschritts - und ausgerechnet in Begriffen und Bildern, die gerade nicht eindeutig links waren, sondern aus dem Arsenal des konservativen Kulturpessimismus stammten - mußte die Konservativen mit großer Besorgnis erfüllen. Das Phänomen war insofern verunsichernd, als die sich auch mit ihrer eigenen Geschichte konfrontiert sahen.

Das, was sie für eine gefährliche Infragestellung der modernen Technik hielten, stand freilich auch in engem Zusammenhang mit den neuen gesellschaftlichen Bewegungen und mit den politischen Herausforderungen, die von diesen ausgingen. Mußte die mangelnde »Akzeptanz« hier nicht besonders gefährlich sein in Kombination mit der Gefahr der »Unregierbarkeit« und dem »Wertwandel«?

Die Analysen der »Unregierbarkeit« gehen von praktischen, intensiven wie extensiven Ausweitungen des Demokratieprinzips aus. Von daher befassen sie sich vorrangig mit der Frage, wie mit der »Überreizung des Selbstbestimmungsprinzips«[11] umzugehen sei. Vor allen Dingen in der Erforschung eines »Wertwandels« und in den verschiedenen, kontroversen Diskussionen dazu wurden die zugrundeliegenden psychischen und kulturellen Veränderungen zum Thema.

Zu der zitierten Gefahrenmeldung Stürmers und ihrem dramatischen Gestus bilden die Stellungnahmen etwa von Lothar Späth oder die Diagnosen der württembergischen »Kommission Zukunftsperspektiven gesellschaftlicher Entwicklungen«[12] einen bemerkenswerten Kontrast - indem sie nämlich, was Stürmer vor allem unter dem Aspekt der System*gefährdung* sieht, differenzierter, nüchterner und auch unter dem Aspekt der System*erhaltung* betrachten. Ihre Einschätzung des Wertwandels und der damit verbundenen kulturellen Fragen ist außerordentlich interessant und Kernstück einer der reflektiertesten konservativen Positionen.

---

10 Rüdiger Altmann, Der wilde Frieden. Notizen zu einer politischen Theorie des Scheiterns, Stuttgart 1899, S. 255

11 Helmut Dubiel, Neokonservatismus, S. 50

12 Kommission »Zukunftsperspektiven gesellschaftlicher Entwicklungen«, Zukunftsperspektiven gesellschaftlicher Entwicklungen, erstellt im Auftrag der Landesregierung von Baden-Württemberg, Stuttgart 1983. Bezeichnend übrigens das dem Bericht vorangestellte Spinoza-Wort: »Nichts belächeln, nichts beweinen, auch nichts verwünschen, sondern erkennen.«

Bedeutungsgewinn und Wandel von Kultur

Ein Essay zur Alltagskultur, der das zweite Kapitel des Kommissionsberichtes einleitet, geht von der Überzeugung aus, daß die »Zukunftsfähigkeit«, auf die es vor allem ankomme, gerade auch eine kulturelle Angelegenheit[13] sei. In der »technischen Zivilisation« gelte dies besonders. Einmal wegen des »Schwunds der Zukunftsgewißheit«[14], der sich aus der größeren Nähe der Zukunft wie aus ihrer »Unbekanntheit« ergebe. Zum anderen wegen der »Kompetenzverluste des ‘common sense‘« - »Durch Vertrauen kompensieren wir die wachsende Inkongruenz von Sachabhängigkeit und individueller Sachkompetenz«[15]. Und zur Verdeutlichung (auch wegen der naheliegenden politischen Schlußfolgerungen) sei der anschließende Satz auch zitiert:

> »Vertrauen in diese Sachkompetenz des jeweils anderen ist als Sozialkitt in der technischen Zivilisation um so nötiger, je mehr die Evidenz unserer Abhängigkeit von zuverlässig erbrachten Leistungen anderer zunimmt.«

Die öffentliche Uneinigkeit der technisch-naturwissenschaftlichen Experten, seit den Anfängen der Anti-AKW-Bewegung immer mehr Anlässe und Themen umgreifend, muß da als Alarmzeichen gelten.

Die Antwort auf Skepsis und Kritik gegenüber Verlauf und Ergebnissen des naturwissenschaftlich-technischen Fortschritts lautet zunächst ganz ähnlich wie bei Stürmer, dies sei kein technisches Problem. Vielmehr gehe es um einen als politisch-kulturell begriffenen »Verständigungsprozeß«, der am Ende den Ort neu festlege, »den Wissenschaft und Technik künftig in unserer öffentlichen Kultur« einnehmen werden.«[16] Die Kommission entwickelt differenzierte und ausgesprochen kühle Argumentationen, die jeweils Empfehlungen nach sich ziehen bzw. enthalten.

Erstens:

> »Der wirksamste Beitrag zur Rationalisierung der sich verändernden Einstellungen zu den wissenschaftlich-technischen Lebens-

13 Auch Biedenkopf sieht das so: »Nach meiner Überzeugung ist die Entwicklung, Sicherung und Gestaltung der Zukunftsfähigkeit unseres Landes nicht nur ein politischer Prozeß im engeren Sinne des Wortes: will sagen, ein von politischen Institutionen getragener Prozeß. Es ist ein kultureller Prozeß von eminenter Tragweite.« Kurt Biedenkopf, Kultur für alle, in: Kulturpolitische Vereinigung der CDU in Nordrhein-Westfalen e.V. (Hg.), Der Mensch lebt nicht vom Brot allein, Recklinghausen 1986, S. 14

14 Ähnlich bei Heiner Geißler, Für einen Fortschritt ohne Inflation der Ängste, FAZ 29.8.1986, Nr. 199

15 Kommission »Zukunftsperspektiven«, S. 27

16 Ebd., S. 28

grundlagen unserer Zivilisation dürfte es sein, zu erkennen und anzuerkennen, was an diesen Einstellungsveränderungen vernünftig ist.« Es handele sich bei ihnen um »kulturspezifische« Erfahrungen und Reaktionen auf einen »abnehmenden Grenzertrag des Fortschritts«. Die Empfehlung: Wer sich in der technologiepolitischen Debatte behaupten wolle, habe »vorweg die guten Gründe anzuerkennen, die jene Debatten haben lebhafter werden lassen.«[17]

Zweitens:

Von »Wissenschafts- und Technikfeindschaft« könne gar nicht ernsthaft gesprochen werden.

»Was vor sich geht, scheint im Kern ein Pragmatisierungsvorgang zu sein: Ernüchterung, sich schärfender Sinn für externe Kosten des Fortschritts, Anhebung des Niveaus für Nachweise, daß der fällige Fortschritt nötig sei, Ausbildung konservativer Verhaltensweisen als rationale Formen des Umgangs mit naturalen, psychischen und kulturellen Ressourcen, die sich nicht-restituierbar und nur schwer kompensierbar verknappen, Wiedererstarken der ideologischen und politischen Resistenz gegen intellektuelle Utopiepropaganda und somit zunehmende Prädisposition für erfolgversprechendes Handeln in einer Lage, in der die Abwehr voraussehbarer, wohlbekannter Übel wichtiger ist als das Engagement bei Bewegungen, die zum Unbekannten, ganz anderen aufbrechen.«[18]

Drittens:

Die »Alternativkulturen« hierzulande seien keine Gefahr. »Aussteigertum« werde sich über eine randständigen Bereich hinaus nicht verbreitern, die Gesellschaft sei reich und differenziert genug, sie auszuhalten und sogar produktiv zu nutzen. (Im Jahr 1988 erscheint diese Argumentation einleuchtend und nicht sonderlich originell; am Rande sei aber vermerkt, daß 1983, im Jahr der Veröffentlichung des Kommissionsberichtes, in der undogmatischen Linken eher affirmative Interpretationen der »Alternativkultur« als »alternativer Vergesellschaftung« dominierten, ganz zu schweigen von den Einschätzungen im grün-alternativen Milieu.)

Diese Argumentationen werden mit Hinweisen auf den Zusammenhang von »Zukunftsfähigkeit und historischer Identität« und der Selbstvergewisserung beendet, daß die »Industriekultur« nicht illusionär sei. Gegen »Sündenfall«-Topoi (vor allem in Frauen- und Ökologiebewegung), die den »Industrialismus« als solchen verdammen und den Beginn

17 Ebd.
18 Ebd. u. S. 29

seiner negativen Dynamik dementsprechend weit in die Vergangenheit legen, wird polemisiert, es handele sich um einen »kulturrevolutionären ... Radikalismus«[19], der »vergangenheitsflüchtig« und »zukunftssüchtig« sei.

> »Demgegenüber bedarf unser kulturelles Verhältnis zur Industriegesellschaft der Stabilisierung durch Vergegenwärtigung der Gründe, die sie nach ihrer Herkunft zustimmungsfähig, ja zustimmungspflichtig machen.«

Daran schließt sich der Hinweis an, die Stabilität des Industriesystems sei größer als angenommen. Denn seine »kulturelle Durchsetzungskraft« sei nicht so sehr durch »prometheischen Ungehorsam, simple Profit-Interessen, technokratische Macherattitüden oder puritanische Suche nach irdischen Indikatoren einer himmlischen Prädestination« begründet als durch - die »überwältigende Evidenz elementarer Lebensvollzüge«.

Dabei soll es sich um gleichermaßen »triviale« wie »fundamentale« Dinge handeln: Befreiung vom Naturzwang, Produktivitätssteigerung der Arbeit, Mehrung von Wohlfahrt und Sicherheit, sozialer Frieden.

> »Die Zustimmungsfähigkeit, ja Zustimmungspflichtigkeit dieser Dinge macht die Fortschrittsnatur der Industriekultur aus, und ihre Geltung ist insoweit keineswegs brüchig geworden, vielmehr in hohem Maße gemeinsinnsfähig geblieben.«[20]

Von daher ist klar: Bei der Krise der Industriekultur geht es nicht ums Ganze, darum also, daß bestritten würde, »wofür sie uns gut zu sein hätte. Vielmehr handelt es sich um eine Krise unter dem Druck sektoral rasch näherrückender Kostengrenzen ihrer Lebensvollzüge.«

Wir werden noch sehen, daß dies theoretisch wie strategisch das Scharnier einer Argumentation ist, mit der ein affirmativer Begriff von Kultur historisch erneuert und gegen das Risiko einer Aufhebung von Ausbeutung und Unterdrückung immunisiert werden soll.

Im Zentrum der mit »Wertwandel« apostrophierten Entwicklungen steht eine Entwicklung, die zunächst konstatiert werden muß: Mit der »Selbstverwirklichung« werde es »subjektiv unumgänglich ..., sich selbst zum Problem zu machen ..., wo der Druck des alternativlos objektiv Unumgänglichen nachläßt, Räume freier Disposition sich auftun und somit wenig geschähe, wenn es nicht selbstbestimmt geschähe.«[21]

So verstanden, sind »Selbstverwirklichungswerte« - der Plural ist nicht bloß eine vorsichtigere Formulierung, sondern entschärft den Begriff der Selbstbestimmung politisch, nimmt ihm die verallgemeinerungsfähige

19 Ebd.
20 Kommission »Zukunftsperspektiven«, S. 30
21 Ebd., S. 32/33

normative Dimension - eine kulturelle Antwort auf den Prozeß der gesellschaftlichen Modernisierung, der »alternativenfreie Gewohnheiten« eben nicht mehr allgemein verbindlich erzeuge.

Auch aus konservativer Sicht muß diese Entwicklung nicht unbedingt beklagt werden, denn sie ist weder eindeutig noch nur negativ. Eine differenzierte Betrachtung etwa der Erosion von Bedingungen an die Kirchen zeige, daß es sich »nicht primär um einen Religionsverlust im fundamentalen Sinne des Wortes«[22] handele, es gäbe sogar eine zunehmende »Suche nach religiösen Erfahrungen« wie auch »eine Übertragung religiöser Bedürfnisse in die Politik«.

Ebenso ambivalent - und das heißt für die Konservativen unter strategischem Gesichtspunkt: chancenreich - ist die Entwicklung der »Selbstverwirklichungs-Bedürfnisse« insgesamt: Eine Pluralisierung von Lebensstilen und die Erosion der hergebrachten Bindungen von normativen Orientierungen an soziale Lagen einmal vorausgesetzt, können »Selbstverwirklichungs-Bedürfnisse« nämlich eine Individualisierung ausdrücken und bestärken, die aus dem gesamtgesellschaftlichen Blickwinkel auch als Übertragung von Marktmechanismen auf individuelles Verhalten und Planen verstanden werden kann - und zwar auch dort, wo nichts gekauft wird. Die einzelnen hätten demnach eine nie dagewesene Fülle von Optionen offen, aber auch so etwas wie die Qual der Wahl. Sie wären so frei wie Käufer und Verkäufer auf dem Markt, hätten aber eben auch in ihrer kulturellen Praxis und biografischen Entwicklung, die früher heteronom festgelegt waren, nunmehr marktähnliche Risiken zu tragen.

Die psychologische Seite dieses Begriffs von »Selbstverwirklichungs-Bedürfnissen« oder »-Werten«: Sie führen zu einer »wachsenden Zahl von Selbstbekundungen, in denen das Selbst sich als Resultante und damit als Opfer der Verhältnisse erfährt.«[23]

Als Beispiele werden angeführt der »Umgang mit Zeit und Medien« und das »Verhältnis zu Gesundheit und Krankheit«. Hier würden neue Selbstgestaltungs- und Selbstverwirklichungs-Ansprüche Platz greifen - vor dem Hintergrund objektiv gewachsener Gestaltungsspielräume. Gleichzeitig nähmen aber Gefühle der Überforderung zu.

> »In diesen Selbstbekundungen spiegeln sich Lebenslagen, in denen man objektiv wie nie zuvor aus Akten der Selbstbestimmung zu leben hätte, so daß, wo man durch sie sich überfordert fühlt, Erfahrungen des Selbstverlusts und damit des Unterworfenseins unter die Bestimmungsmacht der Verhältnisse unvermeidlich werden.« Es handele sich um »die Komplementarität von Selbstbe-

22 Ebd., S. 41
23 Ebd., S. 33 f.

stimmung und Selbstverlust. In demselben Maße, wie die Chancen selbstbestimmter Lebensführung wachsen, wächst auch die Intensität, mit der man sich in den mißlingenden Fällen als Opfer der Umstände erfährt.«[24] Der »verhältnismäßig schnelle und kräftige Wertwandlungsschub (habe) früher vorhandene Gleichgewichtslagen zwischen der Wertausstattung und den Möglichkeiten der Wertverwirklichung, des weiteren aber auch innere Vermittlungen zwischen den Pflicht- und Akzeptanzwerten und den Selbstentfaltungswerten beeinträchtigt oder außer Kraft gesetzt.«[25]

Insofern wird konzediert, daß die Angelegenheit konfliktreich verlaufen kann. (Übrigens wird auch, wenngleich eher beiläufig, eingeräumt, daß der Wertwandel und die ihm zugrundegelegten neuen Handlungsspielräume sozial höchst unterschiedlich aufträten.) Wie aber mit diesen Konflikten, die auch für die Zukunft angenommen werden, umzugehen sei, dies wird gänzlich undramatisch und in souveräner Gelassenheit bestimmt. Die »Wertkultur« sei nicht in Ordnung.

»Dem Konzept einer 'Wertsynthese' sind unter diesem Umständen handlungsleitende Qualitäten zuzuschreiben. Hierbei wird es darauf ankommen, die in der alltäglichen Wirklichkeit angelegten Chancen zu einer sinnvollen gegenseitigen Ergänzung von Pflicht- und Akzeptanzwerten und von Selbstentfaltungswerten zu fördern.«

Neben den sozusagen klassischen, aber auch auf die Höhe der Zeit zu bringenden ordnungspolitischen Instrumenten, mit denen man diesem Ziel näherzukommen hofft (Umstrukturierung von Parteiorganisation, Verwaltung und Bildung, Technologieförderung u.a.) sind es die Alltagskultur und die politische Flexibilität der Gesellschaft sowie ein sich darauf beziehendes öffentliches Wirken der Partei, auf die Hoffnung gesetzt wird. Sie könnten bewirken, daß

»neue Programme und Bewegungen durch Spezialisierung und Segmentierung aufgesogen werden, ohne daß sie andere Bereiche ernsthaft verändern können. Postmaterialistische Zugehörigkeits- und Selbstverwirklichungswerte scheinen in diesem Sinne in die Zeitkultur übernommen zu werden, ohne daß andere Werte wie Pflichterfüllung, Akzeptanz, Leistung, Wettbewerb, Konsum usw. dadurch eliminiert würden.«[26]

Die Grundpositionen der Kommission »Zukunftsperspektiven« zum »Wertwandel« und zur »Alltagskultur« hat Wolfgang Zapf auf einem

24 Ebd., S. 72
25 Ebd., S. 43
26 Ebd., S. 72

Kongreß der Landesregierung von Baden-Württemberg so zusammengefaßt:[27]

> »Wir beobachten in unserem alltäglichen Leben, in Arbeit, Familie und Freizeit, eine Fülle scheinbar widersprüchlicher Tendenzen: eine selbstverständliche Inanspruchnahme technischer Geräte und komplizierter Infrastrukturen, aber zugleich eine steigende Skepsis gegenüber der Großtechnologie. Wir beobachten die Ausbreitung der Massenkultur, aber zugleich ein intensives Interesse an der Vergangenheit, an Denkmalschutz, an historischen Ausstellungen, an Stadtsanierung. Wir beobachten einen Rückgang der beruflichen Mobilität, aber zugleich steigendes Engagement in Familien, Vereinen, Kirchen und Nachbarschaften. Wie kann man sich einen Reim auf all diese widersprüchlichen Tendenzen machen? Wir in der Kommission gingen davon aus, daß die meisten Bürger sehr wohl Fähigkeiten zur Problemlösung besitzen. Wenn man davon ausgeht, ergibt sich eine sehr handgreifliche Erklärung aller dieser Widersprüche. Wir nennen es den Pragmatismus der Alltagskultur. Auf den beschleunigten sozialen Wandel, auf die steigende Anonymität von Großorganisationen, auf die steigenden Belastungen der Zivilisation reagieren die Menschen ganz lebensklug und vernünftig mit Kompensationen. Sie versichern sich zum Beispiel wieder ihrer historischen Herkunft. Sie suchen ein neues Gleichgewicht zwischen Beruf, Familie und Freizeit. Sie suchen, da sie ständig mehr Entscheidungen zu treffen haben, ein größeres Maß an Selbstbestimmung. Wir sehen also im Wertewandel nicht schwarzmalerisch den Verfall der Arbeitsmoral oder den hedonistischen Individualismus, sondern durchaus lebenskluge Reaktionen auf Veränderungen in Arbeitswelt, in Familie, in Freizeit ...«

Ausgangspunkt der Überlegungen der Kommission ist ein Begriff der »Krise der Industriekultur«, der Entscheidendes wegläßt. Denn mit ihm werden weder strukturelle Massenarbeitslosigkeit noch potenzierte ökologische Zerstörung, weder wachsende Rüstungsproduktion noch Auspowerung der Dritten Welt bezeichnet. Man muß all dies ja nicht unbedingt in fragwürdige Zusammenbruchs-Hoffnungen oder -Spekulationen einfügen und kann dennoch mit guten Gründen nach Bedingungen für eine grundlegende Alternative fragen. Indem die Krise aber reduziert wird auf den abnehmenden Grenznutzen bestimmter Lebensvollzüge, ist jeder kritische Bezug auf das Ganze der Gesellschaft, auf ihre historischen und fundamentalen Grundlagen, aus dem Blickfeld. Auch wenn man die Frage nach radikalen Alternativen beiseite läßt und nur

27 Staatsministerium Baden-Württemberg (Hg.), Zukunftschancen eines Industrielandes. Kongreß der Landesregierung Baden-Württemberg am 13. und 14. Dezember 1983, Freudenstadt 1983, S. 31

nach strukturellen »Verbesserungen« fragt, ist man vor diesem Hintergrund immer schon auf ganz bestimmte *Verkürzungen* festgelegt: Es geht wesentlich um *Folgen* ökonomischer Prozesse und politischer Herrschaft. Sodann darum, wie diese Folgen individuell oder gruppenspezifisch *verarbeitet* werden oder wie auf sie *reagiert* wird. Schließlich um die *Reduktion* dieser Verarbeitungs- und Reaktionsweisen *auf Kultur*.

In dem Kommissionsbericht haben die individuellen, gruppenspezifischen, alltagskulturellen und auch die politischen Reaktionen auf das, was man den »abnehmenden Grenznutzen des zivilisatorischen Fortschritts« nennt, den Vorrang des Interesses okkupiert. Es geht nicht um eine Kritik dieses Fortschritts, sondern um die Frage, welche Motive in der Kritik enthalten sind und ob von ihnen möglicherweise Gefährdungen des Bestehenden ausgehen. Insoweit steht man in jener Tradition des konservativen Denkens, in der, seit es Industrie gibt, für das zentrale Problem gilt, daß »der Mensch« hinter der Entwicklung zurückzubleiben drohe. (Daß in der ökologischen, grünen und alternativen Technikkritik heute die alte Metapher vom hinter der technischen Entwicklung zurückbleibenden Menschen oft und gern verwendet wird, kann als Indiz für die Beschränktheit dieser Kritik genommen werden. Denn ob aus dieser Metapher nun nötige Anpassungsleistungen der Menschen gefolgert oder einfach nur die Klage über das Tempo des industriellen Fortschritts damit dramatisch formuliert wird - Basis beider Varianten ist eine dichotomische Entgegensetzung von Industrie- und Kultursystem. In beiden Varianten - sei's der opportunistischen Anpassung, sei's der resignierten Klage - hat man sich damit abgefunden, daß es aus dem »ehernen Gehäuse« der Lohnabhängigkeit keinen Ausweg gibt.)

Wenn also Verschiebungen in den Wertorientierungen vergleichsweise nüchtern untersucht werden, wenn die gespreizte Abwehr und die schrille Klage ausbleiben, die man so oft von Konservativen hören kann, wenn traditionelle Bindungen lockern oder gar in Zweifel gezogen werden - dann sollte man sich nicht täuschen. Nur den »Einstellungsänderungen« wird Vernunft attestiert, die sich in eine den Imperativen der technologischen Modernisierung folgenden Rationalisierung der Kultur einfügen lassen. Dies läßt sich im einzelnen an den Analysen von Wertewandel, Alternativkultur usw. in dem Kommissionsbericht, wie sie hier nachgezeichnet wurden, aufzeigen. Vollends deutlich wird es aber, wenn man den Kontext betrachtet, in dem jeweils die beiden Pole der angestrebten »Wertsynthese« verwendet werden: Die Akzeptanzwerte beziehen sich auf die vornehm umschriebenen Grundstrukturen und institutionellen Grundlagen der Gesamtgesellschaft, die Selbstverwirklichungswerte entfalten sich in der Alltagskultur. Akzeptanz ist dann im Zweifelsfall doch ganz einfach Anpassung und Unterordnung; sie wird zum Wert befördert und gewissermaßen kulturell veredelt zur »Kultur der Akzeptanz« - all dessen, »was nicht zu unserer Disposition steht«[28] Und dazu zählen nicht nur die »Kontingenzerfahrungen«, sondern eben auch (eine sehr weit gefaßte) »Sachabhängigkeit« von der arbeitsteilig organisierten naturwissenschaftlich-technischen Kompetenz und die »gesellschaftliche Modernisierung« insgesamt mit der ihr inhärenten Interessen- und Machtstruktur und Entwicklungsrichtung.

Die individuellen, gruppen- und schichtenspezifischen Verarbeitungen von Krisenerfahrungen werden daraufhin betrachtet, ob sie Verhaltensweisen und normative Orientierungen hervorbringen, die Anpassungs- und Rationalisierungsleistungen darstellen. Und man wird fündig. In der wachsenden Vielfalt von Alltagskultur und in den »Ausläufern« bzw. breiten Impulsen der neuen sozialen Bewegungen finden sich neue Einstellungen, Bedürfnisse, Lebensstile, die in diesem funktionalistischen Sinn interpretiert werden.

Privatisierung: das wieder gestiegene Bedürfnis, angesichts einer als übermächtig empfundenen Fülle von Risiken, Gefährdungen und Problemen Trennmauern zwischen Privatsphäre und Gesellschaft zu errichten.

Religiosität: Suche nach neuen religiösen Erfahrungen. Versuche der Übertragung religiöser Erfahrungen auf Politik.

Pragmatismus: Nüchterner alltagspraktischer Umgang auch mit den Auswirkungen jener Entwicklungen und Verhältnisse, die konfliktorisch und weltanschaulich-fundamental »aufgeladen« sind.

Konservativismus: Im breiten Alltagsbewußtsein scheinen mittlerweile Einstellungen zu dominieren, die bislang nur in politisch expliziter Gestalt von konservativ-liberalen Kräften vertreten worden waren. Die Beweislast hat sich umgekehrt: Nicht mehr das Bestehende hat sich zu rechtfertigen - es hat vielmehr eine Art Voraus-Bonus -, sondern jede Reform, von Umfangreicherem zu schweigen, hat vorab sorgfältig Auswirkungen und Nebenwirkungen auszuweisen; beim geringsten Verdacht, es könnte vielleicht doch schädigende Wirkungen geben, soll besser alles bleiben wie es ist.

Individualisierung: Die Ambivalenz der »Selbstverwirklichungswerte« (s.o.) muß nicht die Konsequenz haben, daß die einzelnen womöglich mehr denn je, wo sie sich in einem Dilemma befinden, die »Schuld« bei Strukturen, der Politik, ganz bestimmter Politik oder wem sonst suchen, d.h. weitergehende Ansprüche an Gesellschaft und Politik richten. Denkbar - ja, aus konservativer Sicht: wünschenswert - wäre auch, daß die Individuen in Konfliktlagen sich selber die Schuld geben bzw. sie als

28 Kommission »Zukunftsperspektiven«, S. 35

eigenes Problem und sonst gar nichts begreifen. Jedenfalls erhofft man sich so oder so eine Verlagerung gesellschaftlicher Probleme in die Individuen.

Es ist hier nicht wichtig, in welcher Weise diese Einstellungen empirisch kombiniert auftreten und wie sie sozial und kulturell vermittelt und differenziert sind. Man muß nur konzedieren, daß hier wertvolle Beobachtungen vorliegen. Man vergleiche etwa zum »Wertwandel« das pauschale Klagen geistig unbeweglicher Konservativer (über den Werte-«Verfall«) wie auf der anderen Seite manche unkritische Stilisierung der »postmaterialistischen« Mittelschichten.

Der funktionalistisch[29] vorgehende Konservatismus hat in einem technischen Sinn durchaus Feingriffe der Analyse parat, die zu differenzierender Erkenntnis befähigen und genau das auf einer praktisch-politischen Ebene realisieren helfen können, was er »Segmentierung und Spezialisierung« von »postmaterialistischen« Orientierungen nennt.

Die Beobachtung zunehmender, vielfältiger werdender kultureller Aktivitäten und eines anschwellenden öffentlichen Räsonnements über Kultur scheint unstrittig. Ebenso scheint unstrittig zu sein, daß Kultur gerade deswegen an Bedeutung gewinnt, weil immer mehr Lebensbereiche von der Dynamik des Wachstums und der Umwälzung des Produktionsprozesses erfaßt werden. Linke und konservative Theoretiker sind sich - bei Unterschieden en detail - wohl einig, diesen Prozeß als einen der kulturellen Freisetzung und diese wiederum als widersprüchliche zu verstehen, sie ist gleichermaßen eine Enteignung, ein Verlust wie auch ein Freiwerden, ein Gewinn. Weitere Übereinstimmungen besagen, keine der Teilkulturen, keines der sozialen Milieus sei stark genug, den Lebenszusammenhang als ganzen zu strukturieren; Weltbilder pluralisierten sich und die Wahl von Lebensstilen, die Entwicklung von Orientierungen werde selber eine zu erlernende kulturelle Praxis. Mit dieser Ausdehnung und Differenzierung, mit dem Bedeutungsgewinn von Kultur sind gleichzeitig aber die Schwierigkeiten gewachsen, über das Wahrnehmen und Beschreiben hinauszukommen und zu begreifen. Schon von daher ist die Neigung verständlich, im Zweifelsfall in den großen Topf »Kultur« zu stecken, was sich eindeutiger Beurteilung nicht rasch erschließt. Ganz zu schweigen davon, daß im common sense von Politik und Medien das Adjektiv »kulturell« schon an sich einen positiven Wert

29 »Einmal geschieht die Sicherung alter Werte nie ohne Seitenblick auf das Industriesystem und seine motivationellen Bedürfnisse ... Der Konservative versucht natürlich eine solche funktionale Deutung abzuwehren, indem er behauptet, die von ihm bevorzugten Einstellungen seien an sich wertvoll ... Nicht Inhalte als solche sind es, um deren Erhaltung es dem Konservativen geht, sondern ihre stabilisierende Wirkung. Der Konservative wird zum funktionalistischen Soziologen ...« Martin Greiffenhagen, Das Dilemma des Konservatismus in Deutschland, Frankfurt am Main 1986, S. 380

hat. Dieser Sachverhalt wirkt mit am Schleier der Verwirrung und Beschönigung, der über dem Wesensgehalt des neokonservativen Vorhabens liegt: Der Erneuerung einer affirmativen Kultur.

Eines der Momente des Neokonservatismus, das die Vorsilbe »Neo« rechtfertigt, ist, daß er zunächst in der Analyse, dann im öffentlichen Reden, dann in den verschiedenen Politiken eine Fähigkeit erlangt, die bis dahin nur der Kulturindustrie eigen war. Mit einem gewagten Bild könnte er in dieser Hinsicht sogar als deren »politischer Arm« bezeichnet werden: Es ist die Fähigkeit, in den Prozessen der kulturellen Freisetzung auch in den widersprüchlichen, ja, selbst in den zunächst subversiv erscheinenden Momenten Tendenzen der Segmentation und einer sozusagen doppelten Freisetzung auszumachen. Doppelte Freisetzung meint, daß gerade das »moderne« Bewußtsein, dessen verschiedene Aspekte als »postmaterialistisch«, »narzißtisch« und wie auch immer bezeichnet werden, in sich fragil ist. Seine Orientierungen können dem gleichen Verschleiß unterliegen, dem es seine Entstehung verdankt. Unter diesen methodischen Vorzeichen untersuchen Neokonservative, wie bereits dargestellt, reale gesellschaftliche Veränderungen. Ihr »Erfolg« läge darin begründet, daß ihre Grundvoraussetzung gewissermaßen gar nicht mehr massenrelevant Anstoß erregt: Die Dynamik des Industriesystems und deren Imperative stehen für sie außer Frage. Selbstverwirklichungs-Bedürfnisse werden von ihnen nicht mehr als Gefährdung begriffen, wenn und weil sie als verstümmelte sich artikulieren. Das Individuum, dessen Entfaltung ihnen so angelegen ist, soll aus dem »stahlharten Gehäuse der Hörigkeit« nicht entweichen, als das Max Weber die kapitalistische Arbeit und ihre Kulturbedeutsamkeit bezeichnete. Indem Freiheits- und Entfaltungsdrang in der Arbeit allenfalls sozialtechnisch verkürzt auf human relations, in anspruchsvollerer Mitgestaltung auf wenige Privilegierte beschränkt bleiben soll, indem also Arbeit als zentrale Kategorie und Perspektive menschlicher Freiheit und Universalität außerhalb jeder Kritik steht, erweist sich, was als Kultur in der Freizeit besteht, als halbiert. Und nicht nur das: Im Prokrustes-Bett des Systems soll nicht länger gestreckt oder abgeschnitten werden, was nicht paßt, Kultur soll heute in einzigartiger Geschmeidigkeit und Vielfalt bei diesem Einpassen der Individuen den Zwang verhüllen, es ihnen verinnerlichen und automatisieren. Das könnte »Industrialisierung des Bewußtseins« heißen.

Die »Kunst des Möglichen« und die technischen Utopien

Im Mittelpunkt dieser Betrachtungen standen bisher konservative Traditionen der Reflexion über den Zusammenhang von technischer Modernisierung und Kultur sowie die neokonservative Aufarbeitung von Verschiebungen in Alltagskultur, Lebensstilen und Bewußtseinslagen. Es ist fahrlässig, den Neokonservatismus hierzulande unter einer Formel wie »Verkabelung und Abendland« abzuhandeln, d.h. ihm einen blinden Technik-Optimismus und unvermittelt danebenstehende Gesellschaftspolitik von »vorgestern« zu unterstellen. In diesem leider noch oft anzutreffenden Bild wird als neues Moment höchstens noch zeitgemäß aufgeputzte »Demagogie« anerkannt.

Das ist also nicht gemeint, wenn im folgenden nun kurz die technischen Utopien der Neokonservativen, ihre Hoffnungen dargestellt werden, die sie aus den Eigenschaften der neuen Technologien und deren Dynamik herleiten. Und zwar unter dem Gesichtspunkt ihrer Kulturbedeutsamkeit und politisch-psychologischen Dimension. (Die verbreiteten dichotomischen und angebliche technische »Eigenlogik« voraussetzenden, eindimensionalen Kritiken bleiben hinter avanciertem neokonservativem Reflexionsvermögen zurück. Gerade unter dem politisch-psychologischen Aspekt »passen« zu den im folgenden angerissenen positiven technischen Utopien und Projektionen auch deren Gegenstücke - die Horrorvisionen vom »Orwell-Staat«, perfekter Überwachung, »Megamaschine«, »Informatisierung des Alltags« usw. ...)

Oskar Negt hat das innovatorische Potential des Konservatismus als »Kunst des Möglichen« beschrieben:

> »Als ausgesprochene Künstler des Möglichen schaffen sie nichts Neues, aber sie sind klug genug, Altes fortwährend in Neues umzumünzen und auch die geringste Chance wahrzunehmen, das Verfügungsmonopol über die technischen Entwicklungspotentiale nicht zu verlieren, sondern daraus für sich selbst politisches Kapital zu schlagen, mit dem Pfund zu wuchern, das ihnen mit den neuen Technologien zufällt.«[30]

Unter diesem Gesichtspunkt sind die neuen Technologien in doppelter Weise Grundlage konservativer Politik: Als stofflicher Reichtum und symbolisch sind sie selber öffentlich und bekunden Macht und Dauer des Bestehenden; sie wirken wesentlich dabei mit, Vorstellungen dessen, was nur eben möglich sei, zu prägen.

30 Oskar Negt, Lebendige Arbeit, enteignete Zeit: Politische und kulturelle Dimensionen des Kampfes um die Arbeitszeit, Frankfurt/New York 1984, S. 97

Sie sind Fluchtpunkt und Refugium. Die Orientierung an der Kapitalverwertung - und die ist der Motor einer keineswegs eigendynamischen Technikentwicklung - ist unverzichtbares und verläßliches Kriterium für neokonservatives Denken und Handeln und gibt ihm ein Selbstbewußtsein und eine Stärke, die eventuelle Gegner erst mühsam herstellen müssen. (Ebenso wie diesen Gegnern erst durch ein Gegenprodukt, d.h. eine überzeugende Alternative, die wirkliche Widerlegung der Beschränktheit gelingen kann, die in dieser »Kunst des Möglichen« liegt).

Mit der Bedeutung der technologischen Modernisierung in neokonservativen Strategien und mit ihrer Kulturbedeutsamkeit eng verknüpft ist ein Umstand, der bezeichnenderweise in einem Großteil technikkritischer Literatur kaum angemessen reflektiert wird:

> »Die meisten der innergesellschaftlichen Gefahren und Schrecken ... werden weniger den grundlegenden Eigentums- und Herrschaftsverhältnissen zugeschrieben als blindwaltenden Mächten - der Technik, den neuen Technologien.« Negt spricht davon, es gebe »vernünftelnde Ausweichbewegungen in der Erklärung und Deutung der eigenen Misere ... Diese Ausweichbewegungen verlaufen alle nach dem Prinzip des anonymen Verursachers, und kein Produkt der menschlichen Kulturentwicklung ist so sehr geeignet, diesem Entlastungswunsch als Übertragungsobjekt zu dienen wie die Technik. Sie gilt als der härteste objektive Tatbestand der Gesellschaft, härter als das Kapital und die Eigentumsverhältnisse.«[31]

Von da aus sind neue Technologien auch als »gigantische, realitätsmächtige Sicherheitssysteme« zu verstehen, »die mit einem je eigenen Versprechen der Angstreduktion und Leidvermeidung ausgestattet sind«. Ein Moment der Erklärung dafür liegt in der Geschichte der Naturbeherrschung, die als Verringerung der Bedrohungen durch äußere Natur dazu beiträgt, daß die in der Kulturentwicklung abverlangten Verdrängungsleistungen zunehmen. Neurotische Ängste und Unsicherheitsgefühle verallgemeinern sich; es bildet sich eine Spirale von Sicherheitsbedürfnissen und -angeboten.

> »Sicherheit, kulturgeschichtlich ein Abkömmling der Angst, kann in gesellschaftlichen Verhältnissen, in denen die Mittel einer befriedigenden und autonomen Selbstorganisation der Menschen verfügbar sind, gleichzeitig aber viel Kraft darauf gelenkt wird, den Kreislauf unerfüllter Bedürfnisse aufrechtzuerhalten, zu einem beherrschenden, inhaltslosen, die gesamte Lebensführung bestimmenden Ersatzbedürfnis werden.«[32]

31 Negt, Lebendige Arbeit, S. 227/228
32 Ebd., S. 235

Neue Technologien sind in diesem Sinn für die Neokonservativen selber Sicherheitsversprechen und sie werden als solche öffentlich dargestellt. Es handelt sich dabei in den seltensten Fällen um Taktik oder Verstellung, sondern in der Tat um Überzeugung. Technische Utopien bestreiten in neokonservativen Entwürfen einer Gesellschaft der Zukunft den Part der Veranschaulichung; und wenn es auch aufschlußreich ist, sich mit ihnen zu befassen, so haben sie doch mit den bisher bekannten technischen Utopien eher die Dürftigkeit und Fragwürdigkeit rein technischer Mittelsteigerung gemein.[33]

Die verschiedenen Theorien der »Informationsgesellschaft« können hier nicht so umfangreich dargestellt und diskutiert werden, wie es die Vielfalt der Ansätze, einzelne Nuancen in der Theoriebildung und die Spannweite der Probleme erforderte. Es kann nur um die eben dargelegten Aspekte gehen.

Die »*Informationsgesellschaft*« wird verstanden und propagiert als eine, in der mit Hilfe neuer Technologien und der durch sie bewirkten Veränderungen des gesamtgesellschaftlichen Arbeitsprozesses der Widerspruch von Ökonomie und Ökologie überwunden werden kann, in der die Entfremdungsphänomene der Industriegesellschaft ebenso hinfällig sein sollen wie der Klassenkampf. Dann verheißt sie auch Dezentralität, d.h. die Wiederbelebung durchschaubarer, kleiner Einheiten, die Renaissance alter Werte, eine weitere Steigerung kultureller Vielfalt und Kreativität sowie einen Gewinn an gesamtgesellschaftlicher Planungskapazität und - Rationalität.

Ein durchgängiges Argumentationsmuster reduziert Gesellschaftliches auf Technisches und zwar zweimal: zuerst, indem die verschiedensten »Mißstände« der »Industriegesellschaft« (nun verstanden als Vorläufer der »Informationsgesellschaft«) überwiegend als technische »Sachzwänge« erklärt werden, dann, indem aufgrund der neu entwickelten Technologien die Befreiung von diesen Sachzwängen angekündigt wird.[34]

---

33 ... zeigen jedoch wie in einem Brennglas reale gesellschaftliche Zustände. Vgl. Stuart u. Elizabeth Ewen, The Bribe of Frankenstein, in: Mosco/Wasko (Ed.), The Critical Communications Review, Vol. I: Labor, The Working Class, and the Media zu den Utopien des 18. Jahrhunderts und der Entstehung der amerikanischen Filmindustrie. Bribe (= Bestechung) spielt auf den Film »The Bride (= Braut) of Frankenstein« an. Vgl. auch Jürgen Menningen, Filmbuch Science Fiction, Köln 1980. Vgl. die Broschüre der Aktion Gemeinsinn, Droht uns die Zukunft? Kultivierte Technik für Mensch und Natur, Bonn 1985, eine wahre Fundgrube für technische Utopien. Um deren Dürftigkeit kennenzulernen, lese man bspw. das Kapitel 7: »Automaten zum Liebhaben« Die Phantasie reicht wohl aus, um sich Fahrkartenautomaten vorzustellen, die mit Bildschirm und Dialogfähigkeit ausgestattet und einfach zu bedienen sind. Warum soll es aber »im Jahre 1985 + X« überhaupt Fahrkarten und Geldautomaten geben?

34 Bevorzugtes Beispiel dafür ist die Arbeitszeit. Grob: Früher bei der »Groß«- und »Zentraltechnik« starre Arbeitszeit; heute, angesichts der technischen möglichen Flexibilisierung der Fertigung individualisierte, frei gestaltete Arbeitszeiten. So bei Heiner

Ein Großteil der Verheißungen der »Informationsgesellschaft«, insbesondere jene, die die »Industriekultur« auf ein höheres Niveau bringen sollen, wird mit begrifflichen Neukonstruktionen begründet, die wiederum auf materiell-technischen Veränderungen fußen.

Da ist zuerst und in unserem Kontext nur äußerst knapp eine »*ökologische Naturbeherrschung*« zu nennen, die sich auf naturwissenschaftlichen Erkenntnisfortschritt (ökologischer Verflechtungen) und auf eine »zweite Phase der Naturstoffchemie« (Biotechnologie) stützt. Mit deren Hilfe - flankiert natürlich von Politik - hofft man, das aufzulösen, was man mit dem Begriff »kultureller Umweltkonflikt« bereits - siehe oben - seiner politischen »Verkleidung« entledigt hat. Übrig bleibt eine ökologische Einstellung, der auch Lothar Späth seine Sympathie nicht versagen mag:

> »Offenbar hat die stark leistungs- und erfolgsbezogene Industriekultur mit ihrem Hang zu schematisierten Gliederungen und Abläufen von einem gewissen Stadium der Perfektion an individuelle 'Gegenwehr' hervorgerufen - Akte der Selbstbehauptung einer postmodernen Irrationalität. Dabei ist der Begriff der Irrationalität frei von jeder abwertenden Klassifizierung; er besagt, im Gegenteil, daß nach Jahrzehnten einer Verstandeskultur im Gefolge aufklärerischer und merkantilistischer Zivilisationstendenzen nunmehr die vernachlässigte emotionale Seite wieder verstärkt in das kulturelle Geschehen eingebracht wurde.«[35]

Gerade auf die Eigenschaften der neuen Technologien stützen sich Überlegungen wie die von Späth. Die Veränderungen entzögen sich den Blicken (»da sie in der Erde und im Weltraum stattfinden«);

> »Das vertraute Bild des zivilisatorischen Lebensumfeldes bleibt also im wesentlichen unangetastet, ja es hat die Chance, sich durch sinnvolle Nutzung alter Industriebrache wieder ein Stück zu regenerieren.«

Den »Traditionspflegebewußten« würde das Arrangement mit den neuen Technologien also leicht; die Mobilität sei durch die Entwicklung der Informationstechnik auch nicht mehr so wichtig, mithin könne Seßhaftigkeit sich neu bilden. Dazu dann noch die »ökologische Vorsorge« mit Hilfe »kybernetischer, biotechnischer und festkörperphysikalischer Entwicklungen« - mit all dem ist der »Informationsgesellschaft« möglich, was ihre Vorläuferin nicht schaffen konnte, die »Versöhnung von Ökonomie und Ökologie«. All dies verdankt sich der

---

Geißler, Fortschritt u. auch die Kommission »Zukunftsperspektiven ...«, S. 167 - 171 oder Späth, Wende, S. 74 - 137.

35 Lothar Späth, Wende, S. 81 u. f.

»Grundeigenschaft dieser Technologien, die sie zur Synthese von Ökonomie und Ökologie befähigt, ... ihr Leistungsprinzip: Sie sind um so erfolgreicher, je größer der Quotient zwischen immaterieller informationsverarbeitender Kapazität und dafür erforderlichem Materialeinsatz ist. Sie tendieren also, bis zur absoluten physikalischen Grenze, in Richtung »Entmaterialisierung«.

Der Purzelbaum, den die technische Utopie hier in Richtung »Entmaterialisierung« schlägt, leitet über zum *Begriff der Information*. Es gibt die These, Information würde Steuerungsmittel und als solches erst neben Geld und Recht treten, dann diese womöglich verdrängen. Davon soll hier nicht die Rede sein, ebensowenig von den sozialstatistischen und -empirischen Versuchen, Informationsbe- und -verarbeitung zur Schlüsselkategorie der Dienstleistungsbranche und die Gesellschaft zur »Dienstleistungsgesellschaft« zu machen - obwohl auch hier technische Utopien und Projektionen eingehen. Das Irrationale konservativer technischer Utopien ist hier doch eher in dem Sicherheitsversprechen zu sehen, das für sie von neuen Informations- und Kommunikationstechnologien ausgeht, mit denen man endlich des Problems der Komplexität Herr werden kann:

»Das zahlenmäßige Anwachsen von Menschen und Gütern und die zunehmende Arbeitsteilung steigern den Informationsbedarf überproportional. Das bewältigen wir aber nur mit Informationstechnik, weil die wachsende Zahl der Beziehungen, also die steigende Komplexität, anders gar nicht durchschaut und beherrscht werden kann.[36]

Aufgeklärte Geister haben längst erkannt, daß die Bewältigung von Informationsflut kein Problem von Massenspeichern, Verarbeitungs- und Übermittlungsgeschwindigkeit ist. Es entsteht bei größer werdenden Datenmengen der »Goldwäschereffekt«: Man muß immer mehr Sand waschen (sprich: Daten erheben, sortieren usw.), um doch immer weniger Gold (sprich: Erkenntnisse) zu erhalten. Dennoch läßt sich am häufigen Gebrauch der »Informationsflut«-Metapher bei Festreden und Debatten aller Art erkennen, wie sehr in ihr das Leid vielleicht gerade konservativer Politiker zum Ausdruck kommt. Liebhabern eines politischen Dezesionismus und von rigiden Maßnahmen muß angesichts der hohen Komplexität dieser Gesellschaft und ihrer Widersprüche der Sinn doch immer wieder nach Vereinfachung stehen. Am Rande sei noch bemerkt, daß neben den fragwürdigen Versuchen einer erkenntnistheoretisch und

36 Rudolf Winnes, Bildungsziele in der Industriegesellschaft, in: Vortragsreihe des Instituts der Deutschen Wirtschaft, Nr. 3, 21.1.1986, Jg. 36. (Winnes war z. Z. der Rede Direktor der Daimler Benz AG).

gesellschaftswissenschaftlich überhöhten Definition von Information, die sich immerhin um Präzision bemühen, im politischen »Geschäft« gerade mit den Unschärfen und der Mehrdeutigkeit des Wortes spekuliert wird. Da wird dann gern in Kauf genommen, daß Information oft eigentlich als das verstanden wird, was man - wenn schon, denn schon - als »Informationsgewinn« abzeichnen müßte. Oder es klingt das schöne Wort vom »informierten Bürger« an. All dies kommt zusammen zu einer vielstimmigen affirmativen Rede, die neben anderem gerade von der entscheidenden Verwechslung kündet und lebt: Rationalität wird mit Verfahrensweisen und Eigenschaften der mikroprozessorgestützten elektronischen Datenverarbeitung vermengt.

»Technik als Kraftlieferant..., Sinnverstärker..., Kommunikationserweiterer..., geistiger Routinearbeiter..., Superlandwirt..., Tausendsassa« - die »Perspektiven einer kultivierten Technik« haben eine merkwürdig anmutende Sterilität, wenn man sie zu konkretisieren versucht. Dabei kommt dann heraus, man könne demnächst zur »Bananenernte nach Finnland« fahren oder brauche sich mit dem Nachbarn nicht wegen des Rasenmäher-Lärms zu ärgern, denn man könne biotechnologisch für immer gestutzten Rasen kaufen.[37] In diesem Sinn meint kultiviert nicht mehr als den Warenglanz, der uns gegenwärtig schon leuchtet. Die technischen Utopien, die in der Vergangenheit noch einen der Realität von Mühsal und Unterdrückung spottenden Zug hatten, sind heute jammervoll langweilig. Das liegt auch daran, daß die neuen Technologien nur eine geringe Repräsentationskraft haben. Die künstlerische Spannung, die von der emblematischen Kraft der Maschine ausging - Ruhe und Geschwindigkeit, Stillstand und Kraft in einem - kann ein Computer nicht auslösen. Jameson hat über das Fernsehgerät verächtlich bemerkt, daß es »eher implodiert, als daß es wirklich etwas ausdrückt«.[38] Technisch-utopisch in neokonservativen Entwürfen ist eher das Verschwinden. Man hofft auf Ent-Materialisierung, auf Unsichtbarwerden, sei es von Lärm, sei es von Klassenkampf. Insofern das gewohnte Bild zum Produktions-Begriff das Hervorbringen, das sinnlich eindrucksvolle Heraus-Prozessieren ist, mag es richtig sein, diese »neuen Maschinen« als »Maschinen der Reproduktion« zu bezeichnen. Dort, wo sie in der Kunst dargestellt werden, kann man oft von »High-Tech-Paranoia« sprechen. Krebsgeschwüre oder Labyrinthe weltweiter, tödlicher Verschwörungsapparate, dargestellt als verwirrende mehrdimensionale Netzwerke sind

37 Aktion Gemeinsinn, S. 22

38 Fredric Jameson, Zur Logik der Kultur im Spätkapitalismus, in: Huysen/Schwerpe (Hrsg.), Postmoderne, Zeichen eines kulturellen Wandels, Hamburg 1986, S. 79

Grundmuster der Bilder und Formen dieser »untauglichen Versuche« ... durch die Darstellung avancierter Technologie die unfaßbare Totalität des Weltsystems zu denken.«[39]

»Unterhalb« der künstlerischen Subkulturen und »Gemeinden« oder - wenn man die kulturelle »Pluralität« demokratisch versteht - »neben« ihnen bleibt von »kultivierter Technik« tatsächlich nur noch die »zynische Parodie des Gedankens der Selbstverwirklichung«.[40] Wo in dem zitierten Bericht der Kommission »Zukunftsperspektiven ...« noch abgewogen und wohlgesetzt vom »Bürgersinn« und »Dispositionsfreiheit« gesprochen wird und sich kein Beleg für die etwas bildungsbürgerlich-säuerlich anmutende Befürchtung finden läßt, in Wahrheit wollten die Neokonservativen das Land bloß mit Elektronik überschütten - da plaudert Lothar Späth ganz munter drauflos:

> »In der Tat kennzeichnet ja nichts die neuen Informations- und Kommunikationstechniken so sehr wie ihre ungeheuer rasch voranschreitende Öffnung neuer, individuell nutzbarer Optionen. Bereits heute gestalten Hunderttausende mit Videorecordern und Computerspielen ihr eigenes Fernsehprogramm«.[41] (Es schließen sich an diese Sätze wolkige Hinweise an, daß man über die »sozialen und kulturellen Folgewirkungen« noch nichts Genaues wisse).

Hier haben wir einen Tiefpunkt neokonservativen Argumentationsniveaus: Wahrheit und kultureller Glanz neuer Technik ergibt sich aus Verkaufszahlen.

In der *Folklorisierung und Musealisierung der Industriekultur* profitiert der Neokonservatismus von etwas (und konzeptualisiert es), das er nicht geschaffen hat: Da ist zunächst der Funktionsverlust von öffentlichen Einrichtungen wie Brunnen, Backhäusern, Märkten, Viehtränken und von Sitten und Bräuchen, die an mittlerweile verfallene Traditionen, soziale und ökonomische Strukturen gebunden waren. Sodann ein »Bedarf an Geschichte«,

> »aber kein nur theoretischer und sich an der Einsicht in Geschehnisabläufe befriedigender Bedarf, denn stets geht es ja konkretpraktisch um das Zurückholen von Vergangenem und das Festhalten von Vergehendem ... und dies läßt sich als Bedarf nach kul-

---

39 Jameson, Logik, S. 81. Volker Fischer beschreibt (Technologie als Fetisch. High-Tech in Architektur als Design, in: Klotz, (Hg.), Vision der Moderne: Das Prinzip Konstruktion, München 1986, S. 66 f), wie sich in der Architektur, vor allem aber in der avancierten Produktgestaltung, Affirmatives, Katastrophenstimmung, aber auch Dissimulatio-Motive mischen.

40 Bernd Meurer, Schönheit. Zur Debatte industrieller Gestaltung, in: Hammann/Kluge (Hg.), In Zukunft: Berichte über den Wandel des Fortschritts, Reinbek 1983, S. 132

41 Späth, Wende, S. 43/44

> tureller Stabilität interpretieren und zur beschleunigten Vernichtung von Geschichte bzw. Geschichtlichem in Beziehung setzen, die für die Gegenwart genauso charakteristisch ist wie alles pflegerisch-konservierende Bemühen.«[42]

Peter Assion referiert in seiner Betrachtung Hermann Lübbes Deutung des »modernen Historismus«[43]. Dieser stellt in den Mittelpunkt die »fortschreitende Zerstörung vertrauter Stadt-, Dorf- und Landschaftsbilder und überhaupt des Gewohnten und Gültigen: den Verlust der Anmutungsqualität des Vertrauten und den Hinfall der Verbindlichkeit von Werten, Normen und Traditionen.« Assion fährt fort:

> »Dieser Kulturschau könnte man zustimmen, blieben bei Lübbe nicht die sozialen Implikationen ausgespart in einer Weise, daß ein letztlich ursachenneutraler Prozeß von indifferenter Allgemeingültigkeit beschrieben wird. Um es auf den Punkt zu bringen: Der Fortschritt produziert die sozialen Anpassungsschwierigkeiten nicht einfach als unvermeidliche Nebenfolge, sondern genau in dem Maße, in dem die bestehenden Verhältnisse die soziale Identität der Ursachen und Wirkungen des ständigen Wandels verhindern und einen Kulturprozeß gesamtgesellschaftlicher Übereinkunft, ohne verzögerte Reaktionen und fortbestehende 'Ungleichzeitigkeiten', nicht zulassen.«

Diesem Einwand gegen Lübbes Konzeptualisierung des »modernen Historismus« ist nichts hinzuzufügen. Über die weitverbreitete Traditionsrhetorik unserer Zeit, die Renaissance der Feste und Bräuche, die Wiederbelebung von Folklore, alltags-, regional- und ortsbezogene Geschichtsprojekte, Nostalgien aller Art braucht nicht die Nase gerümpft werden. Solche Traditionsbedürfnisse sind legitim. Sie sind aber nicht imstande, das Unmögliche zu erreichen: die kulturellen Verhältnisse zu stabilisieren. Der Neokonservatismus vertuscht dies Unvermögen. Traditionswelten und Paradoxien wie die Schaffung neuer Traditionen bilden nur die Kulisse, hinter der der Abbau des geschichtlich Gewachsenen umso rascher betrieben wird.

Die hier genannten Bestandteile von technischen Utopien, Projektionen und Gesellschaftsentwürfen sind zwar auch von den Grundbedingungen einer »politischen Psychologie der Technik« geprägt, sie sind aber keine massenwirksamen Mythen. Dies liegt nicht so sehr daran, daß ihre stofflich-materiellen Eigenschaften zur öffentlichkeitswirksamen Identifikation nicht taugten oder deshalb weniger in der Lage seien, sich mit dem Rohmaterial der unterdrückten Triebwünsche, Träume und

---

42 Peter Assion, Historismus, S. 355 f.

43 Lübbe ist auch der Autor des oben zitierten II. Kapitels des Berichtes der Kommission »Zukunftsperspektiven ...«

Phantasien der Menschen zu verbinden. Die gegenwärtige Verallgemeinerung von Krisen in den kapitalistischen Ländern, Massenarbeitslosigkeit, Umweltzerstörung, Kriegsgefahr, gesellschaftliche Zerrissenheit haben den Mythos des technischen Fortschritts gedämpft. In den entwickelten kapitalistischen Gesellschaften (in der Bundesrepublik in durchaus spezifischer Weise) ist er in sich gebrochen, ambivalent und fragmentiert. Die verschiedenen Bruchstücke von Fortschrittsmythos und Zukunftsangst, von Alltagserfahrung und Hörensagen, öffentlicher Rede und Ideologie haben sich, so scheint es, auch pluralisiert und individualisiert; sie werden kulturindustriell (und das schließt Alltags- und Massenkultur ein!) in ihren widersprüchlichen Momenten reproduziert, bestätigt, bearbeitet, verändert.

Bisher scheint diese Auseinandersetzung um Zukunft, Technik, Lebenssinn, Umwelt usw. - ohne daß dies geplant wäre - über den Horizont der »Sachzwänge« der technologischen Modernisierung nicht hinauszuführen. Der im Spektrum von Grünen, Alternativen und Linken noch immer bevorzugte »Verelendungsdiskurs«[44] befestigt eine angstvolle und an die technischen Visionen negativ fixierte Weltanschauung. Er fördert Apathie und eine routinierte Spielart der Besserwisserei, er versucht, in den einschlägigen Öffentlichkeiten einzuschüchtern und Denkverbote durchzusetzen. Wo dies einmal gelingt, wird es allen Ernstes für einen politischen Erfolg gehalten. In dieser Rückbildung von Öffentlichkeit gedeihen dann allenfalls noch die theoretisch-politischen »Provokationen« nach Muster des »Anything Goes« etwa ökolibertärer Provenienz. In einer zirkulären Debatte benötigen, benutzen und bestätigen Dogmatiker und »Tabubrecher« einander gegenseitig. In dem Maße, in dem dieses Muster eines zirkulären »Gesprächs« sich durchsetzte, bestätigte sich auch hier eine Voraussetzung des konservativen Entwurfs von »Industriekultur«. Dieser geht nämlich aus von der *Zerstörung von Öffentlichkeit*. Schon im affirmativen Begriff des »Pragmatismus der Alltagskultur« ist ja ein Konstituens von Öffentlichkeit ausgeschlossen - die prinzipielle Möglichkeit der diskursiven Verständigung über das gesellschaftliche Ganze. Die »Problemlösungsfähigkeit« der kulturell tätigen Bürger soll auf Kompensation, das »Problem« vorab auf den Horizont der *Verarbeitung von gesellschaftlicher Modernisierung* beschränkt bleiben.

---

44 Zur Kritik von Verelendungsrhetorik und dichotomisch-lebensphilosophischen Denkformen in ökologischen Weltanschauungen und Medienkritiken, vgl. Horst-Dieter Zahn, Untiefen der Technikkritik, Sozialextra, Juli/August 1986, S. 43 f. Zum »Verelendungsdiskurs« in der gewerkschaftlichen Technik-Debatte sehr aufschlußund kenntnisreich, umfassend und erfrischend polemisch Helmut Schütte, Zwischen Blockadoption und egalitärer Gestaltungsperspektive: Neue Techniken und gewerkschaftliche Arbeitspolitik, in: express Nr. 3, 36. Jg. (1988), S. 7 - 12

Der Neokonservatismus unternimmt den resignativen und zynischen Versuch einer Erneuerung und Befestigung kompensatorischer Kultur. Darauf gibt es keine andere Antwort als das Beharren auf »integraler Humanität«. Die Perspektive einer grundlegenden Veränderung des Systems der gesellschaftlichen Arbeit ist darin eingeschlossen.

Hermann Schwengel

Neo-Konservative Collage des Politischen

Modernisierung, Lebensstile und politische Modernität[1]

Wo immer ein neuer Konservatismus auftritt, ob er sich nun selbst definiert oder von anderen so eingeführt wird, mit Recht wird sofort nach dem Neuen dieses Konservatismus gefragt. Dies gilt auch für den Neo-Konservatismus der 70er und 80er Jahre, der von den Vereinigten Staaten ausging, zu Beginn der 80er Jahre als deren neue Philosophie gefeiert wurde und dessen Projekt nun brüchig zu werden scheint sowohl durch den Verlust eigener Überzeugungskraft wie durch das langsame Wachstum von Alternativen auf beiden Seiten des Ozeans. Getragen von einer vergleichsweise kleinen intellektuellen Gruppe von Leuten, die nach dem berühmten Diktum Nathan Glazers zuvor keine Konservativen waren, hat der Neo-Konservatismus in der Tat die 80er Jahre mitgeprägt, weniger durch die Vorgabe einer realen Politik aus einem Guß, sondern durch die Prägung von Fragestellungen und der Definition des Raumes legitimer Ideen. Noch Ende der 70er Jahre von Michael Walzer als »nervöse Liberale« beschrieben, haben sie immerhin, was auch ihre Kritiker anerkennen werden, den Blick auf die Gründe gelenkt, warum der amerikanisch-europäische Liberalismus »nervös« werden mußte. Auch wenn der Neo-Konservatismus an intellektueller und politischer Kraft verliert, wenn er als ein geistiger Fokus mal von der politischen Bühne verschwinden sollte, wird doch die Situation - für die politische Rechte wie für die politische Linke - nicht mehr dieselbe sein wie zuvor.

Über eine politische Ideenwelt kann man sehr viel sagen, wenn man weiß, wogegen sie steht. Für den Neo-Konservatismus gilt darüber hinaus, daß er in hohem Maße für Chancen und Risiken des amerikanischen Projekts der Modernität steht, der Neo-Konservatismus ist der erste originäre amerikanische Konservatismus. Schließlich reflektiert der Neo-Konservatismus Krise und Selbstzweifel eines historischen Modernisierungsprozesses, der in den 50er Jahren in den Vereinigten Staaten scheinbar seine idealtypische Gestalt gewonnen hatte, so daß sich die alte Frage Werner Sombarts, warum es keinen Sozialismus in den Vereinig-

1 Dazu: Hermann Schwengel, Der kleine Leviathan. Der Zivilisationsprozeß um 1900 und die amerikanische Dialektik von Modernisierung und Moderne, Frankfurt/M. 1988

ten Staaten gebe, umgekehrt zu haben schien: Warum gibt es keinen Amerikanismus in Europa? Diesen drei Fragen will ich im ersten Abschnitt nachgehen. Da der Neo-Konservatismus seinem Wesen nach durch die Verschiedenheit der national-gesellschaftlichen Projekte wie durch ihre wachsende Interdependenz geprägt ist, wird es im zweiten Abschnitt um eine kurze Skizze der unterschiedlichen Bedingungen des Neo-Konservatismus in verschiedenen Gesellschaften gehen.

Weil der Neo-Konservatismus an einer Schnittstelle von sozialer Modernisierung und politischer Modernität entsteht, gilt es, im dritten Abschnitt die Dialektik von Modernisierung und Modernität aufzuweisen. Im letzten Abschnitt will ich dann noch kurz die Konsequenzen des Neo-Konservatismus für eine europäische Linke diskutieren, für die er die eigentliche Herausforderung war und ist. Nur dort, so ist meine These, wo Europäisierung der Politik, Zivilisierung des Modernisierungsprozesses und Selbststeuerung politischer Modernität durch soziale Bewegungen und Lebensstile sich wechselseitig zu einem Projekt formen, das die neo-konservative Collage des Politischen überbietet, hat die politische Linke wieder die Chance, Zukunft zu gestalten und Fortschritt mitzudefinieren. Ansonsten wird sie, wie Peter Glotz nicht müde wird zu erinnern, unter fortdauernder Belobigung für vergangene Dienste von der politischen Entscheidungsbühne geschoben.

I.

»Jede Revolution ruft ihr A La Bastille! Die Festung, die die Gegenrevolution der Neuen Konservativen schleifen will, heißt: 1968«, so hat Claus Leggewie den Gegner des Neo-Konservatismus beschrieben.[2] Diese Beschreibung ist viel zu »zentralistisch« selbst für die westdeutsche Gesellschaft, wo die 68er-Bewegung nicht nur Modernisierungs- und Modernitätsbrüche zu reflektieren hatte, sondern auch die zentrale Sammelstelle war gegen die erschwiegene Versöhnung mit der Vergangenheit in den 50er Jahren. Es gibt zwei Möglichkeiten, von einem neuen Konservatismus zu sprechen. Auf der einen Seite kann sich ein existierender Konservatismus erneuern, d.h. die alter konservative Weisheit an sich selbst demonstrieren, daß Bestand nur hat, was in der Lage ist, sich zu wandeln. Auf der anderen Seite kann sich Konservatismus neu bilden, d.h. es müssen Strukturen entstanden sein, an deren Erhaltung sich Interessen anlagern können, es müssen neue soziale Klassen entstanden

2 Claus Leggewie 1968: Ein Laboratorium der nachindustriellen Gesellschaft? Zur Tradition der antiautoritären Revolte, in: Aus Politik und Zeitgeschichte, 20/88

sein, die etwas zu verlieren haben und zwar anderes als die Konservativen zuvor. Der Neo-Konservatismus der 70er und 80er Jahre ist von der zweiten Art. Der ältere national-bürgerliche und republikanische Konservatismus hatte sich durch eine gewisse Anpassung an Wohlfahrtsstaat und Modernisierung gewandelt, um mehrheitsfähig zu bleiben. Dagegen wiederum hat die »neue Rechte« rebelliert, den politischen, nationalistischen wie interventionistischen Charakter konservativer Haltungen eingefordert, der auf der unverwechselbaren Homogenität einer nationalen Gemeinschaft oder unveräußerlichen und der Modernisierung entzogenen Wertentscheidungen beruht. Obwohl es manche Verbindungen zu diesen Positionen gibt, ist der Neo-Konservatismus von anderer Herkunft, eine Neugründung des Konservatismus. In diesem Charakter ist er der Neuen Linken ebenso verwandt wie dem Neo-Liberalismus. Auch diese beiden müssen sich von den angepaßten Versionen der alten Linken und des klassischen rechtsstaatlichen Liberalismus ebenso unterscheiden wie von den Versuchen, die altlinken und altliberalen Positionen radikalisiert erneut anzubieten. Neue Linke, Neo-Liberalismus und Neo-Konservatismus unterhalten so ein wie immer problematisches Dreiecksverhältnis, begrenzt von ihren eigenen moderaten und radikalen Vorgeschichten, unsicher auf eigenen Beinen stehend, weil ihre minoritären Ideen und Lebensansprüche noch nicht in breiten Massenerfahrungen verankert sind. Ihr gemeinsamer Hintergrund ist der Modernisierungsschub, der in den frühen 60er Jahren beginnt, die sich abzeichnende Schwächung der weltwirtschaftlichen Führungsrolle der Vereinigten Staaten und vor allem der offenbar werdende Widerspruch zwischen sozialökonomisch-kapitalistischer Modernisierung und politisch-kultureller Modernität. Wachstum und langfristige Rentabilität von Investitionen, relative Autonomie und rechtsstaatliche Begrenzung der öffentlichen Sphäre und national-kulturelle Integration scheinen bedroht durch Stagflation und Armut, Unregierbarkeit und Ununterscheidbarkeit politisch zu entscheidender Sachverhalte von anderen und durch die Parallelität von kalkuliertem Hedonismus und massenkultureller Verarmung. Während es in der Diagnose manche Gemeinsamkeit zwischen den drei Richtungen gab, waren die Auffassungen natürlich darüber verschieden, was der »Krisenherd« hauptsächlich war und in welche Richtung die Therapie zu gehen hätte. Für die Neo-Liberalen lag das Problem natürlich in Größe und Einfluß des öffentlichen Sektors, die Lösung in einer allseitigen Freisetzung der Marktkräfte, wobei »Markt« im Unterschied zum älteren Liberalismus ein allgemeiner politischer und kultureller Begriff wird und nicht mehr nur eine Wirtschaftshermeneutik beschreibt. Für die Neue Linke wie auch für die alte ist der »Krisenherd« die kapitalistische Ökonomie, aber die Lösung wird weniger von den großen Organisationen der Gewerkschaften und Parteien erwartet als vielmehr von den freien Assoziationen, sozialen Bewegungen und individuellen Engagements neuer gebildeter, urbaner Zwischenschichten - oder von revolutionären Entwicklungen in der Weltgesellschaft. Für die Neo-Konservativen liegt die Quelle der Probleme in der Kultur, der Entkoppelung des klassischen ästhetischen Modernismus und seiner technisch möglich gewordenen Reproduzierbarkeit von älteren, sich selbst tragenden, aber sehr empfindlichen sozialen Bindungen. Kapitalismus und Staat können als Faktoren interpretiert werden, die diesen Entkoppelungsprozeß verschärfen oder verlangsamen und werden danach bewertet, aber nicht als Ursachen »in letzter Instanz«. In ihnen kann eine Therapie ebensowenig gründen wie in den freien Assoziationen und Bewegungen, die den Prozeß der »falschen Autonomie« ja gerade vorantreiben, sondern in einer politischen Korrektur der kulturellen Dynamik. Der Neo-Konservatismus sieht sich also weniger einer gegnerischen Festung gegenüber als in einer Konkurrenzsituation, in der er mit politischen Projekten im Wettbewerb steht, die bei allen Antagonismen ihrer Herkunft allesamt versuchen müssen, in Auseinandersetzung mit ihrer Vorgeschichte, eine der Modernisierung und Modernität angemessene »neue Politik« zu entwickeln. Daß »Zentrum und Spitze« demokratisch-kapitalistischer Gesellschaften sich der politischen Besetzung entziehen, gilt für alle sozialen Kräfte, für die Verteidiger der bestehenden Ordnung ebenso wie für ihre Kritiker.

Das Heimatland des Neo-Konservatismus sind die Vereinigten Staaten. Dabei ist weniger die Ausstrahlung entscheidend, die der amerikanische Neo-Konservatismus auf andere gehabt hat, und die Hoffnungen, die in ihn gesetzt wurden. Daß mit dem amerikanischen Neo-Konservatismus auch eine Erneuerung westlichen Wertebewußtseins und westlicher Führungsfähigkeit einhergehen werde, daß die »Kulturrevolution« der 60er Jahre wieder rückgängig gemacht werde, war gewiß ein Glaube, der die politische Rechte in Amerika und Westeuropa insgesamt beflügelte - von Washington bis Bitburg -, welche unterschiedlichen Hintergedanken die Akteure dabei auch gehabt haben mögen. Aber entscheidend ist, daß dieser amerikanische Neo-Konservatismus der erste originär amerikanische Konservatismus war und dadurch die politischen Konfliktlinien veränderte. Frederick F. Siegel hat die zunächst paradox erscheinende These aufgestellt, daß die Machteroberung Ronald Reagans nicht nur das Ende des amerikanischen Liberalismus darstellte, sondern in anderer Hinsicht auch dessen Kulmination[3]. Roosevelts ame-

3 Frederick F. Siegel, Troubled Journey. From Pearl Harbor to Ronald Reagan, New York 1984

rikanisch-liberale Verknüpfung von innenpolitischem New Deal-Interventionismus und außenpolitischem Interventionismus durch Eintritt in den Zweiten Weltkrieg - gegen die alternativen amerikanischen Traditionen eines moralischen Isolationismus und eines interventionsfreien Marktkapitalismus im Inneren - vermittelte der öffentlichen Meinung den Eindruck, so Dick Howard, daß der Krieg sowohl durch die kapitalistische Ökonomie als auch durch die Demokratie Amerikas gewonnen worden sei[4]. Es ist gewiß nicht übertrieben, die Verkoppelung von innen- und außenpolitischem Interventionismus - von sozialpolitischem Gestaltungswillen und weltpolitischer Führungsbereitschaft - für das notwendige Komplement zur politisch-ökonomischen Doppelrolle des Dollars als internationales und nationales Geld zu halten. Schwierig war es schon immer, die soziale Logik des New Deal-Interventionismus mit der politischen Logik des Eingriffs in die internationalen Beziehungen zu vermitteln. Lyndon Johnson ist es nie gelungen, die Verbindung zwischen dem Krieg gegen die Armut und dem in Vietnam begreifbar zu machen. Mit dem Verlust der hegemonialen Position auf dem Weltmarkt und dem Nachlassen der relativen Autarkie des amerikanischen Binnenmarktes sowie der stabilisierenden Funktion des technischen Fortschritts werden diese Schwierigkeiten prinzipiell. Reagans Anti-Liberalismus »rettet« so in gewisser Weise dessen Prinzip (der relativen Kohärenz von Innen und Außen), indem er es auf den Kopf bzw. auf die Füße, je nach Perspektive, stellt: Nicht länger korrelieren sozialpolitischer Interventionismus und weltpolitische Verbreitung der Menschenrechte, wie zuletzt noch beim unglücklichen Jimmy Carter, sondern die Freisetzung des marktwirtschaftlichen Kapitalismus von wohlfahrtsstaatlichen Bindungen wie industrialistischen Produktionsstrukturen mit der moralisch legitimierten und politisch organisierten Propagierung dieses Modells für die ganze Welt - mit der nicht ganz uneigennützigen Vorstellung, daß die »Programme« dieser deregulierten Dienstleistungsgesellschaft, von den Finanzdienstleistungen bis zur Infrastruktur der internationalen Medien, in Amerika erstellt werden. Die komplementäre Doppelrolle der amerikanischen Währung war bereits ein Jahrzehnt zuvor mit der Lösung des Dollars vom Gold »umgewertet« worden. Der amerikanische Neo-Konservatismus hat nicht diesen wirtschaftspolitischen Prozeß angeleitet. Dieser war in Wirklichkeit aus heterogenen Entscheidungsprozessen zusammengesetzt und keinesfalls eine Politik aus einem Guß. Der Neo-Konservatismus ist aber unter dem Druck der veränderten politisch-ökonomischen Rolle Amerikas in der Welt sowohl aus dem Schatten des

---

4 Dick Howard, Politics and Anti-Politics in the USA (erscheint 1989 in Ästhetik und Kommunikation 70)

bürgerlichen europäischen Konservatismus wie des solange vorherrschenden »American Liberalism« getreten. Nicht wie bei der Neuen Rechten hat der politisch-ökonomische Bedeutungsverlust zu einer Beschwörung nationaler Werte und Tugenden und deren aggressiver Verteidigung gegenüber vermeintlichen Gegnern geführt, sondern zur Auseinandersetzung mit dem amerikanischen Modell massenkultureller Modernisierung, deren ökonomische und politische Konsequenzen indirekter waren. Es ist fast wie bei Max Weber: die als prekär empfundene außenpolitische Lage korrelliert mit einer kulturalistischen Zeitdiagnose, aber die ersehnte aktive politische Verknüpfung beider Prozesse erweist sich als schwierig. Natürlich gibt es auch hier die lauten Publizisten, die das Problem mit antikommunistischem Getöse übertönen, aber das ist mehr ein Vorgang an der offenen Grenze zwischen Neo-Konservatismus und Neuer Rechten. Nur darin ist der Neo-Konservatismus der erste originäre amerikanische Konservatismus, wo er die Spannung zwischen einer universalistischen kulturkritischen Zeitdiagnose und der Reflexion der Spezifik des amerikanischen Modells offenhält. Max Weber hätte einen »Liberal Imperialism« gewollt, den die reaktionären politisch-kulturellen Strukturen Deutschlands an der Wende zum 20. Jahrhundert nicht zugelassen haben. Die amerikanischen Neo-Konservativen hatten ihn - sie wissen, wie originäre Konservative, was sie zu verlieren haben -, aber unter dem Druck weltwirtschaftlicher Veränderungen und innenpolitisch zugespitzter Widersprüche der 60er-Jahre glauben sie, die historische Substanz des »Amerikanismus« nur gegen dessen aktuelle Dynamik erhalten zu können. Natürlich hat es immer schon konservative Positionen und Haltungen in den Konflikten der amerikanischen Gesellschaft gegeben. Aber die defensive Engführung von Kulturkritik und Selbstreflexion des politischen Modells ist etwas Neues zumindest für die demokratischen Eliten der Vereinigten Staaten, eine Erfahrung, die bisher nur europäischer Oberschicht und Bürgertum vorbehalten schien. Weil der Neo-Konservatismus einen zentralen sensiblen Punkt getroffen hat und nicht nur Bestandsinteressen ausdrückt, prägt er auch noch in vielerlei Hinsicht die liberalen Antworten auf ihn. Die Rekonstruktion der liberalen amerikanischen »Gewohnheiten des Herzens« durch Robert Bellah[5] u.a. hat in ihrer Zeitdiagnose eine Reihe neokonservativer Elemente.

Auch das dritte Merkmal des neo-konservativen Projekts muß sorgfältig gegenüber seinen Überschneidungen mit neurechten und neo-liberalen Ideen unterschieden werden. Wo ein neuer Konservatismus entsteht

5 Robert N. Bellah, Habits of the Heart: Individualism and Commitment in American Life, New York 1986

und kein existierender sich nur anpaßt, müssen die Strukturen innerhalb des kapitalistischen Modernisierungsprozesses identifizierbar sein, an die sich neue Erhaltungsinteressen fixieren können. Auch diese Strukturbildung beginnt historisch in den Vereinigten Staaten, aber sie gehört seit Jahrzehnten zum allgemeinen Modernisierungsprozeß. Dieses Merkmal hat der Soziologe Daniel Bell in der neo-konservativen Nachfolge des liberalen Kritizismus Lionel Trilings am klarsten zum Ausdruck gebracht.[6]

»Die kulturrevolutionären Bewegungen der 60er Jahre in den USA markieren für Bell«, so Helmut Dubiel in seiner Zusammenfassung, »den Übergang von der kulturellen Moderne zur Postmoderne. Die Moderne war definiert durch eine gegenüber der traditionalen Kultur noch zugespitzte Trennung von Laien- und Expertenkulturen, von einer dezidiert esoterischen Verfügung über die kulturrevolutionären Gehalte. Im Zuge der - so Bell - 'populistischen' Revolte der sechziger und siebziger Jahre sei diese avantgardistische Verfügung über die antibürgerliche Gegenkultur aufgesprengt und sozusagen demokratisiert worden. In der vom neopopulistischen Geist beherrschten Postmoderne seien die kulturrevolutionären Momente der Moderne in die Massenkultur entlassen worden. In ihrem Gehalt wäre somit die Gegenkultur der sechziger Jahre zwar nur die Reprise einer kulturellen Umwälzung, die in den Salons der Jahrhundertwende längst stattgefunden hatte. In ihrem gesellschaftlichen Effekt jedoch wird die Gegenkultur in der Postmoderne zum mentalitätsbildenden Geist einer neuen Mittelklasse. Was im Modernismus noch in der ästhetisch gestalteten Imagination verbliebe, werde in der Postmoderne unmittelbar verhaltenswirksam.«[7] Der Übersetzungsprozeß, den Bell hier kritisch beschreibt, ist aber das ideologische Herz der »westlichen« Modernisierungstheorie, die ihr Urbild ebenfalls im amerikanischen Projekt der Modernität hat. Der Modernisierungsprozeß kann sich, so läßt sich die Erfolgsgeschichte zuspitzen, vom revolutionär politischen Aufruhr wie von einem aristokratisch-liberalen Elitismus lösen, wo weder Feudalismus noch Sozialismus die spontane wechselseitige Modellierung von Individualismus und Gemeinsinn einengen. Modernisierung läßt sich von kapitalistischer Marktwirtschaft und Konkurrenzdemokratie auf die Vermittlung von Wohlstands- und Kulturgesellschaft ausdehnen. Die Demokratisierung des Luxus der Kultur geht mit der Freisetzung von Alter und Geschlecht aus ständischen Zuweisungen, der Zivilisierung von Feindschaft zu Konflikt, der Verbreiterung des zivilreligiösen Pluralismus zu einem Pluralismus der Lebensstile und der Erset-

6 Daniel Bell, Die Zukunft der westlichen Welt, Hamburg 1976

7 Helmut Dubiel, Was ist Neokonservatismus? Frankfurt/M. 1985, S. 32

zung von Pflichtenlehre durch Rechtsbewußtsein einher. Dieser positive Sedimentierungsprozeß von Modernität, die Verankerung moderner kultureller Haltungen in den Mentalitäten, war in den westlichen Gesellschaften keineswegs erfolglos - was die politische Linke immer wieder schmerzlich akzeptieren mußte. Wo also setzt das neo-konservative Unbehagen an der Kultur der Modernität an? Drei Einsatzpunkte sind zu unterscheiden. Wo, erstens, die Neo-Konservativen die Erosion unabdingbarer bürgerlicher Verkehrsformen, durch ein Überziehen der Emanzipation, durch die Ästhetisierung des Alltagslebens und die Unterwerfung aller Bindungsprozesse unter rationalistische Kalküle wahrnehmen, dort beleuchten sie tatsächlich den Wegfall der letzten traditionalen Stützen der bürgerlichen Kultur, machen so indirekt deutlich, wie barbarisch eine auf sich allein gestellte bürgerlich-kapitalistisch geprägte Kultur sein kann - und sein muß -, wie man das Argument von seinem neo-konservativen Kopf wieder auf seine alten trotzkistischen Füße stellen kann. Das zweite neo-konservative Unbehagen bildet sich an der Übermacht des ästhetischen Populismus, der die moderne Ausdifferenzierung der moralischen, rationalen und ästhetischen Wertsphären einseitig entdifferenziert. Auch dieses Argument läßt sich kritisch wenden, indem auf die wachsenden moralischen Potentiale sozialer Bewegungen und Initiativen verwiesen wird. Doch was den Neo-Konservatismus tatsächlich konstituiert, ist keine Kritik, sondern eine Sorge: Alle die ästhetischen Subversionen des Alltags, überzogenen Emanzipationen und moralischen Leichtigkeiten könnten das Gehäuse der sozialen Modernisierung überhaupt verlassen, nicht nur den modernen Einschluß aller in alles wahrnehmen, sondern die politische Natur des Gemeinwesens verändern und von dieser exklusiven Stellung aus den Gang der Modernisierung insgesamt verändern. Die spezifisch neo-konservative politische Selbstkorrektur der Kultur ist in ihrem Kern eine Anti-Politik, die außerhalb der Verfahren demokratischer Elitenherrschaft und des Experimentalismus des ästhetischen Modernismus keine autonome politische Sphäre zuzulassen bereit war, die sich den Modernisierungsprozeß als ganzes zum Thema machte. In den 60er Jahren wurde am politischen Horizont eine dritte Generation des Pluralismus sichtbar, die die Neo-Konservativen erschreckte. Der erste politisch-liberale Pluralismus teilte die Gewalten von Spitze und Zentrum, von König und Parlament, von Gerichten und Verwaltung, von Individuen und Staat. Der zweite Pluralismus war sozial und demokratisch, er teilte bis zu einem gewissen Grade die Gewalt von Kapital und Arbeit, Majoritäts- und Minoritätsentscheidungen, Arbeits- und Sozialleben. Der dritte Pluralismus wäre zivilisatorisch gewesen, er hätte die bestehenden Pluralismen radikalisiert und auf das Feld der »alten« Arbeitsteilungen von

Mann und Frau, Stadt und Land, Experten- und Laienwissen ausgedehnt. Darüber hinaus wäre er politisch gewesen, d.h. hätte einen Abstimmungsprozeß über kollektive Ways of Life inaugurieren müssen. In diesem institutionalisierten Konflikt wäre periodisch entschieden worden, so reversibel, wie eine Bevölkerung Nationalisierungen beschließen und wieder zurücknehmen kann. Wir können offenlassen, ob die Neo-Konservativen diese Position aus Sorge um die eigene soziale Lage, aus der richtigen Einschätzung der Möglichkeiten ihrer Gegner oder aus einer allgemeinen Risikoscheu, an Grundbedingungen der Modernisierung zu rütteln, bezogen haben. Festzuhalten bleibt, daß die neo-konservative politische Korrektur der Kultur im Kern eine Anti-Politik war. Auch wo die Neo-Konservativen antikapitalistische wertkonservative Motive pflegen, bleibt ihre Anti-Politik strukturkonservativ - was jeder progressiven Anwendung der neo-konservativen Kritik enge Grenzen setzt.

Der Neo-Konservatismus ist also revisionistisch, d.h. gezwungen, die moderaten wie radikalen Versionen seiner Vorgeschichte hinter sich zu lassen, wie die Neue Linke und der Neo-Liberalismus auch. Er ist zweitens ein originärer amerikanischer Konservatismus, d.h. er entzündet sich an der Reibung von politischem Modell und kultureller Krisenwahrnehmung, die zuvor auf geringerem Modernisierungsniveau einen anti-aufklärerischen und später anti-modernistischen Konservatismus in Europa provoziert hatte. Der Neo-Konservatismus ist schließlich drittens antipolitisch, indem er vor der Errichtung einer neuen politisch-zivilisatorischen Konfliktebene zurückschreckt. Kurz, der Neo-Konservatismus ist revisionistisch, originär amerikanisch und anti-politisch. Die Hoffnungen, die sich europäische und vor allem deutsche Konservative Ende der 70er Jahre gemacht haben, der Neo-Konservatismus werde dem alten Konservatismus wieder auf die Beine helfen, konnten sich so nicht erfüllen. Auch der Wunsch der amerikanischen Neuen Rechten nach einer politischen Zentralperspektive von Verteidigungsfähigkeit, kraftvoller Reindustrialisierung und moralischer Erneuerung ist vom Neo-Konservatismus nicht ausreichend bedient worden, wie viele enttäuschte Sympathisanten jetzt bemerken. Wie Neo-Liberalismus und Neue Linke hat er an der modernen Collage des Politischen mitgewirkt, aber weder die Hoffnungen der einen noch die Befürchtungen der anderen wirklich erfüllt. Was bleibt sind die Fragen. Und hier gilt der alte Spruch, daß die politische Linke sich immer einen intelligenten Konservatismus wünscht, daß sie aber, wenn sie ihn dann hat, nichts damit anzufangen weiß.

II.

Waren also alle Vorstellungen, daß der Neo-Konservatismus die 80er Jahre politisch und kulturell prägen könne, null und nichtig? Gewiß nicht, aber die Erfolge des Neo-Konservatismus waren und sind ähnlich indirekt wie die der Neuen Linken, sie haben die Möglichkeitsräume bestimmter Entwicklungen beschnitten und andere eröffnet, wie sich in einem kurzen vergleichenden Blick auf die unterschiedlichen nationalgesellschaftlichen Entwicklungsbedingungen für den Neo-Konservatismus zeigen läßt.

Die Vereinigten Staaten und Großbritannien gelten als die beiden wichtigsten Beispiele neo-konservativer ökonomischer Politik. Tatsächlich aber muß man wohl sagen, daß der amerikanische Neo-Konservatismus keine spezifische ökonomische Doktrin inauguriert hat und die britische »ökonomische Revolution« nicht neokonservativ war. Der Stern des amerikanischen Neo-Konservatismus leuchtet, wo er als Therapeut der von »Vietnam« und »Watergate« verletzten amerikanischen Seele auftritt. Nach außen soll Führungsfähigkeit, nach innen Authentizität wiederhergestellt werden. Zu Beginn der 80er Jahre hat noch Midge Decter, Direktor des »Committee for the Free World« diesen beiden Merkmalen des Neo-Konservatismus das der ökonomischen Kompetenz in der Frage der Reindustrialisierung hinzugefügt, mit dem ausdrücklichen Verweis darauf, daß dies früher eine Domäne der Liberalen gewesen sei[8]. Tatsächlich aber ist Wirtschaftspolitik aus Konflikt und Gemengelage von drei unterschiedlichen Strategien hervorgegangen. Da ist die robuste alte amerikanische »Job-Maschine« (Lester Thurow), die einen dynamischen Arbeitsmarkt dadurch bezahlt, daß sie eine Unter-Dienstklasse zuläßt und eine Ober-Dienstklasse ermöglicht. Da ist der neue »Militär-Keynesianismus«, der Haushaltsdefizite - sehr lange und sehr hoch - in Kauf nimmt, um Wachstum und Beschäftigung anzuregen, aber ohne die begründete Hoffnung der »normalen« Keynesianer, daß die konjunkturelle Anregung auch den Strukturwandel begünstigt. Da ist drittens der Dualismus zwischen einem Kern sozialpolitischer Sicherheiten, der im wesentlichen schon während des New Deal beschlossen wurde, und einem Rand, der vor allem in den 60er Jahren entstanden war und seitdem, auch schon in der Regierungszeit Carters, abschmilzt. Es kann keine Rede davon sein, daß es so etwas wie eine neo-konservative Integration und Reflexion dieser drei Momente gegeben habe. Die außenpolitisch-kulturalistische Reflexion der Neo-Konservativen legt sich nur wie

8 Midge Decter, Die Wandlung vom Liberalismus zum Konservatismus in den USA, in: Würzburger Studien zur Soziologie 6, Der Neo-Konservatismus - die Leitidee der 80er Jahre? Würzburg 1981

ein weicher Ring um die ökonomischen Tatsachen, was sie von bestimmten Konflikten entlastet, aber auch ihre Reichweite begrenzt.

Fast wie das Gegenstück sieht das britische Beispiel aus. Die alleinige Konzentration gilt der Erneuerung der Ökonomie, die auch einem unbedingten Linken wie dem Historiker Eric Hobsbawm das Eingeständnis abnötigt, daß »die britische Industrie der 70er Jahre, und dazu gehören auch die Branchen, die der Labour-Bewegung am meisten am Herzen lagen, einen Tritt in den Hintern nötig hatte.« Dafür ist der neo-konservative Gehalt der Resultate vergleichsweise gering: Die Beschwörung steriler victorianischer Werte, die merkantilistische Verengung der politischen Perspektive und die Ungleichheit der Entwicklung, ganz zu schweigen von der anachronistischen Verteidigung gewisser kleiner Inseln vor der Küste Argentiniens, weisen nicht auf einen neuen Konservatismus hin, sondern auf einen alten barbarischen, der irgendwann tatsächlich die zivilisatorischen Bestände der britischen Gesellschaft angreifen könnte.

Sollte also der Neo-Konservatismus vor allem außerhalb der angloamerikanischen Sphäre Wurzeln schlagen, dort eine »konservative Modernisierung« antreiben, wo man es zunächst gar nicht erwartet und wo nur wenige gern »Neo-Konservative« genannt werden mögen? Schauen wir also, genauso knapp, auf Frankreich und die Bundesrepublik Deutschland. Neo-Konservatismus hat dann am ehesten eine Chance, zu einem Projekt zu werden, wo eine die Alltagskultur durchdringende ökonomische Modernisierung und die Selbstreflexion des politisch-kulturellen Modells, in dem diese Modernisierung operiert, in einer produktiven Spannung zueinanderstehen und nicht auseinandertreiben. Daran gemessen erscheinen die Chancen eines integralen Neo-Konservatismus in Frankreich und der Bundesrepublik zwar größer als in Großbritannien, aber doch durch die spezifischen nationalstaatlichen und nationalgesellschaftlichen Traditionen begrenzt - anders als in Amerika. Begleitet von einer planerisch-technologischen Faszination hat der Modernisierungsprozeß in Frankreich offenbar in den letzten beiden Jahrzehnten die Alltagskultur so durchdrungen, daß der alte Dualismus von ultra-modernen und fast noch archaischen Strukturen zusammenschmilzt. Er hat auch dazu beigetragen, daß der sozialkonservative Gaullismus und der nationale Kommunismus nach und nach ihre Basis verlieren und sich modernere liberal-konservative und progressiv-sozialdemokratische Parteibildungen dazwischenschieben. Aber wie schnell und dramatisch die sozialen und politischen Wandlungsprozesse auch sind, sie verdichten sich nicht wirklich zu einem neo-konservativen Projekt »konservativer Modernisierung« - oder auch zu einem alternativen neo-sozialistischen.

Nicht anders in der Bundesrepublik. Gewiß, die Nachkriegsgeschichte der Bundesrepublik gewinnt langsam Modernisierungskonturen. Die

Öffnung der Mentalitäten in den 60er und 70er Jahren und die darauf folgende ungleich verteilte Differenzierung von Lebensstilen läßt sich, zumindest auch, als ein Modernisierungsprozeß interpretieren, der sich den letzten Winkel der Republik angeeignet hat. Eine Weile schien es, als ob eine von den bürgerlichen 68ern geprägte Christdemokratie in der Lage sein könnte, die für eine konservative Modernisierung notwendige produktive Spannung zum politisch-kulturellen Modell herzustellen. Aber die nationalstaatliche und nationalgesellschaftliche Tradition ist hier, mehr und anders noch als in Frankreich natürlich, kein Sicherheit verleihender, stützender Faktor. Daß es westdeutsche Neo-Konservative sein könnten, die die Risiken einer forcierten sozialen Modernisierung akzeptierten und zugleich ein ordnungspolitisches Modell entwickelten, das diesen Prozeß abfederte, wird wohl ein Wunschtraum christlich-demokratischer Reformer bleiben.

Diese knappen Illustrationen machen deutlich, daß nirgendwo ein integraler, seine revisionistischen, amerikanischen und anti-politischen Elemente in sich aufhebender Neo-Konservatismus die Wirklichkeit durchgängig prägt. Es gelang nicht in Amerika, wo doch der Neo-Konservatismus sein Herkunftsmilieu hatte, weil es kein die veränderte Stellung Amerikas in der politisch-ökonomischen Welt anerkennendes neokonservatives Wirtschaftsprogramm gab und auch nicht gibt. Es gelang nicht in Europa, weil die nationalstaatlichen und nationalgesellschaftlichen Bedingungen das Projekt einer konservativen Modernisierung begrenzen. So könnte eine überraschende Pointe des Neo-Konservatismus in den 90er Jahre sein, daß er die Europäisierung der europäischen Ökonomie und Politik beschleunigt. Etwas Ähnliches kann man auch von der 68er Bewegung sagen: Vor allem dort, wo sie die Spannung zwischen der gesellschaftlichen und kulturellen Modernisierung auf der einen Seite und den überkommenen nationalstaatlichen und nationalgesellschaftlichen Institutionen der politischen Gewaltenteilung auf der anderen Seite »ausgelebt« hat, dort hat sie die tiefsten Spuren hinterlassen und Backformen für neue politische Modelle entwickelt, also in Westeuropa und nicht in den Vereinigten Staaten und nicht in Osteuropa.

Daß ein von seinen amerikanischen Widersprüchen befreiter Neo-Konservatismus in Europa eine zwanglose und natürliche Heimat finden werde, ist wohl die Hoffnung manches aufgeklärten europäischen Liberalen. Aber mit den neo-konservativen Ideen kommen auch die sozialen und politischen Tatsachen, auf die der Neo-Konservatismus reagiert hatte. Europäisierung heißt nicht nur die Freiheit von Waren und Dienstleistungen, von Geld und Arbeitskraft, sondern auch die Freisetzung des Widerspruchs von forcierter sozialer Modernisierung und politischer Modernität, der unter der Käseglocke des Nationalstaates noch verdeckt war.

III.

Unter der weltpolitischen und weltökonomischen Hegemonie der Vereinigten Staaten hat sich nach dem Zweiten Weltkrieg ein Modernisierungsmodell durchgesetzt, das zuvor noch im Dauerkonflikt mit Elementen einer vormodernen Herrschaftsordnung einerseits und der Herausforderung einer politischen Modernität - repräsentiert vor allem durch einen Marxismus als kultureller Bewegung - andererseits sich nicht realisieren konnte. Seiner inneren Dynamik nach muß dieses Modell das Prinzip der relativen Autonomie der einzelnen sozialen Großsysteme, wie gesteuerte Marktwirtschaft und Konkurrenzdemokratie, auch auf den dritten Sektor einer kulturell modernisierten »Wohlstandsgesellschaft« übertragen - bei Dominanz der Ökonomie in letzter Instanz, wo es kein ausreichendes politisch-institutionelles Gegengewicht gibt. Die wachsende Vernetzung von Konsum und Kultur einschließlich ihrer Konsequenzen für die Produktionsstrukturen, die Freisetzung von Alter und Geschlecht aus ständischen Zuweisungen, die Wohn- und Verkehrsformen verändert wie die Ansprüche an ein gutes gesellschaftliches Leben umwälzt, die wieder steigende Bedeutung der »kleinen Ökonomien« von Haushalt und Stadt, parallel zur Internationalisierung der großtechnologischen Produktionsweise, die Intensitätssteigerung geradezu jeder Lebensphase und damit deren Konfliktfähigkeit, allen diesen Prozessen kann modern nur eine Form gegeben werden, in der sich ihre Widersprüche bewegen können. In einem relativ autonomen »Sektor« modellieren sich die soziokulturellen Kräfte wechselseitig in Konsens und Konflikt - zwar auch mit den Mitteln von Markt und Staat, aber nach zunehmend eigenen Regeln. Dieser Prozeß, der immer noch in den Vereinigten Staaten weiter fortgeschritten ist, erlaubt einerseits eine gewisse »Demokratisierung des Luxus« (Williams) und reizt die kulturellen Produktivkräfte an. Auf der anderen Seite ist es derselbe Prozeß, der Chancen für die Bildung neuer politisch-kultureller Oberschichten gibt, die ihre eigene Nachfrage mitproduzieren, die sich über Lebensstile definieren, anerkennen und abgrenzen, d.h. mit ihrem Unterscheidungswillen wirtschaftliche Nachfragestrukturen und politische Willensbildung wesentlich mitbestimmen. Es ist nicht mehr vorstellbar, daß dieser Prozeß etwa mit staatlichen Mitteln wirksam begrenzbar wäre - in diesem Falle verbünden sich die neuen kulturellen Eliten mit der marktwirtschaftlichen Ideologie und den Prosperitätsinteressen der Allgemeinheit.

Es wird den Prozeß auch nicht wesentlich verändern, wenn sich den ästhetisch-kulturellen Eliten moralisch-kulturelle Antieliten entgegenstellen, obwohl die Konkurrenz nützlich ist. Die wertkonservative Kritik, die staatliche und moralische Gegenmittel ins Gespräch bringt, ist vielleicht ein scharfes analytisches Instrument, das auch von links her eingesetzt werden kann, aber es ist auch ein unpraktisches. Die Zivilisierung der Modernisierung - wenn wir damit die Modernisierungschancen von Differenzierung und Autonomisierung wie die Notwendigkeit ihrer demokratischen, gewaltlosen und säkular-intensiven Aneignung meinen - verlangt die Anerkennung der Differenz zwischen sozialer Modernisierung und politischer Modernität. Gerade um diese Anerkennung geht die Anti-Politik des Neo-Konservatismus herum, wie die Neue Linke und der Neo-Liberalismus letztlich auch. Politische Modernität, das ist jene dritte Generation des Pluralismus, die den Konflikt um verschiedene »Ways of Life« für die Gesellschaft im ganzen institutionalisiert, was voraussetzt, daß es im Prinzip einen Primat des Politischen über die Logik von sozialer und ökonomischer Modernisierung geben kann. Die sozialen Bewegungen und Lebensstildifferenzierungen der 70er und 80er Jahre haben, unabhängig von ihren neo-fundamentalistischen und neoelitistischen Verzerrungen, auch Gegenbilder einer alternativen politischen Selbststeuerung von Modernität geliefert. So, wie die sozialstaatliche Zähmung des Kapitalismus den institutionalisierten Konflikt zwischen sozialkonservativ-liberalen und sozial-demokratischen Versionen der Sozialpolitik implizierte, so die kulturelle Zähmung der kapitalistischen Modernisierung den institutionalisierten Konflikt zwischen unterschiedlichen Rahmensetzungen für die Differenzierung und Entwicklung von Lebensstilen - was aber eben voraussetzt, daß überhaupt politische Entscheidungen ein Stück weit bestimmen können, »wie wir leben wollen«. Der nationalstaatliche Rahmen ist dafür zu eng geworden, im Europäischen ist nicht einmal sicher, ob das Maß der sozialstaatlichen Zähmung des Kapitalismus erhalten werden kann. Auf der anderen Seite ist aber auch der Niedergang des neo-konservativen Sterns ein Beleg dafür, daß »von einer inneren Homogenität des herrschenden historischen Blocks und seiner ideologischen Befestigungsanlagen keine Rede sein kann«, wie es Sebastian Herkommer ausdrückt[9]. Das betrifft nicht nur den Koalitionscharakter zwischen den verschiedenen neo-liberalen und neo-konservativen Kräften in den jeweiligen nationalen Gesellschaften, sondern auch die internationalen »neo-konservativen Koalitionen«. Wo aber keine europäische Linke die Herausforderung des Neo-Konser-

9 Sebastian Herkommer, Das Dilemma der Neo-Konservativen - Eine Chance für die Linke? In: Sozialismus 5/1988

vatismus aufgreift, wird dieser von nationalen »Neuen Rechten« beerbt werden, vor deren autoritären Charakteren weit mehr Sorge berechtigt ist als vor der Kulturkritik der Neo-Konservativen.

Wie kritisch man auch den Konservatismus des Neo-Konservatismus betrachtet, wie widersprüchlich dieses Projekt auch in sich selbst ist, es reflektiert sozial-strukturelle Veränderungen, die auch die politische Linke verändern, wie der Dauerkonflikt zwischen sozial-gewerkschaftlichem und politisch-kulturalistischem Flügel in allen linken Volksparteien Westeuropas anzeigt. Nicht die Einengung wird diesen Konflikt versachlichen, sondern seine Verknüpfung mit weiteren grundlegenden Konflikten, zwischen Europäisierung als rückhaltloser sozialer Modernisierung und antiautoritärer politischer Modernität in Deutschland, zwischen der Idee politischer Selbststeuerung durch soziale Bewegung und Lebensstile oder durch gerechte Institutionen. Der amerikanische Neo-Konservatismus hat nicht deshalb an Anziehungskraft verloren, weil er zu viele Binnenkonflikte offenbarte, sondern weil er zu wenig und zu späte Konfliktbereitschaft gegenüber dem wirtschaftspolitischen Anheizen des »Fegefeuers der Eitelkeiten« und gegenüber der politisch-kulturellen Überhitzung des Patriotismus zeigte.

Thomas Kreuder

Neokonservative Formierung und liberalistische Individualisierung

> »Alle Industrienationen, zunehmend die ganze Welt, geraten ... in eine Begrenzungskrise. Die materielle Expansivität überfordert unsere ökologische Basis und stellt uns damit vor eine existentielle Gefahr. Die Folge sind wachsende Unruhen, Spannungen, Orientierungskrisen und der lauter werdende Ruf nach Besinnung und Umkehr.«

Dies ist *Kurt Biedenkopfs* Resümee einer einleitenden Standortbestimmung in einer »Zeit der Wende«[1]. Zuvor hat er durch die »Relativierung von Erfahrung« »Orientierungskrisen als Dauerzustand« und »Überforderungskrisen« durch Informationsüberflutung bei gleichzeitigen Wissenslücken über die Ordnung des Ganzen als Folge eines cartesianischen Materialismus ausgemacht, die die Menschen fassungslos vor der Instabilität durch Rüstung und ökologische Krisen stehenließen und deren Unsicherheit noch verstärkten[2]. Die »Indikatoren des Umbruchs« aber, Feminismus, Energiekrise und Wertewandel, erfordern und erlauben eine »Neue Sicht der Dinge«, einen Übergang vom quantitativen zum qualitativen Fortschritt[3]. Dabei hätten besonders die Berichte über die Grenzen des Wachstums und die Weltraumaufnahmen dieses Planeten die Begrenztheit des »Raumschiff Erde« für Jedermann deutlich gemacht, so daß zukünftig nur qualitatives Wachstum in Betracht kommen kann.

> »Gemessen wird das qualitative Wachstum 'an der Steigerung der Produktivität, an zunehmender Systemvielfalt, an der Verbesserung der Produkte und Dienstleistungen, an der Steigerung der Lebensqualität und vor allem am Grad der Anpassung an die vorgegebenen Umweltparameter'«[4].

---

1 Kurt Biedenkopf, Die neue Sicht der Dinge, München 1985, S. 43; vgl. die Rezension von Peter Glotz, in: DIE ZEIT vom 11.10.1985
2 Ebd., S. 32, 36
3 Ebd., S. 43 ff., 46 ff.
4 Ebd., S. 166, vgl. 35

1. Läuternde Krisen

> »Mit Krisen verbinden wir die Vorstellung einer objektiven Gewalt, die einem Subjekt ein Stück Souveränität entzieht, die ihm normalerweise zusteht. Indem wir einen Vorgang als eine Krise begreifen, geben wir ihm unausgesprochen einen normativen Sinn: die Lösung der Krise bringt für das verstrickte Subjekt eine Befreiung.«[5]

Der Wunsch nach qualitativem anstelle von quantitativem Wachstum gründet sich auf die Erfahrungen mit den zunehmenden Umweltbelastungen in modernen Industriegesellschaften. Die aus der *ökologischen Krise* notwendig entstehende Umweltpolitik nimmt paradigmatische Züge an.

Die Berichte des *Club of Rome* seit Anfang der 70er Jahre sensibilisierten die Öffentlichkeit, erste Ansätze eines »mehr Demokratie wagen« in gesamtgesellschaftlichem Rahmen realisierten sich in Bürgerinitiativen. Anlaß war in den meisten Fällen regionaler Umweltschutz. In der Globalisierung der Bedrohung durch ökologische Krisen in den Berichten des *Club of Rome* und später durch die Studie »Global 2000« dagegen, in der behaupteten Absturzgefahr für das metaphorische »Raumschiff Erde« läßt sich aber auch ein ideologischer Zweck ausmachen: »verleugnet werden soll dabei ... der kleine Unterschied zwischen Erster Klasse und Zwischendeck, Kommandobrücke und Maschinenraum«[6]. Die damals als völlig neu erscheinende, jedoch bereits sogar historisch-materialistisch beleuchtete Erkenntnis von Umweltproblemen verdeckte ihre strukturellen Bedingungen, enthob der Notwendigkeit, die Verteilung von Kosten und Nutzen offenzulegen. So organisierten sich denn auch die Bürgerinitiativen auf dem Hintergrund von Vorstellungen wie »Gemeinnutz geht vor Eigennutz« und »Wir sitzen alle in einem Boot«. Vereinigungen unabhängiger Bürger wie beispielsweise die »Aktion Gemeinsinn« setzten sich demnach in Zusammenarbeit mit dem damaligen Innenminister *Genscher* unter dem Motto »Ein jeder kehre vor seiner Tür, und rein ist jedes Stadtquartier« zur Vermittlung des neuen Umweltbewußtseins ein[7]. Da man schon seinerzeit wußte: Umweltschutz ist teuer, schimmerte trotz des aufkeimenden Selbstverantwortungsprinzips das Bedürfnis nach einer Kraft durch, die durchsetzt, daß allein der Verbraucher zahlt. Und auch die Industrie war insgesamt noch nicht ein-

5 Jürgen Habermas, Legitimationsprobleme im Spätkapitalismus, Frankfurt a.M. 1973, S, 10

6 Hans Magnus Enzensberger, Zur Kritik der politischen Ökologie, in: Kursbuch 33, S. 18

7 Ebd., S. 15

sichtig genug, die lukrativen Chancen zu sehen, die in der Beseitigung der angerichteten Umweltschäden und der Errichtung eines öko-industriellen Komplexes steckten. Hinzu kam, daß in der Frühphase die einzelnen Betroffenen gruppenegoistisch verfuhren und die neue Straße oder das neue Kraftwerk nicht grundsätzlich in Frage stellten, sondern nach dem Sankt-Florians-Prinzip lieber an einem anderen Ort sahen. »So nimmt es nicht wunder, daß der ökologische Protest ... fast immer in den Ruf nach dem Staat mündet.«[8]

Neben den augenscheinlichen Umweltzerstörungen, die eine Ahnung von krisenhaften Entwicklungen der industriellen Produktion vermitteln, und der Krise weiter Bereiche des Industriesystems selbst wächst seit Anfang der 70er Jahre die Skepsis gegenüber den Institutionen des modernen Industriestaates. Zwar stellt die moderne komplexe Umwelt ständig neue Anforderungen zur Anpassung an die sozialen Systeme, so daß sich diese kontinuierlich unter Aufgabe alter Elemente verändern, was schließlich eine Unterscheidung, ob ein System zusammengebrochen sei oder ein altes sich regeneriert hat, unmöglich macht. Eine *Systemkrise* läßt sich jedoch dann diagnostizieren,

> »wenn die Gesellschaftsmitglieder Strukturwandlungen als bestandskritisch erfahren und ihre soziale Identität bedroht fühlen ... Störungen der Systemintegration sind ... in dem Maße bestandsgefährdend, als ... die Konsensgrundlage der normativen Strukturen so weit beeinträchtigt wird, daß die Gesellschaft anom wird.«[9]

Ihre »augenscheinliche« Objektivität verdanken aus ungelösten Steuerungsproblemen hervorgehende Krisen dem Umstand, daß sie sich als systemisches Defizit äußern. So ist die Steuerungsfähigkeit einer westlichen Industriegesellschaft mit ihren Organisations- und Formationsprinzipien und diese ihrerseits mit den »Werten« des modernen Kapitalismus verknüpft. Dieser verzichtet jedoch in Gegensatz zu vorangegangenen Ordnungsprinzipien auf eine transzendente Legitimation. Er bezieht seine Begründung allein aus der dem Warenverkehr prinzipiell innewohnenden ausgleichenden Gerechtigkeit. Im Zuge der Entwicklung des Kapitalismus werden traditionelle Bindungen zerstört und damit auch Gefolgschaften ihrer Basis beraubt. Um nun die »Ordnungslosigkeit« nicht gefährlich werden zu lassen, muß sich die neue sozial herrschende Klasse des allgemeinen Wegfalls von Herrschaft versichern.

> »Die universalistischen bürgerlichen Ideologien können diese Aufgabe um so eher erfüllen, als sie a) sich aus Traditionskritik 'wissenschaftlich' begründen und b) Modellcharakter haben... Um

8 Ebd., S. 10
9 Habermas, Legitimationsprobleme ...a.a.O., S. 12

> so sensibler muß jedoch die bürgerliche Gesellschaft auf evidente Widersprüche zwischen Idee und Wirklichkeit reagieren. ... Die Leistung des kapitalistischen Organisationsprinzips ist gleichwohl außerordentlich: es setzt das vom politischen entkoppelte ökonomische System nicht nur von den Beschränkungen der sozialintegrativen Teilsysteme frei, sondern setzt es instand, zugleich mit seinen systemintegrativen Aufgaben einen Beitrag zur Sozialintegration zu liefern. Mit diesen Leistungen wächst allerdings die Anfälligkeit des Gesellschaftssystems insofern, als nun Steuerungsprobleme *unmittelbar* zu Bedrohung der Identität werden können.«[10]

Die Krise stellt dann insoweit eine allgemeine Gefahr dar, wie sie durch die Offenlegung der Verteilungsungerechtigkeiten und Anpassungslasten in der Depression »praktische Ideologiekritik an der Selbstdarstellung einer nur zum Schein machtfreien Sphäre des gesellschaftlichen Verkehrs« und damit der Grundlage des gesamten Systems übt[11]. Diese Legitimationsprobleme verschärfen sich noch mit dem wachsenden Planungsbedarf spätkapitalistischer Gesellschaften, wobei gleichzeitig die Genauigkeit von langfristigen Plänen abnimmt. Hinzu kommt, daß die gesellschaftlichen Peripherien mit den systemkonformen Steuerungsmechanismen immer weniger erreicht werden können. Mit jeder Expansion der Staatstätigkeit steigt der Legitimationsbedarf, der dann am größten ist, wenn wie bei modernen Interventionsstaaten in ökonomischen Krisensituationen stützend in die Wirtschaft eingegriffen wird[12]. Notwendig ist daher, den Rechtfertigungszwang, unter dem das administrative System steht, zu beseitigen.

> »Dieses ... wäre dadurch zu erreichen, daß die Integration der inneren Natur überhaupt auf einen anderen Sozialisationsmodus umgestellt, d.h. von rechtfertigungsbedürftigen Normen abgekoppelt würde.«[13]

2. Liberale Renaissance

Gerade in dieser Situation präsentiert sich die derzeitige neokonservative Hegemoniesicherung als gigantisches Projekt einer »Repolitisierung des Liberalismus«[14]. Und dieser erscheint in einer zunehmend komplexer

10 Ebd., S. 39, vgl. 13, 18 f., 38 ff.
11 Ebd., S. 47 f.
12 Ebd., S. 69, 93 f., 95, 100
13 Ebd., S. 130
14 David Bosshart et al., Neokonservatismus in verschiedenen politischen Kulturen, in: Argument 152

werdenden Welt als durchaus attraktiv. So haftet ihm zum einen nicht das Etikett an, die Grenzen seiner Möglichkeiten erreicht zu haben. Nach der weitverbreiteten Auffassung eines Scheiterns globalsteuernder keynesianischer Politik ist die liberale Utopie, daß sich Wohlstand und Fortschritt am besten aus der schöpferischen Freiheit für den einzelnen ergeben, plausibel. Zum zweiten haben die Probleme, vor denen eine staatsinterventionistische Politik seit Mitte der siebziger Jahre steht, die dem liberalen Orientierungsmuster zugrundeliegende ökonomische Theorie rehabilitiert und an die Stelle des Keynesianismus als dominantes wirtschaftspolitisches Modell treten lassen. Aus dem Zusammenwirken von beiden, liberaler Utopie und (neo)klassischer Ökonomie, entsteht schließlich eine gesellschaftspolitische Theorie und Programmatik, die verspricht, den Problemen und Anforderungen unserer Zeit am besten gerecht zu werden und die angesichts existentieller Krisen und Bedrohungen nicht mit der nun zunehmend als untragbar empfundenen Gefahr des Scheiterns in Verbindung gebracht wird. Der »Fortschritt« wird so von den politischen Legitimationszwängen entlastet und an die scheinbar autonomen Systeme von Wirtschaft, Wissenschaft und Technik delegiert.

2.1. Liberale Renaissance I: Lebenswelt als grenzziehendes Paradigma

Die gesellschaftliche Differenzierung und ein in Teilbereichen gewandeltes Bewußtsein, auf die liberale Muster wirksam zu antworten versuchen, sind mit der Vorstellung der *Lebenswelt* als »schlichte Erfahrung«, als »letzte Grundlage aller objektiven Erkenntnis«[15] verknüpft. Während jedoch *Husserl* die Lebenswelt als kritischen Begriff dachte, kann sie - anders interpretiert- auch auf eine Art stellvertretende Funktion der Philosophie für die Wissenschaft hinauslaufen: »das von dieser in ihrem ungestümem Fortschreiten Ausgelassene und Übersprungene wird von jener nachgeholt und eingebracht.«[16] - eine letztlich kompensatorische Kontingenzbewältigung für die Lücken einer komplexitätsreduzierenden Praxis. Dieser Intention kommt zugute, daß die Konstruktion des Lebensweltbegriffs exogene Entwicklungsfaktoren ausschließt und die Lebenswelt als letzte Instanz des Realitätsprinzips inthronisiert wird. Daraus läßt sich folgern, daß der Prozeß der Technisierung ebenfalls in

---

15 Edmund Husserl, Gesammelte Werke. Husserliana, Bd. VI, Den Haag 1950, S. 229; vgl. Hanno Loewy, Ausarbeitung zum Kolloquium "Edmund Husserl - Krisis", Institut für Kulturanthropologie der Universität Frankfurt, Sommersemester 1985

16 Hans Blumenberg, Lebenswelt und Technisierung, in: ders., Wirklichkeiten in denen wir leben, Stuttgart 1981, S. 44

ihr konstitutiv angelegt ist und so bei einer an *Gehlen* und *Scheler* angelehnten Anthropologie angelangt wird: Der Mensch ist aus Not auf Technik als wesenhaftem Ausdruck seiner Natur angewiesen. Vernunft ist dann schlicht Mittel der Selbstzucht des Menschen, mentales Werkzeug zum Überleben. Während ursprünglich versucht wurde, das Projekt der Aufklärung über die Ontologisierung einer »grundlegenden Erfahrungsschicht«, im kritischen Rückbezug der Verstandesschritte auf die vorgängige (jeweilige) »Lebenswelt« zu therapieren und aufzufrischen, geht es nunmehr um den Entwurf einer Welt als Kreisbewegung, in der Technik wieder in die Natur zurückfällt. Natur taugt zwar somit nicht mehr als Gegenbegriff zu der geschaffenen Umwelt, verleiht aber jener durch das Ineinanderfallen beider »natürliche Unhinterfragbarkeit«. Die geschaffene Umwelt wird zur zweiten Natur. Hier wird deutlich, warum nach diesem Muster Philosophie nur kompensatorische Lückenfüllung sein kann.

> »Die Technisierung reißt nicht nur den Fundierungszusammenhang des aus der Lebenswelt heraustretenden theoretischen Verhaltens ab, sondern sie beginnt ihrerseits, die Lebenswelt zu regulieren, in dem jene Sphäre, in der wir *noch* keine Fragen stellen, identisch wird mit derjenigen, in der wir keine Fragen *mehr* stellen, und in dem die Besetzung des Gegenstandsfeldes gesteuert und motiviert wird von der immanenten Dynamik des technisch Immer-Fertigen, durch die der Naturgewalt sich gleichsetzenden Produktion.«[17]

Festlegungen der Alternativenauswahl ergeben sich auch dort, wo noch keine so verstandene lebensweltliche Starre eingetreten ist. In der Forschung nämlich liegen Entdeckung und Verdeckung zugleich, eine Wendung *Husserls* in Bezug auf *Galilei*, in der für *Blumenberg* eine »sehr tiefe Einsicht zu stecken« scheint[18] und mit dem Wissen um die Bedeutung eines Paradigmas gerechtfertigt ist. So habe die Existenz von Paradigmen eher als die vermeintliche Solidität und Exaktheit der Naturwissenschaften jene vor einem der den Sozialwissenschaften eigenen Methodenstreit bewahrt. Der Charakter des Paradigmas als »ein latenter Komplex von Prämissen, die als Implikationen der wissenschaftlichen Praxis gar nicht ausdrücklich formuliert werden müssen, sondern in die Methoden und Fragestellungen bereits eingegangen sind«, erklärt somit auch die Möglichkeit und den Folgenreichtum der »violations of expectations«, die Erschütterung eines konsolidierten Bestandes an Wissen und Erwartungen[19]. So habe bereits *Lichtenberg* in der Fragestellungen begrenzenden

17 Ebd., S. 37, vgl. 40 ff., 49
18 Ebd., S. 33; vgl. ders., Paradigma, grammatisch, in: ders. Wirklichkeiten ...a.a.O., S. 157
19 Blumenberg, Paradigma ...a.a.O., S. 158

und damit Kontroversen vermeidenden Funktion eines Paradigmas ein fruchtbares »heuristisches Hebezeug« erblickt, welches somit ein ganz außer Zweifel stehendes Modell sei, »'nach welchem man alle übrigen Entdeckungen deklinieren sollte'«[20]. Die Bedeutung des »radikal vereinfachende(n) Zugriff(s) nach dem Paradigma« geht jedoch über die Setzung klärender Hypothesen oder grammatischer Schulbeispiele für die Sprache des Denkens hinaus: danach ist »unsere ganze Philosophie Berichtigung des Sprachgebrauchs und damit Berichtigung der allgemeinsten und immer schon vorhandenen Philosophie«[21]. Sie dient allein der Erläuterung der Ordnung.

2.2. Liberale Renaissance II: Die rettende Ordnung

Die Erfahrungen despotischer absolutistischer Herrschaft, Krieg und Bürgerkrieg im 17. und 18. Jahrhundert bilden den Hintergrund des Entstehens der grundlegenden liberalen Theorien und Einschätzungen und der dazu passenden ökonomischen Lehren. Dies ist der Ausgangspunkt *Albert O. Hirschmans*, der dem Verhältnis von irrationalen Leidenschaften zu den rationalen Interessen bei der Entwicklung des modernen Kapitalismus nachspürt.

Nachdem *Machiavelli* den Weg gewiesen hatte, aus der Annahme einer einheitlichen Natur des Menschen politische Einsichten abzuleiten, rückte die Zugrundelegung einer Interessengeleitetheit der Menschen zunehmend in den Mittelpunkt der politischen Diskussion. Diese Theorie hatte den Vorzug einer gewissen Beständigkeit und damit Voraussagbarkeit menschlichen Handelns und war zudem moralisch in dem Sinne, als daß sie nicht mehr von dem einzelnen verlangte als er ohnehin verfolgte[22]. Der notwendige Ausgleich von unterschiedlichen Einzelinteressen erforderte nun auch einen gesellschaftspolitischen Rahmen, der eine gerechte Interessenabwägung garantierte. Im Wechselspiel dazu konstruierte der Empirist *John Locke* einen »modernen« Naturzustand, der wegen seiner Fragilität einfach des Vertrages bedurfte. So wurden die Grundsteine des Liberalismus Teil des Gesellschaftsvertrages, die wünschbare zur grundlegenden Ordnung. Ihre Stabilität gewann diese Ordnung dadurch, daß die interessengeleiteten Menschen untereinander ein dichtes Netz von Beziehungen schufen. Vom Interessenausgleich bis

---

20 Ebd., S. 159
21 Ebd., S. 160 f.
22 vgl. Albert O. Hirschman, Leidenschaften und Interessen, Frankfurt/M. 1984, S. 57, 59; Walter Eucken, Grundsätze der Wirtschaftspolitik, Hamburg 1959, S. 132; Biedenkopf, Die neue Sicht ...a.a.O., S. 192

zur gewaltenteilenden »Balance of Power« war dann nur noch ein kleiner Schritt[23]. Die Annahme von der »zivilisierenden« Wirkung des Handels ging mit der Popularisierung dieser Staatslehre einher. Der Glaube, daß es wenig Unschuldigeres als Geldverdienen gäbe, verdeckte die kriegerische Aggressivität, die sich mit der Verfolgung wirtschaftlicher Interessen oftmals verband. Mit *Adam Smith* jedoch war er allgemein durchgesetzt, zur paradigmagleichen »verschwiegenden Dimension« (Michael Polany) geworden[24].

Trotz der wahrgenommenen Ambivalenz des liberalen Fortschritts, geht *Adam Smith* auf von der politischen Praxis inspirierte Bedenken nicht ein. Der »wesentliche Beitrag von 'The Wealth of Nations' bestand in der *ökonomischen* Rechtfertigung für die ungehinderte Verfolgung individueller Eigeninteressen«[25]. Das zentrale Anliegen von *Smith*s Theorie besteht neben der Propagierung der entstehenden idealen Ordnung gegenüber angemaßter Macht in der Gleichsetzung von Leidenschaften und Interessen. Während seinerzeit davon ausgegangen wurde, daß nur die Mitglieder der sich langsam verbreiternden Oberschicht handeln und auch nur dort Leidenschaften durch Interessen gezähmt werden müssen, vermittelt *Smith* einen fast egalitären Ansatz. Seine Basis ist die große Masse, die zur Beschaffung von Subsistenzmitteln gezwungen ist. Ein Mitglied der Masse hatte zwar im traditionellen Verständnis auch für *Smith* keine Leidenschaften, aber durch die Verfolgung seiner materiellen Interessen konnte es gleichzeitig seine potentiellen Leidenschaften verfolgen. Trotz der Nähe zum Paradoxon erfüllte diese

> »These und die aus ihr abgeleitete Doktrin« die Voraussetzungen »für ein wirklich erfolgreiches Paradigma: Obwohl sie eine großartige Verallgemeinerung darstellten, bedeuteten sie doch eine erhebliche *Einengung* des Forschungsfeldes, auf dem das gesellschaftstheoretische Denken sich bis dahin frei bewegt hatte, und das ebnete der intellektuellen Spezialisierung und Vereinfachung den Weg.«[26]

Hier lag ein Grund, warum Zweifel zunächst nicht zum Tragen kamen. Mit dem Vorwurf einem »Trugschluß der Verallgemeinerung« erlegen zu sein, wurden Bedenken gegenüber *Smith*' Prämisse erhoben. So sei zum einen eine interessengeleitete Gesellschaft weit weniger transparent und berechenbar als das angenommen werde, und zum anderen könne eine

---

23 Hirschman, Leidenschaften ...a.a.O., S. 60, 62, 138
24 Ebd., S. 72; vgl. Franz Böhm, Freiheit und Ordnung in der Marktwirtschaft, in: ORDO XXII, 13 ff.
25 Hirschman, Leidenschaften ...a.a.O., S. 109, vgl. 114
26 Ebd., S. 121, vgl. 120, 137

>»Anhäufung privater *Tugenden* zu einem Zustand führen ..., der alles andere als tugendhaft ist ... Solange *nicht jeder* das 'unschuldige' Spiel des Geldverdienens mitspielt, läßt die totale Befangenheit der *meisten* Bürger in diesem Spiel den wenigen, die um mehr, nämlich die Macht spielen, eher als zuvor freie Hand, ihre Absichten durchzusetzen. So können Gesellschaftsordnungen, in denen die Leidenschaften als Leitprinzip menschlichen Handelns durch die Interessen ersetzt werden, den Nebeneffekt haben, daß die staatsbürgerliche Gesinnung zerstört und damit der Tyrannei Tür und Tor geöffnet wird.«[27]

Dies galt vor allem dann, wenn man wie *Smith*s zeitgenössische Kritiker davon ausging, daß ein Mensch in der Verfolgung seiner Interessen nicht gegen seine Leidenschaften immun wird. Schon damals war also nicht unbekannt, daß eine auf Interessenverfolgung und Handel gegründete Gesellschaftsordnung keineswegs immer mehr Freiheit bedeutet, vielmehr wurden auch in bloßer Interessenverfolgung erhebliche Gefahren für die Freiheit gesehen. Diese Theoretiker hatten nämlich nicht vergessen, daß mit der Ausweitung der Produktion und des Handels in der Phase des Merkantilismus eine Stärkung des absolutistischen Staates intendiert war. Der mit der »Verwirtschaftlichung« der Gesellschaft verbundene Machtverlust regionaler Feudalherren und die Rationalisierung von Autorität und Macht, d.h. ein allgemeiner Zuwachs an Gerechtigkeit und Freiheit, war für sie keineswegs selbstverständlich. Zum einen wuchs nämlich durch die Schwächung des Adels die Macht der Krone. Zum anderen aber sahen sie zudem einen starken Staat im liberalen Modell zweifach bedingt. Einerseits wurde klar erkannt, daß die mit dem Handel einhergehenden gesellschaftlichen Umwälzungen den Ruf nach einer »starken Hand« seitens der von dem Wandel Bedrohten gegenüber realen oder auch nur eingebildeten Gefahren laut werden lassen konnte. Andererseits machte bereits *James Steuarts* Metapher von der Wirtschaft als Taschenuhr deutlich, daß dieser Mechanismus für äußere Störungen empfindlich und damit auf staatlichen Schutz angewiesen war. Dies war die bei weitem größere Gefahr.

>»Wenn es richtig ist, daß die *ökonomischen Gesetze gebieterisch Beachtung verlangen*, dann bedeutet das keineswegs nur, daß launenhafte Übergriffe des Fürsten in ihre Schranken verwiesen werden, sondern es kann ebensowohl bedeuten, daß die Handlungsfreiheit des Volkes beschnitten, seine Partizipation unterdrückt und kurzerhand jede Regung erstickt wird, die nun seitens des ökonomisch aufgeklärten Herrschers als bedrohlich für das rich-

27 Ebd., S. 127, 133

tige Funktionieren des empfindlichen Wirtschaftsmechanismus ausgegeben werden kann.«[28]

In diesem Zusammenhang entblößt sich die Achillesferse der den Liberalismus begründenden klassischen Lehre.

»Die liberalistische Rationalisierung der Wirtschaftsführung (wie überhaupt der gesellschaftlichen Organisation) ist wesentlich eine *private*: sie ist gebunden an die rationale Praxis des einzelnen Wirtschaftssubjekts bzw. einer Vielheit einzelner Wirtschaftssubjekte. Zwar soll sich am Ende die Rationalität der liberalistischen Praxis im Ganzen und am Ganzen erweisen, aber dieses Ganze selbst bleibt der Rationalisierung entzogen. Der Einklang von Allgemein- und Privatinteresse soll sich im ungestörten Ablauf der privaten Praxis *von selbst* ergeben; er wird prinzipiell nicht in die Kritik genommen, er gehört prinzipiell nicht mehr zum rationalen Entwurf der Praxis. Durch diese *Privatisierung der Ratio* wird der vernunftgemäße Aufbau der Gesellschaft um sein zielgebendes Ende gebracht (...). Gerade die rationale Bestimmung und Bedingung jener 'Allgemeinheit', bei der schließlich das 'Glück' des Einzelnen aufgehoben sein soll, fehlt. ... Struktur und Ordnung des Ganzen bleiben letztlich irrationalen Kräften überlassen: einer zufälligen 'Harmonie', einem 'natürlichen Gleichgewicht' ... Die Tragfähigkeit des liberalistischen Rationalismus hört ... sofort auf, wenn mit der Verschärfung der gesellschaftlichen Gegensätze und der ökonomischen Krisen die allgemeine 'Harmonie' immer unwahrscheinlicher wird; an diesem Punkt muß auch die liberalistische Theorie zu irrationalen Rechtfertigungen greifen. Die rationale Kritik gibt sich selbst auf; sie ist allzu leicht bereit, 'natürliche' Vorrechte und Begnadungen anzuerkennen.«[29]

2.3. Liberale Renaissance III: Interessenausübung im Rahmen der Kostenrechnung

Die neuerliche Bedeutung der neoklassischen Wirtschaftstheorie ist gleichermaßen Ergebnis der Krisenerfahrung globalsteuernder keynesianischer Politik wie der Erwartung, durch mehr Selbstverantwortung für den einzelnen sowohl die ökonomische als auch die ökologische Krise zu meistern. Auf die deutsche Diskussion hat die Lehre der *Freiburger Schule* nach wie vor entscheidenden Einfluß. Sie geht von einer ursprünglichen, stabilen Ordnung aus, die durch Vermassung, d.h. durch Gruppenbildung und Artikulation von Interessen in ein Chaos gestürzt

28 Ebd., S. 132, vgl. 128 ff.
29 Herbert Marcuse, Der Kampf gegen den Liberalismus in der totalitären Staatsauffassung, in: Zeitschrift für Sozialforschung 2/1934, S. 173 f.

wurde. Die Phase des *laissez-faire* stand dem nicht entgegen, da diese es ordnungslos zuließ, daß gerade mit der Industrialisierung, die eigentlich mehr Freiheit bedeutet, Schranken gegen Monopolisierungen eingerissen und die Nachdrücklichkeit der Gruppenforderungen verstärkt wurden. Das Ergebnis ist »Gruppenanarchie«, die dazu führt, daß immer mehr Wirtschaftsbereiche vermachtet und durch verschiedene Transformationsmechanismen letztlich zentraler Lenkung unterworfen werden. Die Folge ist Verwaltung von Mangel und Unfreiheit[30]. Grundlage der Überlegungen ist die Annahme, daß Ideen zwar bedeutsam sind, aber hinter der tatsächlichen Entwicklung immer zurückbleiben und daß Ordnungsprobleme, da Theorien niemals die Wirklichkeit erfassen können, Ergebnis eines daraus folgenden punktuellen Denkens sind. Von dieser Position wird - orientiert an paradigmatischen Erfahrungen - ein Geflecht von Prinzipien entworfen. Diese sind

> »in denkender Durchdringung der Geschichte, und vor allem der Wirtschaftspolitik und der Erfahrungen, die mit der Wirtschaftspolitik gemacht wurden, entwickelt. ... Sie enthalten also Forderungen allgemeiner Art, und ihre Erfüllung ist notwendig, um das Ziel zu erreichen. ... Zur Realisierung der gewollten Ordnung bedürfen diese Prinzipien im konkreten historischen Moment der *Anwendung.*«[31]

Die *Freiburger Schule* unterscheidet zwischen regulierenden und konstituierenden Ordnungsprinzipien deren Zusammenspiel den Rahmen für eine gerechte Sozialpolitik abgibt und mit einem der Wettbewerbsordnung vergleichbaren rechtsstaatlich und gewaltenteilig verfaßten Staatswesen kompatibel ist[32]. Zu den regulierenden Maßnahmen zählen eine präventive Monopolkontrolle und eine auf den Erwerb von Eigentum gerichtete Einkommenspolitik. Das »wirtschaftsverfassungsrechtliche Grundprinzip« ist die »Herstellung eines funktionsfähigen Preissy-

---

30 Die Darstellung folgt einer weitverbreiteten Ausgabe der »Grundsätze der Wirtschaftspolitik« von Walter Eucken, vgl. hier S. 23 ff., 119, 122, 135, 145, 152. Fritz Holzwarth, Abteilungsleiter im Konrad-Adenauer-Haus, hält Eucken für den »theoretischen Kopf«; vgl. Ordo - ein Markenzeichen der Politik, in: FAZ vom 24.12.1988 und Freiburger Freiheit, in: Wirtschaftswoche, Nr. 25/1985. Eher praktisch orientiert war die andere Leitfigur der Freiburger Schule und CDU-MdB Franz Böhm. Auf diesen beruft sich explizit Kurt Biedenkopf, der auch ansonsten bruchlos in dieser Denktradition steht; vgl. Die neue Sicht ..., a.a.O., S. 19, 71 ff., 52 f., 79 f., 124, 173 ff., 197, 203. Bemerkenswert ist auch, in welchem Umfang fast ausschließlich aus der Freiburger Schule entstammende Wissenschaftler und Politiker in der Themenausgabe "Soziale Marktwirtschaft", der von der Bundeszentrale für politische Bildung herausgegebenen Wochenzeitung DAS PARLAMENT vom 20./27.5.1988, Gelegenheit erhalten, dieselbe zu interpretieren.

31 Eucken, Grundsätze ..., a.a.O., S. 158, vgl. 130, 138

32 Ebd., S. 179 ff., 156

stems vollständiger Konkurrenz«, das wegen der konstitutiven Wirkung der Preis-, d.h. Marktsignale, durch den Primat der Währungspolitik abgesichert werden muß[33]. Das Prinzip des Privateigentums soll das »'Fingerspitzengefühl', das notwendig ist, um im Wettbewerb zu bestehen«, durch Selbstbetroffenheit garantieren[34]. Weiterhin gehört zu den Ordnungsprinzipien die Vertragsfreiheit, die allerdings »im Wirtschafts*prozeß* nur da gewährt werden (sollte), wo vollständige Konkurrenz vorhanden ist« und schließlich eine möglichst persönliche und unumschränkte Haftung. Diese Haftung bewirkt, »daß die Disposition des Kapitals vorsichtig erfolgt«. Investitionen werden nämlich »um so sorgfältiger gemacht, je mehr der Verantwortliche für diese Investition haftet. ... Die Kostenrechnung wird maßgebend.«[35]

Die theoretische Grundstruktur der klassischen Wirtschaftslehre beruht auf Wenn-Dann-Modellen: ist das Angebot einer Ware groß und die Nachfrage danach gering, dann sinkt ihr Preis. Ins Zentrum wirtschaftlicher Überlegungen rückt daher (zur Kostenminimierung und Nutzenmaximierung) die Kostenrechnung. Diese theoretische Grundstruktur lenkt die »ökonomische Analyse in Richtung auf eine möglichst weitgehende Abstraktion von sozialen Tatbeständen«[36]. Zugleich verschließt sie sich gegenüber anderen erkenntnistheoretischen Erklärungsmodellen der Gesellschaft. Dieses Verhalten, insbesondere aprioristische Tendenzen in der Theoriebildung - beispielhaft wird *Walter Eucken* genannt[37] -, ist der klassischen Lehre geschuldet, um sie vor dem Scheitern zu bewahren. Zum Ausdruck kommt so ein

> »Modell-Platonismus ... in den Versuchen, ökonomische Aussagen und Aussagenmengen (Modelle) durch die Anwendung *konventionalistischer Strategien* gegen die Erfahrung zu *immunisieren*«, was letztlich bedeutet, daß die »*Immunisierung gegen den Einfluß sogenannter außerökonomischer Faktoren ... zur Immunisierung gegen die Erfahrung überhaupt*« führt[38]

Es wäre allerdings verfehlt, in dem Festhalten an einer inkonsistenten und von der theoretischen Unmöglichkeit des reinen Wettbewerbs

33 Ebd., S. 160 ff.; vgl. Biedenkopf, Die neue Sicht ..., a.a.O., S. 83 f.

34 Ebd., S. 167

35 Ebd., S. 172 f.

36 Hans Albert, Modell-Platonismus. Der neoklassische Stil des ökonomischen Denkens in kritischer Beleuchtung, in: Ernst Topitsch, Logik der Sozialwissenschaften, Köln/Berlin 1965, S. 406

37 Ebd., S. 427, vgl. ders., Der Gesetzesbegriff im ökonomischen Denken, in: Hans Schneider/Christian Watrin (Hg.), Macht und ökonomisches Gesetz, Verhandlungen auf der Jubiläumstagung des Vereins für Socialpolitik 1972 in Bonn, Bd.I, Berlin 1973, 139

38 Albert, Modell-Platonismus ...a.a.O., S. 422

unbeeeindruckten Theorie schlichte Sturheit zu sehen. Seine eigentliche Bedeutung entfaltet der nach wie vor von *Benthams* Denken wesentlich beeinflußte »methodologische Individualismus«[39] im Bereich des Politischen, der Organisation und der Beeinflussung von Macht. Der Satz, daß »Macht ... eine ökonomische Größe (ist), die innerhalb ökonomischer Gesetzmäßigkeiten wirksam wird«[40], ist im Sinne der klassischen Theorie nur dahingehend auszulegen, daß Macht sich innerhalb der vorgegebenen »klassischen« Bahnen entwickelt. Die Verengung menschlicher Verhaltensweisen auf ökonomische Perspektiven, die Idealtypisierung des Konkurrenzprinzips ist ein politisches Programm[41]. »Das Konkurrenzmodell besaß zusätzlich zu (seiner) ... wissenschaftlich-erkenntnisorientierten Funktion von Anfang an auch einen anderen, einen normativen Charakter« und diente somit auch als »Vorbild für eine anzustrebende Realität«[42].

Das so entwickelte System gewann im Laufe der Zeit idealisierende Züge und wurde dementsprechend »zum 'natürlichen', zum Standardmodell«, wobei der »ideologische Impetus eine Darstellungsweise gefördert (hat)..., die eine gewisse Machtblindheit begünstigt«[43]. Macht und andere gesellschaftliche Zusammenhänge und Organisationen wurden somit ausgeblendet. »Die 'eigenproduzierte psychologische Basis' der reinen Ökonomie«[44] wirkt demnach in ihrer gesellschaftlichen Vermittlung zweifach: einerseits als gesamtgesellschaftliches konkurrenzorientiertes Verhaltensmuster und andererseits als persönliches Exkulpationsmoment. Wenn alle »außerökonomischen« Faktoren im Rahmen des *»überindividuellen Lenkungsmechanismus«* (Franz Böhm) ausgeblendet werden können, so wirkt die Komplexitätsreduktion auf die Rentabilität (Kostenrechnung) handlungsentlastend.

2.4. Liberale Renaissance IV: Heroisierung des Unternehmers

Nach den Maximen der Kostenrechnung handelt der Unternehmer. Nichts liegt deshalb näher, als ihn als gesellschaftliches Leitbild zu emp-

39 Albert, Der Gesetzesbegriff ...a.a.O.; Karl Polany, The Great Transformation, Frankfurt/M. 1978, S. 164 ff.
40 Helmut Arndt, Recht, Macht und Wirtschaft, Berlin 1968, S. 24
41 Albert, Modell-Platonismus ...a.a.O., S. 421, 433; ders., Der Gesetzesbegriff ...a.a.O., S. 156; vgl. Cornelius Castoriadis, Durchs Labyrinth. Seele, Vernunft, Gesellschaft, Frankfurt/M. 1981, S. 164
42 K. W. Rothschild, Macht: Die Lücke in der Preistheorie, in: Schneider/Watrin (Hg.), Macht und ökonomisches Gesetz ... a.a.O., Bd.II, S. 1105
43 Rothschild, Macht ...a.a.O., S. 1106
44 Albert, Der Gesetzesbegriff ...a.a.O., S. 151

fehlen. Ihm liegt das klassisch liberale Konstrukt zugrunde, nach dem die ungehinderte Interessenausübung in ihrer Summe von selbst einen »idealen« Zustand bewirkt. Da allein der Unternehmer im Kapitalismus nach dieser Vorstellung selbstständig handelt, ist er es auch, der zum Nutzen anderer tätig wird. Damit wird der Begriff des Gemeinwohls zum ideologischen Potential, auf das sich der Unternehmer stützen kann. Dies hat einerseits zur Folge, daß die Berufung auf wirtschaftliche Notwendigkeiten in jeder historischen Situation Komplexität reduziert und gleichzeitig mit dem Verweis auf die dem Wirtschaftsprozeß innewohnenden Rationalität die Anfälligkeit des Systems für Irrationalismen verschleiert. So geht nämlich der Einwand,

> »daß gerade Unternehmer gegen jede Art von politischem Irrationalismus gefeit seien ... gewöhnlich an der Tatsache vorbei, daß für die Struktur des Gesellschaftsbildes und des Geschichtsbewußtseins in der Regel weniger die partikularen Inhalte unmittelbarer Erfahrungen als vielmehr deren Funktion im psychischen Haushalt der Individuen und die Mechanismen ihrer klassenspezifischen Verarbeitung von Bedeutung sind«.[45]

Andererseits bewirkt die der Unternehmerideologie bezüglich des Gemeinwohls zugrundeliegende »Dienstleistungsmentalität« (Ralf Dahrendorf), daß Unternehmer im Widerspruch zur theoretischen Grundlage des Kapitalismus prinzipiell keine Interessen vertreten. Ihrem Statusbedürfnis entspricht eher die »Position eines Wohlstandsbeamten, der seinen anerkannten Platz in einem übersichtlichen Ordnungsgefüge der Gesellschaft hat«[46]. Gegenüber dieser übergeordneten, gemeinwohlorientierten Stellung nehmen die Gewerkschaften eine Frontstellung ein. Sie repräsentieren in diesem Verständnis im Gegensatz zur »öffentlichen« Aufgabe der Unternehmer die private Vertretung von Einzelinteressen, die zudem auch noch monopolartig organisiert ist. Nach der ordo-liberalen Lehre sind allerdings Kartelle der Wirtschafts- und Gesellschaftsordnung unzuträglich und demnach aufzulösen[47].

Faßt man nach den vorstehenden Skizzen den Charakter des Liberalismus als Quasi-Religion zusammen, so wird dies seinem Renommee und seiner Brauchbarkeit als Formierungsvehikel kaum schaden: viele Handlungen und Entscheidungen geschehen oft auch deshalb,

---

45 Oskar Negt, Gesellschaftsbild und Geschichtsvorstellungen der wirtschaftlichen und militärischen Führungsschichten, in: ders., Keine Demokratie ohne Sozialismus. Über den Zusammenhang von Politik, Geschichte und Moral, 2. Aufl., Frankfurt/M. 1977, S. 130 f.

46 Ebd., S. 133

47 Ebd., S. 92 f.; vgl. Eucken, Grundsätze ...a.a.O., S. 120 ff., 152 ff., 187 ff.

> »weil man *mit Überzeugung und Gewißheit bestimmte Wirkungen von ihnen erwartet, die dann jedoch ganz und gar nicht eintreten.* ... Die *illusorischen* Erwartungen, die mit gewissen gesellschaftlichen Entscheidungen zu dem Zeitpunkt, da diese getroffen werden, verbunden sind, tragen dazu bei, den Blick auf deren *reale* Folgen zu verstellen. ... Die Erwartung großer, wenn auch unrealistischer Vorteile dient offenbar dazu, daß gewisse gesellschaftliche Entscheidungen leichter getroffen werden.«[48]

Dies ist der Ansatz seiner breiten Vermittlung.

3. Die neue Sicht der Dinge

Auf dem Hintergrund des strukturell normativen Charakters der Lebenswelt und der Prädetermination von Interpretationsmustern für historische Erfahrungen gewinnt die »Krise« den doppelten Charakter einer »violation of expectations« und der Festlegung eines neuen Paradigmas. Gerade die »Legitimationsprobleme im Spätkapitalismus« nämlich weisen für die Anhänger einer liberalen Theorie den Ausweg aus der Krise. Die Probleme des modernen Interventionsstaates, Legitimationsdefizite und der Entzug der Massenloyalität, Identitäts- und Rationalitätskrisen werden nun selbst einer Ideologiekritik unterzogen. Nach den Erfahrungen der Vergangenheit rekurrieren jetzt die Protagonisten der »Wende« auf den »praktischen Charakter« (Walter Eucken) ihrer Ideen.

Nach »40 Jahren friedensähnlicher Waffenruhe« (Kurt Biedenkopf) werden nunmehr die größten Gefahren in den inneren Strukturen der modernen westlichen Industriestaaten selbst erkannt. Ihre Anfälligkeit, hervorgerufen durch ihre vielfältigen Verflechtungen, wird auch international zum Problem. Einerseits erhöht die Verletzlichkeit die Gefahr von zwischenstaatlichen Spannungen, andererseits werden die entwickelten Länder sogar zunehmend erpreßbar seitens der Dritten Welt[49]. So habe sich durch eine Politik des geringsten Widerstandes, d.h. der Bedienung aller organisierten Interessen, der moderne Industriestaat in einem Maße an Wachstum gebunden, daß jede Wachstumseinbuße damit auch *systematisch* seine Regierbarkeit gefährde und er gleichsam seiner »inneren Souveränität« verlustig gehe. Skeptisch wird konstatiert, daß Wachstumsraten, die unter den gegenwärtigen Strukturen Zufriedenheit garantieren könnten, unmöglich sind, so daß, da die Funktionsfähigkeit der westlichen Gesellschaften nicht an das Wachstum gekoppelt sein darf,

48 Hirschman, Leidenschaften ...a.a.O., S. 139 f.

49 Biedenkopf, Die neue Sicht ...a.a.O., S. 34; vgl. Ludwig Erhard, Die »Formierte Gesellschaft«, in: Gesellschaftspolitischen Kommentare (GK), Heft 7, 1965, S. 74

nur ein Strukturwandel der Gesellschaft selbst in Betracht kommen kann[50].

3.1. Die neue Sicht der Dinge I: Der Ausgangspunkt

> »Praktisch läuft die Veränderung und Erneuerung der gesellschaftlichen Strukturen auf eine Revision der 1967 ... getroffenen Entscheidung hinaus, die Idee Ludwig Erhards von der ordnungspolitisch 'geformten' Gesellschaft zu verwerfen und an den expansiven Strukturen aus der Zeit der Industrialisierung und ihrer Tendenz zur Verstaatlichung der Gesellschaft festzuhalten«[51].

Die Analyse geht davon aus, daß das von den Klassenauseinandersetzungen des 19. Jahrhunderts strukturierte politische und wirtschaftliche System überholt und einer Revision zu unterziehen ist. Die Voraussetzungen dafür seien in Ansätzen gegeben. So lebe

> »unsere Gesellschaft ... bereits in dem Gefühl, wenn auch nicht klaren Bewußtsein ihrer Einheitlichkeit. Diese Erfahrung gründet sich auf die Einebnung grundsätzlicher Traditionen, auf soziale und nationale Erfahrungen. Sie manifestiert sich in der Abhängigkeit aller von allen, in ihren kollektiven Lebensformen. ... Pluralismus und Integration sind komplementäre Begriffe geworden, wobei Integration augenscheinlich den höheren Funktionswert besitzt.«[52]

Dabei bilden die pluralistischen Institutionen einer sich formierenden Gesellschaft den notwendigen Sozialisationsmotor, zumal sie immer weniger spezifische Eigenheiten und Trennendes herausstellen, sondern vielmehr die »Entideologisierung der Gruppen offensichtlich auch von ihnen selbst betrieben« wird[53]. Diese, hauptsächlich nur noch auf Statusverbesserung, aber nicht mehr auf grundlegende Veränderung gerichtete Art der Interessenvertretung der einzelnen Gruppen geht Hand in Hand mit wirtschaftlichen Strukturveränderungen. Einerseits ist dies die Tendenz zur Dienstleistungsgesellschaft und andererseits die wachsende Verflechtung der Wirtschaftsbeziehungen untereinander, die dadurch extrem verletzlich werden.

---

50 Biedenkopf, Die neue Sicht ...a.a.O., S. 143 ff., 152 f., 189 ff., 208; vgl. Rudolf von Bennigsen-Foerder, Industriegesellschaft im Wandel, in: FR vom 29. 11. 1983; ders., Abschied von einem Fetisch, in: DIE ZEIT vom 6. 4. 1984; Lothar Späth, Wende in die Zukunft, Reinbek 1985, S. 9 ff.

51 Biedenkopf, Die neue Sicht ...a.a.O., S. 171

52 Rüdiger Altmann, Die Formierte Gesellschaft, in: GK, Heft 16, 1966, S. 173

53 Ebd., S. 173

> »Von Interdependenz, von wechselseitiger Abhängigkeit in der Industriegesellschaft sprechen wir, wenn die Arbeitsteilung ... so weit fortgeschritten ist, daß durch Betriebsstörungen an einem Schlüsselpunkt -...- weitgehende Störungen in anderen Sektoren der Gesellschaft entstehen.«[54]

Der Streik, als Paradebeispiel für die Betriebsstörung genannt,ist dann nicht mehr Privatsache der Tarifparteien, sondern eine öffentliche Angelegenheit, mit der Folge, daß der Staat gezwungen ist, immer mehr Wirtschaftsbereiche interventionistisch zu regeln.

> »Durch die Interdependenz wird die Industriegesellschaft in immer steigendem Maße zu einem Gesamtbetrieb, der als gesamter nur funktionieren kann, wenn seine Teilbetriebe kooperativ funktionieren.«[55]

Dies setzt das »Funktionieren des demokratischen Prozesses« (Eric Voegelin) voraus, der allerdings durch die von antagonistischen Klischees des 19. Jahrhunderts geprägte »Gruppenanarchie« (Walter Eucken) in Gefahr gebracht wird. Der Anspruch dieser Gruppen, ihren Egoismus auf Kosten der Gesamtheit durchzusetzen, ist aber nicht allein historisch überholt, sondern auch wegen deren tatsächlich schwindender gesellschaftlicher Relevanz überzogen und demnach auch als undemokratisch abzuwehren[56].

> »In der Situation des Gesamtunternehmens ohne Gesamtunternehmer beginnen sich neue Aufgaben für die Regierung abzuzeichnen, insofern sie dafür zu sorgen hat, daß die Rationalität des Gesamtbetriebes der Industriegesellschaft, vor allem ihre technologische Dynamik und ihre Produktivität, erhalten bleibt und vernünftig verwaltet wird.« Die neuen Aufgaben lauten: »Schutz vor negativen Folgen der Interdependenz«, »Verwaltung der Umstrukturierungen der Wirtschaft« und »Vorsorge für das nötige Minimum an Erziehung und Bildung«[57].

Die notwendigen Ressourcen hierfür werden jedoch von den Ansprüchen der gesellschaftlichen Gruppen gebunden. Zudem gerät der Staat durch diese in Bedrängnis:

> »Gefährdet wird diese Gesellschaft nicht mehr durch soziale Konflikte alten Stils, sondern durch das funktionslose Wuchern der

54 Eric Voegelin, Die dritte Phase der Industriegesellschaft, in: GK, Heft 11, 1965, S. 124, vgl. 127; vgl. Hermann Josef Unland, Der »Erhard-Plan«, in: GK, Heft 8, 1965, S. 87

55 Voegelin, Die dritte Phase ...a.a.O., S. 125

56 So wird schon 1965 berichtet, daß die Industriearbeiterschaft ihre reale Minorität in gesellschaftspolitische Dominanz verwandelt habe; vgl. Voegelin, Die dritte Phase ...a.a.O., S. 127

57 Voegelin, Die dritte Phase ...a.a.O., S. 127

> organisierten Interessen. ... als bloße Geschwulst macht er sie krisenanfälliger und schwächt krankhaft ihre Handlungsfähigkeit. ... In der Tat, die Krisenanfälligkeit ist spürbar größer geworden. Noch ist kein Sturm gemeldet. Aber wären wir ihm gewachsen ? ... Die große Sorge aber gilt der Stabilität der Wirtschaft und dem, was von unserem wirtschaftlichen Erfolg abhängt. Fast alles hängt davon ab.« Die Gruppen sind »... nicht die Hüter der Freiheit, schon gar nicht der Verfassung - weniger, weil sie sie gefährden, als deshalb, weil ihnen die Kraft fehlt, sie im Ernstfall zu verteidigen.«[58]

Gut dreißig Jahre zuvor hatte sich *Carl Schmitt* seine Gedanken darüber gemacht, wer im Ernstfalle der »Hüter der Verfassung« sein könnte. In dem gleichnamigen Werk schreibt er 1931:

> »Organisiert sich die Gesellschaft selbst zum Staat ... so werden alle sozialen und wirtschaftlichen Probleme unmittelbar *staatliche* Probleme und man kann nicht mehr zwischen staatlich-politischen und gesellschaftlich-unpolitischen Sachgebieten unterscheiden ... Der Staat ist jetzt ... Selbstorganisation der Gesellschaft, aber es fragt sich, wie die sich selbst organisierende Gesellschaft zur *Einheit* gelangt und ob die Einheit wirklich als Resultat der 'Selbstorganisation' eintritt.«[59]

Dieser »quantitative totale Staat« erlebt somit jede Krise seiner Glieder mit. Schmitt setzt daher diesem anfälligen Gebilde einen in Anlehnung an *Rousseaus volontè generale* konstruierten »qualitativ totalen Staat« entgegen. Dieser Staat muß dabei nicht aufhören, eine Demokratie zu sein, sondern vielmehr wird diese Art von *Diktatur* nur der zerfasernden *Diskussion* entgegengehalten. *Demokratie* äußert sich demgegenüber in der plebiszitären Akklamation eines als einig vorausgesetzten, seiner politischen Gestaltungsrechte aber tatsächlich beraubten Volkes zu vorgelegten Fragen, wobei unterbleibender Widerspruch als Zustimmung gewertet wird[60].

Nach einem Vortrag *Schmitts* vor dem rheinisch-westfälischen Industriellenverband »Langnamverein« im Herbst 1932 analysierte sein sozialdemokratischer Widerpart, *Hermann Heller* den dort propagierten »autoritären Liberalismus«. Das Festhalten am Begriff Liberalismus für diese Ordnung rechtfertigt sich nach *Heller*

---

58 Altmann, Die Formierte Gesellschaft...a.a.O., S. 174; vgl. Biedenkopf, Die neue Sicht ..., a.a.O., S. 176 ff., 187 ff.

59 Carl Schmitt, Der Hüter der Verfassung, 2. Aufl., Berlin 1969, S. 78 f., 82

60 Carl Schmitt, Der Gegensatz von Parlamentarismus und moderner Massendemokratie, in: ders., Positionen und Begriffe, Hamburg 1940, S. 63 ff.; vgl. ders., Politische Theologie, 2. Aufl., München/Leipzig 1934

> »durch (die) ... Stellungnahme zum Kardinalproblem der Gegenwart, zur Frage der Wirtschaftsordnung. Sobald nämlich von Wirtschaft die Rede ist, verzichtet der 'autoritäre' Staat restlos auf seine Autorität und seine angeblich 'konservativen' Wortführer kennen nur noch die Parole: Freiheit der Wirtschaft von Staate!«[61]

Diese Forderung impliziert jedoch weniger einen Subventionsabbau zu Lasten von Unternehmen und Großbauern als eine drastische Verringerung der Sozialleistungen. Der »qualitative totale Staat« scheidet sich scharf von der Wirtschaft und regiert »mit den stärksten militärischen und Massenbeeinflussungsmitteln (Radio, Kino)«[62].

3.2. Die neue Sicht der Dinge II: Blickrichtung

Was jedoch bei *Heller* noch danach klingen konnte, als habe die politische Rechte eine, dem Liberalismus gegenüber, offene Flanke, benutzt der Neokonservativismus diesen heutzutage als Steinbruch und Motor für seine Formierungsziele. Mit seinem bedeutenden Wandel hat der Konservativismus seine Gestaltungsmöglichkeiten erweitert. Dies findet seine Ursachen darin, daß selbst *Rüdiger Altmann* mittlerweile eine »Rückkehr zum starken Staat« unpraktikabel erscheint[63], und daß der Legitimationsbedarf auch einer gut austarierten konservativen Politikpraxis wie die der CDU/CSU groß bleibt und zudem von der persönlichen Unzulänglichkeit verschiedener (Skandal-)Akteure erhöht wird. Folglich bietet der moderne Konservativismus ein differenziertes Konzept zur Bündelung der Gesellschaft und zur Stärkung staatlicher Macht an. Nach wie vor wird darin auch auf einen Ausbau von Machtmitteln gesetzt, die sogenannten »Sicherheitsgesetze« sind hierfür nur ein Beispiel.

Weitaus größere Bedeutung wird jedoch der »Entstaatlichung« weiter Bereiche zugemessen, die gezielt betrieben wird: diese Strategie beschränkt sich nicht nur auf eine Verringerung und Umschichtung von sozialen Leistungen, sondern flankiert diese -grob schematisiert- mit einem legislatorischen (z.B. § 116 AFG, Novellierung des BetrVG) und betrieblich-organisatorischen (Flexibilisierung) Maßnahmenbündel. Als Ergebnis wird erwartet, die unbeeinflußte Steuerungsfähigkeit zentraler Instanzen gegenüber Bürgern, Gruppen und Koalitionen dadurch zu steigern, indem diese nicht mehr gemeinsam und relativ stark, sondern ver-

61 Hermann Heller, Autoritärer Liberalismus?, in: Die Neue Rundschau, 1933, S. 295
62 Ebd., S. 296
63 Rüdiger Altmann, Vom Risiko des Scheiterns, in: DER SPIEGEL Nr. 15/1987, S. 54

einzelt auftreten. *Die »Macht« wird durch die Atomisierung von Interessen relativ gestärkt.* Das Vorhaben ist ehrgeizig und langfristig angelegt: Das »Ziel (ist) ... zunächst die Herstellung und Festigung des naturbedingten Ordnungspluralismus«, dessen Elemente Familie, Nachbarschaft, regionale Einheiten und Eliten »unmittelbar in der Natur des Menschen fundiert sind« und somit Vorrang vor dem nur künstlichen Verbandspluralismus haben[64]. Ferner wird -orientiert am individualisierten Unternehmerbild- gegen einen »opportunistischen Sozialkonsum« (Ludwig Erhard) das Prinzip der Selbstvorsorge als Grundlage der sozialen Sicherung empfohlen. Da die Identifikation der Wirtschafts- mit der Sozialordnung immer eine Illusion bleiben muß, hat die Gesellschaft zu lernen,

> »die Härte ihres ökonomisch-technischen Leistungskampfes zu akzeptieren. ... Die Synchronisierung einer dynamischen Wirtschaft mit der Verteilung des Sozialprodukts ist die bewußte Vereinfachung einer sehr differenzierten, auf große Konzentration angewiesenen Politik.«[65]

Mit der so gerechtfertigten »Ersetzung des parlamentarisch gesteuerten Verteilungsmechanismus durch einen staatlich institutionalisierten, von effektiven Kontrollen befreiten und beliebig interpretierbaren 'wirtschaftlichen Imperativ' »[66] ist die Stärkung der Autorität des Staates eng verknüpft. Wenn nämlich dem Parlament nicht mehr in erster Linie die Ausgabeninitiative, d.h. das urparlamentarische Haushaltsrecht, zukommt, so hängt die Stabilität des politischen Systems auch nicht mehr vom Wert des Papiergeldes ab (Rüdiger Altmann).

Schließlich versuchen Strategieplaner der Union, diese an den »kulturellen Fernwirkungen« des Werte- und Bewußtseinswandels teilhaben zu lassen[67] und die weitere Verbreitung grüner Gefühle als die grüner Wählerprozente (Warnfried Dettling), zu instrumentalisieren.

> »Paradoxerweise profitiert die CDU gerade dann, wenn die Leute die Lösung ihrer Probleme in die eigene Hand nehmen und individuell bearbeiten. Die Partei lebt auf diese Weise von der Auflösung kollektiver Zusammenhänge, die sie noch forciert, indem sie den Bürger in seinem unorganisierten Aggregatzustand anspricht ... Anstatt sich zu 'engagieren' sollen die Leute ein unternehmeri-

64 Leo Schütze, Die »Formierte Gesellschaft« als umfassendes gesellschaftspolitisches Programm, in: GK, Heft 17, 1965, S. 190

65 Altmann, Die Formierte Gesellschaft...a.a.O., S. 176 f. - im Hinblick auf die Aktivitäten bezüglich des gemeinsamen Binnenmarktes eine Aussage von beachtlicher prophetischer Kraft; vgl. auch Biedenkopf, Die neue Sicht ..., a.a.O., S. 6

66 Negt, Gesellschaftsbild und Geschichtsvorstellungen ...a.a.O., S. 85 f.

67 Volker Heins/Norbert Neumann, Ist die CDU ein Tanker ?, in: links Mai/1987, S. 20

sches Verhältnis *zu sich selbst* entwickeln und 'etwas aus sich machen'».[68]

Der gezielte Appell wider den »anthropologischen Pessimismus« (Heiner Geißler) richtet sich somit zum einen *gegen* die eine Beschneidung ihrer Interessen fürchtenden *Gruppen* und *an* den sich selbst helfenden *einzelnen*.

3.3. Die neue Sicht der Dinge III: Konsensvermittlung

Die Analyse der modernen Konservativismus geht zwar davon aus, daß diese »Gesellschaft ... keine Gesellschaft von kämpfenden Gruppen mehr« ist[69], doch erkennt man, daß auch der Weg in die »Versöhnungsgesellschaft« (Lothar Späth) nicht reibungslos verlaufen wird und trifft entsprechend Vorsorge.

> »Konflikte werden unvermeidlich sein. ... Wenn sie nur will, stehen der Regierung genügend Sozialtechniken zur Verfügung, um den Konfliktgegenstand zu fixieren und das Feld der Auseinandersetzung abzugrenzen. Wenn sie nicht will, kann ihr kein Verband ein ius informandi aufzwingen, keiner kann ihr das ius informationis bestreiten.«[70]

Die bedeutende Rolle, die die Meinungs*führerschaft* in diesem Prozeß einnimmt, verweist auf die Krisensituation, auf die der Neokonservativismus reagiert, zurück. So gibt zwar das System des modernen Kapitalismus dem einzelnen ein Recht auf Privatismus, ein »Recht auf Akklamationsverweigerung«, doch treten Steuerungsprobleme des Systems auf, wird eine entpolitisierte Öffentlichkeit konstitutiv zur Abmilderung bestehender Legitimationszwänge[71]. Die Bedeutung von Medien wächst damit. Dabei ist davon auszugehen, daß »Motivationen über die Verinnerlichung von symbolisch repräsentierten Erwartungsstrukturen aufgebaut werden«[72], so daß Kommunikatoren und Rezipienten »aufeinander generalisierte Verhaltenserwartungen« richten[73]. Wesentlich ist jedoch die Möglichkeit, Diskussionsfelder einzugrenzen und damit Entscheidungsstrukturen vorzugeben.

---

68 Ebd., S. 20 f.
69 Erhard, Die »Formierte Gesellschaft« ...a.a.O., S. 73
70 Altmann, Die Formierte Gesellschaft...a.a.O., S. 177; ius informandi = Verpflichtung zur Information anderer, ius informationis = Recht der eigenen Information über andere; vgl. auch Späth, Wende ...a.a.O., S. 235
71 Habermas, Legitimationsprobleme ...a.a.O., S. 54 f., 84
72 Ebd., S. 131
73 Frank Böckelmann, Theorie der Massenkommunikation, Frankfurt a.M. 1975, S. 38

»Über Massenmedien ... wird die plebiszierte politische Öffentlichkeit integriert. Solches politisches Marketing ... begünstigt keine allgemeine ... Kontrolle und Kritik, sondern stellt sich ihre eigenen, fragmentarischen und temporären Öffentlichkeiten her... Durch den ständigen Kommunikations- und Abarbeitungsprozeß 'offiziöser' Meinungen entsteht der Schein einer gesamtgesellschaftlichen Synthese, eines Gemeinwillens und eines demokratisch geknüpften Sinnzusammenhangs.«[74]

Wichtiger noch als die Personalisierung von politischen Inhalten ist dabei, daß diese selbst selektiert sind und gewissen »Halbwertszeiten« unterliegen. Die »Öffentlichkeit« eines Themas ist somit »'die Unterstellbarkeit seiner Akzeptiertheit'«, die Voraussetzung seiner Meinungs- und Entscheidungsreife. Die legitimatorische Aufgabe, die dem Kommunikationsfluß zwischen Bürger und Staat zukommt, liegt demnach bei fast ausschließlicher Mediatisierung aller Themen des Zeitgesprächs insbesondere in seinem Reduktionsmechanismus. Dabei muß die öffentliche Meinung Themen erzeugen können, die komplexitätsreduzierend die Bedürfnisse der Gesellschaft in politisch entscheidbare Probleme übersetzt[75].

Die »diskursive Hegemonie qua Regierung ... besteht darin, bei schwierigen Vorhaben, die Opfer und Einschränkungen verlangen, die Akzeptanz der Mehrheit der Bevölkerung zu erhalten.«[76]

Das wichtigste Medium beim Kampf um die politische Hegemonie, das Fernsehen, hat die Union aufgrund ihrer Personalpolitik eigentlich schon jetzt recht gut im Griff. Die letzten Bastionen vor einem beinah umfassenden Zugriff, die Bestimmungen zur Außen- und Innenpluralität der Sender, geraten aber im Zuge der Ausbreitung von privaten Rundfunkanstalten zunehmend in Gefahr. Der Vorsitzende der des CDU-Bundesfachausschusses Medienpolitik, der langjährige rheinland-pfälzische Staatssekretär *Hanns-Eberhard Schleyer*, rät im Hinblick auf den gemeinsamen Binnenmarkt zudem:

»Der Begriff der Ausgewogenheit des Rundfunks ist in Frage zu stellen, wenn eine Vielzahl in- und ausländischer Programme empfangbar ist. Außenpluralität ist jedenfalls dann anzunehmen, wenn mindestens drei deutschpsrachige Programme empfangbar

---

74 Ebd., S. 31 f.; vgl. hierzu auch die aus der Praxis inspirierten Aufsätze des CDU-Geschäftsführers Peter Radunski, Wahlkampf in den achtziger Jahren, in: aus politik und zeitgeschichte, B11/1986, S. 34 ff. und des Abteilungsleiters im Bundespresseamt Wolfgang Bergsdorf, »Themen müssen unentwegt aber intelligent wiederholt werden«, in: FR vom 8. 2. 1986

75 Ebd., S. 44 ff., 55, vgl. 49, 53

76 Heiner Geißler, »Demokratie ist kein Gesangsverein Harmonie«. Interview, in: DIE ZEIT vom 28. 10. 1988; vgl. Späth, Wende ..., a.a.O., S. 12 f., 216

> sind. Dieser Zustand ist mit SAT 1, RTL-Plus, Tele 5 und Eureka heute erreicht. Das binnenpluralistische Modell im öffentlich rechtlichen Rundfunk und ebenso die diesem Modell entlehnten Versammlungen in den Landesmedienzentralen werden ... einer Überprüfung unterzogen werden müssen. ...diese Organisationsmodelle ... führen ... zu Wettbewerbsnachteilen.«[77]

Auch bei der Okkupation des Privatfernsehens leistet der Verweis auf rationale ökonomische Zwänge gute Dienste. Aber der Versuch, hegemonial die Öffentlichkeit zu kontrollieren, beschränkt sich dabei nicht auf Besetzung von Sprache und Symbolen und die Kontrolle ihrer Verbreitungsmittel. So haben die Neokonservativen früh erkannt, daß den Städten, nicht nur als ökonomische Zentren, als Verdichtungszonen des Strukturwandels, sondern auch als zentralen Orten der Ideologie, des öffentlichen Bewußtseins im Krisenprozeß der Gesellschaft wieder ein wachsender Stellenwert zukommt. Urbanität ist geradezu zum Kampfbegriff geworden, er zielt auf eine ästhetische Hierarchie der Orte, die als Ordnungsfaktor fungiert. Kaum ein anderes Politikfeld wie das des Städtischen erlebt seine Auseinandersetzung derart als Kampf um Symbole, die die Stadt beherrschen und im täglich Sichtbaren die politische Kultur des »Lebensgeländes« materialisieren. Die politische Hegemonie in Frankfurt beispielsweise ist über viele Jahre mit großem Geschick über die Besetzung des öffentlichen Raumes hergestellt und gesichert worden. Gegen die Vision einer oberflächenversiegelten »Metropole«, die ihre Widersprüche hinter Spiegelglas und Kacheln, Kunststeinflächen und Fassadenrekonstruktionen verbirgt, hat sich keine andere konkrete Utopie der Stadt glaubwürdig erhoben. Das Erbe des CDU-Oberbürgermeisters *Wallmann*, die »menschliche Stadt« der Gartenzwerge, ist eine ästhetische Verheißung der garantierten Harmlosigkeit, die auf ein Bedürfnis nach »Ruhe und Erholung« und dem Vergessen geschichtlicher Wunden geantwortet hat. Das Bekenntnis zur Innenstadt haben viele als Bekenntnis zur Weltstadt mißverstanden, doch *diese* City dient eher kleinstädtischer Überschaubarkeit als urbaner Vielfalt[78].

Hierin liegt trotz der Indienstnahme liberaler Elemente kein Widerspruch: Pluralität und gesellschaftliche Innovation, der abstrakte Zusammenhang widerstreitender individueller und kollektiver Interessen machen dem konservativen Denken eher Angst. Hinzukommt, daß der Kapitalismus seine Wertestruktur selbst zu unterminieren scheint[79]. So

---

77 Hanns-Eberhard Schleyer, Finden sich ARD/ZDF und private Sender unter einem Dach wieder ?, in: FR vom 1. 7. 1988

78 Herbert Brücker et al., Gegen die Halbierung des Fortschritts, in: Die Neue Gesellschaft/Frankfurter Hefte 1/1988, S. 78

79 vgl. Daniel Bell, Die Zukunft der westlichen Welt, Frankfurt/M. 1979

richten sich vor dem Hintergrund ihrer Analyse, die eine Ausdifferenzierung und Entgegensetzung verschiedener Bereiche kapitalistischer Gesellschaft, Wirtschaft, Kultur und Politik, die sich gegenseitig im Wege stehen, ausmacht, alle neokonservativen Bemühungen letztlich auf Bestanderhaltung. Das Konzept, »subversive« Elemente gesellschaftlicher Entwicklung nach einer Reifephase zu instrumentalisieren, birgt somit für Neokonservative die Gefahr, die gesellschaftlichen Fliehkräfte noch zu steigern.[80] Gleichwohl ist es das einzig innovative Moment moderner konservativer Formierungsstrategien. Es flankiert nämlich nicht nur die traditionellen Säulen neokonservativer Gesellschaftspolitik, sondern der Erfolg des »Entstaatlichungsvorhabens« hängt wesentlich vom Vorhandensein eines individualistischen und damit auch unberechenbaren gesellschaftlichen Humus ab. *Eine andere Sicht der Dinge* sähe hier klarer: Vor dem »Risiko des Scheiterns« (Rüdiger Altmann) läßt sich die »Risikogesellschaft« nicht durch relativen Machtzuwachs des Staates und der Wirtschaft, sondern nur durch eine möglichst breite Nutzung aller gesellschaftlichen Potentiale bewahren. Mit dem »Phänomen der Ungewißheit« (Joachim Perels) läßt sich ohne die unüberhörbare Artikulation von Interessen durch organisierte Gruppen kaum sinnvoll umgehen.

80 Dies gilt sowohl in die linke als auch rechte Richtung. Gerade dort, der Wahlerfolg der »Republikaner« (allein die Benutzung dieses Begriffs ist eine Infamie) in Berlin zeigt es, haben nationale und geschichtsrevisionistische Töne aus der Union Erwartungen geweckt, die sie regierungspolitisch nicht erfüllen kann, aber auch durch nachträgliche Radikalisierung in diesen Fragen zukünftig kaum noch wird »einbinden« können.

Volker Heins

Gefühl und Härte: Zur »zweiten Modernisierung« der CDU[1]

»Die neue Sensibilität ist zum politischen Faktor geworden«, schrieb Herbert Marcuse in seinem 1969 zuerst erschienenen *Versuch über die Befreiung*[2]. Von den Wetterzeichen einer humanen und sinnlichen Zukunft, die Marcuse in den sechziger Jahren zu erkennen glaubte, ist heute kaum noch die Rede. Die zunächst begeistert gefeierte Neue Sensibilität einer durch erotische und ästhetische Stimmungswerte geprägten Jugendbewegung wird stattdessen weitaus nüchterner betrachtet. Sie gilt als Vorläufer einer »Postmoderne«, die die Werte der kritischen Distanz, des ästhetischen und politischen Avantgardismus und einer autonomen Kultur in Frage stellt. Die nichtmethodischen, situativen und mimetischen Verhaltens- und Denkstile der Gegenkulturen haben längst Eingang gefunden in die Innovationsspirale eines internationalen Kapitalismus, der sich allem Anschein nach weder umzingeln noch untergraben läßt (etwa nach der schönen Devise: *»sous les pavés: la plage!«*).

Der Zyklus von universitären und außeruniversitären sozialen Bewegungen, - sagen wir: von 1966 (Timothy Learys »Acid is ecstacy«-Kampagne) bis 1986 (Reaktorkatastrophe in Tschernobyl) -, hat eine Vielzahl neuer sozialer und kultureller Tatsachen geschaffen, die die Randbedingungen des politischen Handelns für rechte wie auch für linke politische Kräfte grundlegend verändert haben. Die neuen Sprachformen und Motivlagen einer ökologisch-moralisch sensibilisierten Bevölkerung sind jedoch im Gegensatz zur Selbstinterpretation der neuen sozialen Bewegungen durchaus anfällig für ökonomische und politische Vermarktungs- und Banalisierungsstrategien der verschiedensten Art. Diese politische Immunschwäche wird speziell in der Bundesrepublik auch von neokonservativen Vordenkern und Parteistrategen wahrgenommen und ausgebeutet. Die Delegierte Brigitte Arend hat mit einigem Recht auf der Bundesversammlung der Grünen in Oldenburg festgestellt, »daß jede gesellschaftliche Dynamik, die im Moment entfaltet wird, von der CDU entfaltet wird.«

---

1 Für wichtige Anregungen danke ich Norbert Neumann.
2 Herbert Marcuse, Versuch über die Befreiung, 5. Aufl. Frankfurt/M. 1980, S. 43

Die neuen sozialen Bewegungen bilden in ihrem *mainstream* ein Reservoir an Motiven und Ideen für die programmatische und ideologische Selbstmodernisierung der etablierten Großparteien einschließlich der CDU.[3] Populäre Sozialdemokraten wählen als Kontrastbild ihrer eigenen Reformvorschläge einen christdemokratischen Strohmann, in dem sich »jedoch kein normaler Christdemokrat mehr wiedererkennen kann«[4]. Vielleicht aus Angst, in einen Spiegel zu schauen, verschließen gerade die intellektuell regen und avancierten Teile des SPD-Establishments die Augen vor den realen Entwicklungen des Neokonservatismus, vor seiner Modernität und den Ambivalenzen, die ihn attraktiv gemacht haben.

Ich möchte im folgenden einige Überlegungen zu der von mir beobachteten »zweiten Modernisierung« der CDU anstellen. Ich lasse mich dabei von der Prämisse leiten, daß die neuen innerparteilichen Diskussionen und die Formen der Selbstpräsentation einer »weichen« CDU nicht eine bloße Fassade sind, hinter der alles beim alten bleibt. Vielmehr zeichnen sich hier die Konturen eines neuen nachsozialdemokratischen Konsenses ab, der weit über die CDU hinaus wirksam werden könnte (1). Sodann möchte ich - in aller Kürze - die Verschiebung von der CDU als Partei zu der von ihr mitgetragenen Regierung Helmut Kohls untersuchen und die Frage nach der Existenz eines »Kohlismus« neu stellen (2). In einem vorläufigen Resumé werde ich versuchen, das Verhältnis der zweiten Modernisierung zum »Kohlismus« zusammenzufassen (3).

1. Second thoughts - nach der Modernisierung der CDU

Der Begriff der »zweiten Modernisierung« der CDU stammt von Warnfried Dettling, der bis 1981 Leiter der Planungsabteilung in der Bundesgeschäftsstelle der Partei war und heute im Familienministerium arbeitet. In den siebziger Jahren hat die CDU in einer ersten Modernisierungsphase ihre Organisationsstruktur unter Effizienzgesichtspunkten erneuert. Diese Modernisierung bestand vor allem in einer Professionalisierung des Funktionärskörpers, einer Aufstockung des technischen und intellektuellen Potentials der Bundesgeschäftsstelle in Bonn und einer

3 Dieses Thema einer Veränderung der Problemhaushalte der politischen Parteien ist inzwischen auch zum Gegenstand systematischer politikwissenschaftlicher Untersuchungen gemacht worden. Vgl. Hermann Schmitt: Neue Politik in alten Parteien. Zum Verhältnis von Gesellschaft und Parteien in der Bundesrepublik, Opladen 1987

4 Lothar Späth über Lafontaines jüngstes Buch, in: FAZ, 7.5.1988, S. 10

stärkeren Anbindung der lokalen CDU-Verbände an die Zentrale[5]. Zugleich und parallel zur Modernisierung des zentralen Apparats wurde die organisatorische Präsenz der Partei vor Ort mit mehr oder weniger populistischem Elan vorangetrieben (so hieß Rainer Barzels Devise bereits 1970: »Hinaus ins Volk!«). Die CDU verstand es, sich zumindest indirekt auf das in den siebziger Jahren allgemein ansteigende politische Aktivitätsniveau der Bevölkerung zu stützen und sich dieses zunutze zu machen. Das Ziel bestand darin, einerseits die Partei auf eine erneute Regierungsübernahme vorzubereiten, andererseits sie in ihrer politischen Produktivität von der »Konjunktur des Regierens«[6] unabhängig zu machen.

Der erste Modernisierungsschub wurde angeregt durch den Verlust der Regierungsverantwortung der CDU/CSU seit 1969 und war eine Antwort auf den Bedeutungsschwund traditionalistischer christdemokratischer Wählermotive: Es verstand sich immer weniger 'von selbst', dieselbe Partei zu wählen, die man immer gewählt hatte. Die Aufrüstung des Parteiapparats diente dem Zweck, diesen Verlust an Selbstverständlichkeit durch ein politisch-technisches Dispositiv der Mitglieder- und Wählermobilisierung zu kompensieren. Daraus ergibt sich ein interessanter Unterschied zur Entwicklung der SPD: Während es für die SPD lange Zeit eine Einheit gab von traditionalistischer Wähler- und Mitgliederbasis und dem ausgeprägten Apparatcharakter der Partei, gilt für die apparative Selbsterneuerung der CDU, daß sie gerade den »post-traditionalen« Verhaltensstilen ihrer Wählerschaft Rechnung tragen möchte. Die Modernisierung der CDU ist also nur im Verhältnis zur überlegenen *organisatorischen* Struktur der SPD eine 'nachholende' Modernisierung, während sie gleichzeitig eine Einbettung der CDU in die bürgerliche Gesellschaft zum Ziel hat, die die Partei zu einer politisch und konzeptionell überlegenen »strukturellen Mehrheitspartei« machen soll.

Spätestens seit Beginn der achtziger Jahre jedoch formulierte die parteiinterne Politologie die Einsicht, daß es einen Zielkonflikt gibt zwischen der exklusiven Orientierung an der technischen Effizienzsteigerung und Professionalisierung der Parteimaschine und der sub-politischen Verankerung der Partei in der Gesellschaft. Kritisiert wird, daß der größte Teil der politischen Arbeit des Apparats »nach innen« geht und darüber die Außenkontakte der Partei vernachlässigt werden[7]. Die Par-

5 vgl. Wulf Schönbohm: Die CDU wird moderne Volkspartei. Selbstverständnis, Mitglieder, Organisation und Apparat 1950 - 1980, Stuttgart 1985 und Peter Grafe, Die modernisierte CDU, in: Gewerkschaftliche Monatshefte, 39. Jg., Heft 5, 1988, S. 269 ff.

6 Geißler zit. nach Spiegel Nr. 40/1986

7 Schönbohm zit. nach Spiegel Nr. 15/1988, S. 21, Haungs, Peter: Eine Politik, die für alle zumutbar ist, in: Frankfurter Allgemeine Zeitung, 16. April 1988

tei-Intelligenz entwickelt ein Gespür für die Verkrustung der Parteistrukturen und die Herausbildung einer 'sozialdemokratischen' Tanker-Struktur[8]. Die zweite Modernisierung ist daher auf das Ziel gerichtet, dem Verlust an sozialer Kontextsensibilität und Zielgruppennähe, der durch die formale Effizienzsteigerung des Apparates und die Karriereorientierung seines Personals *bewirkt* wurde, mit den Mitteln einer moralisch-intellektuellen Reform entgegenzutreten.[9]

Die von Teilen der CDU-Intelligenz geforderte und vorangetriebene zweite Modernisierung der Partei reagiert erneut auf Wahlverluste, diesmal besonders auf die Verluste der CDU in ihren städtischen und ländlichen Hochburgen bei den Bundestagswahlen 1987 (Verlust von zwei Mio. Stimmen, davon 800 000 an die FDP) und den anschließenden Landtagswahlen. Im Juni 1987 präsentierte Geißler dem Bundesvorstand der Partei eine Wahlanalyse, in der er die Bedeutung der Wechselwähler (deren Anteil er auf 30 bis 40 % schätzte) hervorhob und Konsequenzen zog, die zu einem langanhaltenden »Richtungsstreit« innerhalb der Unionsparteien geführt haben. »In Programm, Personen und Stil muß die CDU ihre strukturelle Mehrheitsfähigkeit in der politischen Mitte ausbauen«[10].

Außerparteilich stützt sich die neue Generation von Modernisierern auf klassenübergreifende antibürokratisch-ökolibertäre Motive und Lebensstile, deren politischen Resorption zum Ziel erklärt wird. Heiner Geißlers Konstruktion einer »linken Mitte« richtet sich gegen die einseitige Profilierung der CDU durch wirtschaftspolitische Kompetenz und Thematik und spekuliert auf das erweiterte neokonservative Potential ökonomisch saturierter und für moralische Fragen resensibilisierter Bevölkerungsgruppen. Warnfried Dettling kritisiert das Übergewicht des ökonomischen im Vergleich zum moralischen Diskurs der CDU und plädiert für eine »Weiterentwicklung« der Gesellschaft nicht nur in der technologischen und staatlichen, sondern vor allem in der »sozialen« Dimension. Eine solche Weiterentwicklung sei aber nur möglich, wenn man an jene *»grünen Gefühle«* anknüpfe, die »weiter verbreitet sind als die grünen Prozente«[11]. »Die CDU-Führung scheint zu erkennen«, resümierte Werner Korintenberg nach den Wahlverlusten der CDU im letzten Jahr, »daß die Regierung mehr als nur wirtschaftliche Erfolge

---

8 Volker Heins/Norbert Neumann, Ist die CDU ein Tanker?, in: links, H. 206

9 Natürlich gibt es auch organisatorische Entsprechungen dieser moralischen Reform. Beispielhaft hierfür ist die im April 1988 gegründete Senioren-Union, die als achte Bundesvereinigung der CDU weniger eine weitere innerparteiliche Lobby sein soll als vielmehr eine »Vorfeldorganisation zur Wählerpflege« (Die Zeit v. 29.4.1988, S. 79)

10 Geißler zit. nach FAZ, 8.8.1987, S. 10

11 Spiegel Nr. 6/1987, S. 20

vorweisen muß. Hinzukommen muß eine 'Offensive' bei wertbezogenen Themen«[12].

Die zweite Runde der Modernisierung der CDU bezieht sich im Unterschied zur ersten Runde nicht allein auf die organisationsstrukturelle Basis der Parteipolitik, sondern sie verknüpft die fortgesetzte Binnenmodernisierung der Partei mit der Ausbildung einer kapitalistisch-sozialökologischen Gesellschaftsvision und einem neuen politischen Ethos. Ihre Propagandisten berufen sich auf die von Sozialwissenschaftlern ermittelten »neuen Verhaltensstile in Arbeit und Freizeit«[13] und auf neue moralisch-kommunikative Bedürfnisse, die sich zwischen den Geschlechtern, an den Rändern der Familie und im Beruf durchsetzen. Christdemokratische Sozialpsychologen wie Edgar Piel entdecken das »Small is beautiful« der Ökopax-Bewegung und plädieren dafür, große politische und soziale Veränderungen im Kleinen zu fundieren. Nicht die große Politik entscheide über das Schicksal der gesellschaftlichen Entwicklung: »Es sind vielmehr die kleinen Dinge, die beobachtet werden sollten«[14].

Meine These lautet, daß sich die Modernisierer in einer bestimmten Weise auf entpolitisierte Grundmotive der neuen sozialen Bewegungen stützen können; sie richten ihre Aufmerksamkeit auf *sachlich* verkümmerte Inhalte dieser Bewegungen, die *zeitlich* verspätet auftreten und *sozial* breit gestreut sind[15]. Franz Alt etwa verdünnt die konkreten politischen Zielsetzungen der sozialen Bewegungen zu »Wert- und Sinnfragen der jungen Generation«[16], Kurt Biedenkopf fordert »ein Ethos der ökologischen Selbstbeschränkung«[17], Karl Heinz Resch entdeckt an den Rändern der großstädtischen Alternativmilieus »eine 'neue Innerlichkeit', einen neuen Individualismus, eine Suche nach Gemeinschaft und Solidarität, nach Sinnstiftung«[18]. Zuletzt sei noch Max Höfer genannt, Jahrgang 1959 und geschäftsführender Redakteur des CDU-Organs *Die Politische Meinung*. Höfer ist insofern interessant, als er einerseits die

12 FAZ, 29.9.1987, S. 11

13 Gerhard Schmidtchen: Neue Technik - Neue Arbeitsmoral. Eine sozialpsychologische Untersuchung über die Motivation in der Metallindustrie, Köln 1984, S. 69

14 Piel, Edgar: Die unheimliche Flucht ins Private, in: Die Politische Meinung, H. 209 1983, S. 80

15 Ich denke etwa an das Motiv einer flexibleren Gestaltung des Verhältnisses von Lebens- und Arbeitszeit, an die Kritik der sozialstaatlichen Armutsverwaltung oder der Bürokratisierung der kurativen Medizin durch krankmachende Großkliniken (wie z.B. das Klinikum Aachen); schließlich an das Bedürfnis nach einer Entzerrung der Machtverhältnisse durch die Entwicklung kleinerer sozialer Einheiten.

16 Franz Alt: Mein Traum von einer neuen CDU, in: Chr. Graf v. Krockow (Hg.), Brauchen wir ein neues Parteiensystem? Frankfurt 1983, S. 119

17 Kurt Biedenkopf, Links in der Mitte, in: Natur, H. 5, 1988, S. 62

18 Karl-Heinz Resch: Linke entdecken die CDU, in: Sonde, Nr. 3/4, 1987, S. 85

»Heterogenität« der Alternativbewegung unterstreicht, andererseits die osmotischen Austauschbeziehungen zwischen der ersten und zweiten Kultur wahrnimmt und für eine christdemokratische Ideenreform berücksichtigt: »Es stimmt einfach nicht, daß der Durchschnittsdeutsche bloß vegetiert, während die Szene wirklich lebt«[19].

Was die aufgezählten Autoren verbindet, läßt sich generell als eine Moralisierung ursprünglich politischer Gehalte beschreiben. Freilich ist dieser Entpolitisierung bereits von Teilen der Ökopax-Bewegungen zugearbeitet worden. Die *Theologisierung der Natur*, die *Naturalisierung des Weiblichen* und die *Psychologisierung des Politischen* bilden die Ecksteine einer diskursiven Allianz zwischen parteipolitisch durchaus heterogenen intellektuellen Strömungen.[20]

Ein scheinbares Paradox der zweiten Modernisierung liegt darin, daß neuen politischen Motivlagen und Ansprüchen in der Bevölkerung mit einem *brush-up* alter, nämlich christlicher Werte begegnet werden soll. Der Minimalkonsens der ideologischen Vordenker der CDU besteht in der Aufwertung des christlichen Elements der Parteitradition. Zugleich gibt es innerhalb der losen Modernisierungskoalition eine bemerkenswerte Spannung zwischen denjenigen, die sich vorzugsweise auf die unpolitischen, moralistischen und ostentativ harmlosen Elemente der Alternativkultur stützen, und denjenigen, die umgekehrt die narzißtische »Entpolitisierung der Politik« durch Teile der neuen sozialen Bewegungen, das »Händchenhalten« auf Kirchentagen etc. mitleidlos angreifen[21].

Die Modernisierer verknüpfen also die Bezugnahme auf »grüne Gefühle« mit allerlei anti-grünen Ressentiments[22]. In den Großstädten stützt sich die CDU bereits heute relativ erfolgreich auf den sozialen Optimismus der Boutiquenbourgeoisie und die »fun morality« (D. Bell) der pubertierenden Jugend, also auf Verhaltenssyndrome, in denen das ökologische »Prinzip Leben« eine unauflösliche Synthese eingeht mit einem konsumistischen Hedonismus. Dieser politisch-kulturellen Synthese entspricht *ökonomisch* der Typus eines »neuen Konsumenten«, den

---

19 Max A. Höfer: Zwischen Lustprinzip und Ökoaskese. Aufbruch in eine konservative Neuzeit?, Zürich-Osnabrück 1987, S. 71 f

20 Glücklicherweise ist die perfekte Synthese aus ökologischem Denken und alternativer Polizeipsychologie noch nicht überall so weit fortgeschritten wie in den Pamphleten der Münchner Psychologin Thea Bauriedl, die aus der Perspektive einer angeblichen psychomoralischen »Gesundheit« die gesamte moderne Gesellschaft für »krank« erklärt, - mit dem uneingestandenen Ziel, die Herrschaft von Verhaltensingenieuren und 'guten Hirten' endlich total zu machen. Vgl. Thea Bauriedl, Das Leben riskieren, Psychoanalytische Perspektiven des politischen Widerstands, München 1988

21 Wulf Schönbohm, Von den Bannerträgern zu den Klageweibern des Fortschritts. Die Linke in der Krise, in: Sonde, Nr. 3-4, 1986, S. 60

22 Manfred Langner (Hg.): Die Grünen auf dem Prüfstand. Analyse einer Partei, Bergisch Gladbach 1987

der Marktforscher Jost Krippendorf als eine Kreuzung bezeichnet zwischen dem »Gamma«-Typ (G wie grün, gemeinschaftsorientiert, Gegenkultur) und dem »Sigma«-Typ (S wie Sex, Sensation, Status)[23]. Die sich erneuernde CDU, die systematisch und als erste deutsche Partei die Methoden des modernen Marketings eingesetzt hat, stützt sich genau auf diesen hybriden, »postfordistischen« Konsumenten politischer und ökonomischer Güter.[24]

Die CDU bezieht sich affirmativ auf das unternehmerische und unternehmungslustige Verhältnis, das die Mitglieder bestimmter sozialer Pioniergruppen zu sich selbst entwickeln. Sie sendet eine »Botschaft des Optimismus«[25] an alle diejenigen, die Grund zum Optimismus haben. Sie erkennt, daß negative Affekte wie Zerknirschung oder Angst politisch kontraproduktiv wirken und das Kennzeichen absteigender Gruppen und Parteien sind[26]. Den verbreiteten apokalyptischen Stimmungen begegnen einige christdemokratische Parteiführer offensiv mit einem »anthropologischen Optimismus«[27]. Diese Taktik beruht auf der richtigen Erkenntnis, daß sich jede langfristig erfolgreiche, hegemoniale Politik auf aufsteigende Schichten und deren historischen Optimismus, zumindest jedoch auf die Suggestion eines solchen Aufstiegs stützen können muß. Dies galt für die SPD und ihr Verhältnis zur Arbeiterbewegung ebenso wie es heute für das Verhältnis der CDU zu den Kerngruppen der neuen urbanen Mittelschichten gilt.

Halten wir also fest: Die CDU mobilisiert einen eigenen sozialwissenschaftlichen Sachverstand, um die aufgelockerten Lebenswelten der modernen Wohlstandsbürgerinnen für ihren politischen Markt zu erschließen und langfristig zu sichern. Sie schaltet sich als Parteiorganisation und als ein ideologisches Imaginäres in das affirmative Selbstverständnis ein, das für die Nutznießer eines sich abzeichnenden »postfordistischen« Akkumulations- und Gesellschaftsmodells kennzeichnend ist[28]. Wenn diese imaginäre Einnistung gelingt, wird sich für die maßgeblichen Träger der sozialen Dynamik die Wahl der CDU einfach aus der Tatsache ergeben, *daß sie sich selbst wählen*. Die offene Frage ist natür-

---

23 Die Zeit, 6.5.1988, S. 15

24 Zum imaginären Verhältnis der CDU zu den jungen Aufsteigern in den Städten, vgl. Höfer, Lustprinzip, S. 61 - 73

25 Helmut Kohl zit. nach Die Zeit, 29.4.1988, S. 79

26 Heiner Geißler, Wegmachen für die neunziger Jahre, in: Sonde, Heft 3/4, 1987, S. 39 ff.

27 so Geißler auf dem CDU-Bundesparteitag in Wiesbaden am 14.6.1988

28 vgl. Josef Esser, Joachim Hirsch: Der CDU-Staat: Ein politisches Regulierungsmodell für den »nachfordistischen« Kapitalismus, in: Prokla 56, 1984, S. 51 ff.

lich, ob sich die vieldiskutierten neuen Mittelklassen mit denen identifizieren, die sich ihrerseits mit ihnen identifizieren[29].

Um das hiermit nur abstrakt skizzierte Problem theoretisch in den Griff zu bekommen, schlage ich vor, die zweite Modernisierung der CDU als den Versuch der Durchsetzung einer säkularisierten »Pastoralmacht« zu deuten. Dieser Begriff wurde Ende der siebziger Jahre von dem französischen Historiker Michel Foucault am Pariser College de France ausgearbeitet und bezeichnet eine Form der Machtausübung, die weder auf Konsens noch auf Zwang beruht, weil sie in erster Linie nicht Gehorsam verlangt, sondern umgekehrt den Individuen 'Gehör schenkt', ihre Seelen führt und das Verhältnis von Politikern und Bürgern als ein Verhältnis 'von Mensch zu Mensch' konzipiert. Für Foucault ist der Gegenstand der Pastoralmacht die Lebensführung der vielen einzelnen. Meine Vermutung lautet, daß die »Themen mit stark wertbesetzten Lebensstilfragen«, deren Zentralität von CDU-internen Politikwissenschaftlern betont wird[30], zu einer Belebung pastoraler Führungsstile führt.

So entdecken maßgebliche Parteimanager die Bedeutung des »direkten Gesprächs« zwischen CDU-Vertretern und Bürgern und machen diesen Diskurstyp ihrerseits zum Gegenstand von reformatorischen Diskursen. Die 'Pastoralisierung' der Leitdiskurse korrespondiert mit der Aufwertung christlicher Elemente durch die neuen Modernisierer und richtet sich innerparteilich gegen das Phlegma apathischer Mitglieder/innen, die an die Prinzipien und die »Ordnungsidee« der Christdemokraten erinnert werden sollen[31]. Hans-Joachim Veen spricht von der Notwendigkeit einer permanenten Selbsterneuerung der CDU durch die Institutionalisierung einer Dauerkommunikation zwischen Partei und Bürgern[32]. Auch hier macht sich ein Nebeneffekt der neuen sozialen Bewegungen bemerkbar, die nämlich die Beziehungen zwischen Bürgern und politischen Eliten systematisch gelockert haben und damit die Erfindung neuer Regierungs- und Anrufungstechniken dringlich werden ließen. Die zweite Modernisierung berücksichtigt die Erkenntnis, daß eine erfolgreiche pastorale Dauerkommunikation nicht allein durch eine technische Aufrüstung der Partei mit Fernschreibern und Computern auf den Weg

29 Zum politischen Wahlverhalten der »neuen Mittelschichten« vgl. Heinz Ulrich Brinkmann: Wahlverhalten der »neuen Mittelschicht« in der Bundesrepublik Deutschland, in: Aus Politik und Zeitgeschichte, B 30 - 31, 1988, S. 19 ff. und Thomas von Winter, Politische Orientierungen und Sozialstruktur. Ein Beitrag zur Theorie des Wählerverhaltens, Frankfurt/M./New York 1987

30 vgl. Korintenberg, in: FAZ, 29.9.1987, S. 19

31 Schönbohm und Köppinger, zit. nach Spiegel, 15/1988

32 Hans-Joachim Veen, Bewährung als Volkspartei, in: Die politische Meinung, H. 238, 1988, S. 86

gebracht werden kann: Es gibt keinen »technologischen Ausweg aus der Krise«[33].

Schließlich soll auch in der parteiexternen Politikformulierung dem »Gespräch« mit dem einzelnen Menschen mehr Aufmerksamkeit als bisher zukommen. Ins Blickfeld rückt das (unorganisierte) Individuum, z.B. die hilfesuchende Schwangere, die behandelt wird wie ein Schaf, das den Anschluß an seine Herde verloren hat und nun von guten Hirten zurückgeführt werden soll (Schwangerschafts-Beratungsgesetz).[34]

Christdemokratische Vordenker wie der inzwischen aus der Partei ausgetretene Linkskatholik Franz Alt konstatieren eine »Orientierungspanik«, die in der hochindividualisierten Informationsgesellschaft um sich greife und zu allerhand Unruhen und Psychosen führe[35]. Bei Alt, so lautet meine Kritik, tobt ein atavistischer Affekt gegen die rebellische, nervöse und ironische Zivilisation des Westens zugunsten einer nicht näher definierten christlichen Kulturidee. Andere Intellektuelle teilen die Diagnose einer Orientierungspanik oder Sinnkrise, ohne sich jedoch den Intentionen einer reaktionären Kulturrevolution gegen die »Zivilisation« anzuschließen. Prominent ist besonders das pastorale Motiv einer Aufwertung der »geisteswissenschaftlichen« Intelligenz. So zitiert etwa Walter Rüegg Schelskys These von der »Priesterherrschaft der Intellektuellen«, wertet sie jedoch um, indem er die Intellektuellen gerade in ihrer Rolle als Sinnstifter begrüßt[36]. Die demonstrative »Nachdenklichkeit«, für die der amtierende Bundespräsident das Vorbild liefert, wird als politische Ressource erkannt und im Kontext von »Ethikkommissionen« etc. verwertet[37]. In diesen Zusammenhang gehört auch die Kritik an einem technizistischen Politikverständnis und die Forderung nach einer »Re-Idealisierung der Politik«, wie sie beispielsweise von Christoph Boehr, dem Bundesvorsitzenden der Jungen Union, vorgetragen wird[38].

Die Aufwertung der Figur des stets sensiblen und nachdenklichen Intellektuellen geht ihrerseits von CDU-nahen Intellektuellen aus, die nach der organisatorischen Modernisierung der siebziger Jahre für die achtziger und neunziger Jahre eine »Postmodernisierung« der Partei auf

---

33 Jürgen Häusler, Joachim Hirsch, Annemarie Wolfer-Melior: Folgen der Einführung neuer Datenverarbeitungs- und Kommunikationstechnologien in den Parteiorganisationen von CDU und SPD, unv. Projektbericht, Universität Frankfurt, 1988, S. 111 ff.

34 Volker Heins: Die Aufhebung Rita Süssmuths, in: links, 1989, H. 226

35 Alt, Traum, S. 121

36 Walter Rüegg: Kritisches Denken. Intellektuelle und politische Kultur, in: Die politische Meinung, H. 236, 1988, S. 73 ff.

37 Bernt Patze: Markenzeichen der Macht. Wissenschaft, Ethik und DAS GANZE, in: Wechselwirkung, Nr. 37, 1988, S. 24 ff.

38 Volker Heins, Re-Idealisierung der Politik, in: Forschungsjournal Neue Soziale Bewegungen, 1. Jg., Heft 4, 1988, S. 28 ff.

ihre Fahnen schreiben[39]. Systematisch wird diese Taktik von Peter Koslowski verfolgt, der in der »Schriftenreihe des Bundeskanzleramtes« ein umfangreiches Plädoyer für eine neokapitalistisch-klerikal verstandene »postmoderne Kultur« veröffentlicht hat[40].

Koslowski formuliert eine prekäre Synthese aus bildungsbürgerlicher Gemütsphilosophie und postfordistischer Affirmation. Er entwickelt im lockeren Anschluß an Elemente der kritischen Theorie und des Rechtshegelianismus den Gegensatz von »Herrschaftswissen« und »Bildungswissen«[41], wobei er allerdings das Bildungswissen seinerseits instrumentalisieren und für die Funktionsweise der politischen und ökonomischen Apparate fruchtbar machen möchte. Koslowski verwirft die radikaldemokratischen Gehalte der philosophischen Postmoderne und empfiehlt gegen die von Franz Alt und anderen diagnostizierte Orientierungspanik eine umfassende pastorale »Identitätssicherung und Einhausung (sic!)« der Bürger[42].

Der Schlüsselbegrif dieser postmodernen Möblierung des Sicherheitsstaates lautet: »Kulturgesellschaft«. Innerhalb der CDU-Führung wird dieses Etikett vor allem von Lothar Späth verwendet, um auf das Problem wachsender individuell verfügbarer Zeitbudgets hinzuweisen. Lothar Späth, der Prototyp des auch von Teilen der Grünen umworbenen »schwarzen Modernisierers«[43], antizipiert eine soziale Situation, in der »weit mehr selbstbestimmte Zeit zur Verfügung steht als zur Entspannung von der Arbeit notwendig ist«[44]. Mit anderen Worten: Die Freizeit entzieht sich teilweise dem Imperativ der Arbeitskraftreproduktion und entwickelt sich zu einer selbständigen Lebenssphäre. »Kulturgesellschaft« ist der Name für ein noch embryonales Programm der pasto-

39 vgl. Die Politische Meinung Nr. 231/1987 zum Thema "Postmoderne"

40 Peter Koslowski ist neben Reinhard Löw als Direktor des geplanten katholischen »Forschungsinstituts für Philosophie« in Hannover vorgesehen. Das Institut, dessen Gründung auf der Zusammenarbeit zwischen dem niedersächsischen Ministerpräsidenten Ernst Albrecht und dem bischöflichen Generalvikariat in Hildesheim beruht, strebt eine »Vermittlung von Wissenschaft und Offenbarungsreligion« an und dient zugleich der Politikberatung. Der niedersächsische Umweltminister Werner Remmers, prominent für seine skeptische Haltung zur »Industriezivilisation«, hat nach Angaben der Frankfurter Rundschau, 24.5.1988, S. 20 »großes Interesse an der 'Entwicklung politischer Richtlinien' durch das Institut« geäußert.
Vgl. Peter Koslowski, Die postmoderne Kultur. München 1987 (Schriftenreihe des Bundeskanzleramtes, Bd. 2) und Walter Euchner: Die Vereinnahmung des postmodernen Zeitgeistes durch den Konservativismus, in: Neue Gesellschaft/Frankfurter Hefte, H. 6, 1988, S. 500 ff.

41 Koslowski: Kultur, S. 59

42 ebd., S. 167

43 Thomas Schmid: Die schwarzen Modernisierer oder Ist die CDU bündnisfähig?, in: Pflasterstrand, H. 246, 1986

44 Lothar Späth, Neue Perspektiven für die Kulturgesellschaft, in: Sonde, Nr. 3-4, 1987, S. 89

ralen Kontrolle dieser Lebenssphäre. Gegen die Optionen einer 'wilden' Demokratie droht Späth mit »umfassender Persönlichkeitsbildung« durch ein rehumanisiertes Bildungssystem. Die »gestaltenden«, »kommunikativen«, »kreativen« Fähigkeiten des Individuums sollen durch eine kulturelle Infrastruktur entwickelt werden, die in »konzentrischen Kreisen« den kollektiven Wahrnehmungsapparat umschließt.

Späths Beteuerung, daß er keine »staatliche Verplanung von Freizeit und Kreativität«[45] wolle, bestärkt den Verdacht, daß er eine pastorale, subpolitische Form der Machtausübung anstrebt. Diese Form der Machtausübung löst den Widerspruch zwischen der Erhaltung von Freiräumen außerhalb staatlichen Zwangs und der aktiven Sorge um die 'richtige' Verwendung dieser Freiräume, indem sie das kulturelle Potential der bürgerlichen Gesellschaft aufspaltet: Einerseits sollen die Individuen lebenslänglich gefördert und animiert werden, andererseits werden sie darauf festgelegt, in einem dauernden affirmativen Selbstbezug ihre Talente auszugraben und in der Tradition des deutschen Bildungsbürgertums 'nach Höherem zu streben'. Die Formel von der Kulturgesellschaft soll der von neokonservativen Soziologen geschilderten »Wiederentdeckung der Transzendenz«[46] inmitten der modernen Gesellschaft Rechnung tragen; zugleich symbolisiert sie das Programm einer Vereinheitlichung von individueller Selbstkontrolle und politischer Außenlenkung des kulturellen Verhaltens.

Eine Paradoxie besteht darin, daß gerade die weltabstinente Kulturseligkeit vor allem großstädtischer Mittelschichtangehöriger, die von einer postmodernen CDU durch die Aufstockung und Neubewertung der Kulturetats noch angestachelt wird, den gänzlich profanen Zielen des industriepolitischen »Standortmarketings« dienen soll. Indem das Kulturelle der Einheit einer ökonomischen Rationalität untergeordnet wird, pervertieren Koslowski und Späth die linke Idee einer »kulturellen Demokratie«, wie sie etwa auch von den französischen Sozialisten propagiert worden ist - wiederum im Zeichen einer anders verstandenen Postmoderne. Die Modernisierer innerhalb der CDU rezipieren die linke Kritik an der '*Coca-Colonialisierung*'[47] der Bedürfnisse durch fordistische Massenmedien und Konsumnormen, indem sie diese Kritik jedoch zugleich banalisieren und den Imperativen einer postfordistischen Umstrukturierung der Gesellschaft unterordnen.

---

45 ebd., S. 92

46 Peter L. Berger: Auf den Spuren der Engel. Die moderne Gesellschaft und die Wiederentdeckung der Transzendenz, Frankfurt 1970

47 Chantal Cinquin: Homo Coca-Colens: From Marketing to Semiotics and Politics, in: J. Umiker-Sebeok (Hg.), Marketing and Semiotics, Berlin/New York/Amsterdam, 1987, S. 485 ff.

Zuletzt sei auf eine politische Differenz zwischen Koslowskis und Späths Konzeption der »Kulturgesellschaft« hingewiesen. Die Mischung aus Biederkeit und Machtbewußtsein, Provinzialität und hegemonialem Instinkt, die Späth in einer für die neue CDU prototypischen Weise verkörpert, führt zu anti-nationalistischen Konsequenzen in der Deutschlandpolitik. Während Koslowski an einigen Stellen eine sentimentale Idee des deutschen Vaterlandes zu pflegen scheint, würde Späth nach eigenem Bekunden sein Kind »ohrfeigen«, wenn es die erste Strophe des Deutschland-Liedes laut sänge.[48]

2. Der »Kohlismus« als politischer Diskurs

Die erste Modernisierung der CDU wurde unter den Bedingungen der parlamentarischen Opposition konzipiert und verwirklicht. Die bisher erkennbaren Ansätze einer zweiten Modernisierung beziehen sich demgegenüber auf die Technik des *Regierens* unter den Bedingungen einer sozialen Umbruchkrise. Es drängt sich die Frage auf, worin der Zusammenhang besteht zwischen den intellektuell mehr oder weniger ambitionierten Entwürfen einer »neuen Sicht der Dinge« und der konkreten Politik der Bundesregierung. Der christdemokratische Politikwissenschaftler Peter Haungs gibt darauf zunächst eine generelle Antwort: »Eine (...) Diskrepanz zwischen 'progressiven' oder durchaus auch modischen Verlautbarungen des Konrad-Adenauer-Hauses und tatsächlicher Regierungspolitik ist die Regel; die wichtigste Ausnahme dürfte das zunächst von Generalsekretär Geißler und seither von Frau Süßmuth geleitete Ressort sein: hier scheint freilich in mancher Hinsicht (zum Beispiel bei der Aids-Bekämpfung) die Zustimmung in der Öffentlichkeit größer zu sein als in der CDU oder gar in der CSU«[49].

Im Unterschied zum New Age-Enthusiasmus einiger Jungkonservativer vermittelt die Kohl-Regierung »kein Bild vom Aufbruch in die modernen Zeiten«[50] - um von den postmodernen gar nicht zu reden. Zugleich verdeutlicht der politische Niedergang Kurt Biedenkopfs, daß die CDU keine Philosophen zu Königen macht. Daher liegt der Schluß nahe, daß es sich bei der zweiten Modernisierung um ein einflußloses

48 Diese Aussage, die während einer Podiumsdiskussion gemacht wurde, brachte ihm eine - vom Stuttgarter Generalstaatsanwalt zurückgewiesene - Strafanzeige »wegen Verunglimpfung des Staates und seiner Symbole« durch die baden-württembergische NPD ein, Vgl. FAZ, 18.5.1988, S. 4

49 Haungs, Politik, S. 10

50 Gunter Hofmann, Wohin treibt die Union?, in: Die Zeit, Nr. 30, 17.7.1987

Projekt handelt. Andererseits steht Gunter Hofmann nicht allein mit seiner Beobachtung: »es rumort in der Union und ihrem Umfeld.«[51]

Um dieses Rumoren und diese Bewegung mit einiger seismographischen Sicherheit einschätzen zu können, muß der Charakter der Kohl-Regierung näher bestimmt werden. Im Unterschied zu Bob Jessop[52] vermute ich, daß es durchaus Sinn macht, mit leichter Ironie und in Anlehnung an angelsächsische Wortbildungen von einem *Kohlismus* zu sprechen. Es gibt eine spezifisch »kohlistische« Beziehung von Partei, Parteireform und Regierungspolitik, die ich an dieser Stelle nur grob skizzieren kann. Abweichend von der Diagnose einer strikten »Disjunktion von Partei- und Regierungspolitik«[53] würde ich von einer »Einlagerung« oder Stillstellung des CDU-intern generierten Reformpotentials durch die Regierungsapparatur sprechen. Die Begriffe des »Kohlismus« und der »Einlagerung« von Konflikten sind unlängst von Edgar Grande verwendet worden.[54] Die amtierende Regierung beruht auf einer Koalition von vier oder fünf politisch-ideologischen Strömungen, die ihre Differenzen kaum öffentlich austragen, sondern im Interesse einer imaginären höheren 'Gemeinsamkeit' verwischen (daher die zahlreichen Freundschafts- und Familienmetaphern des kohlistischen Diskurses). »Das konfliktartige Gemisch unterschiedlicher ideologischer Konzepte wird aus den Regierungsparteien in die Regierung hereingetragen und dort eingelagert«[55].

Diese öffentlichkeitsscheue Einlagerungstechnik geht einher mit einer Informalisierung der Einflüsse auf die Kabinettspolitik durch die diversen Zirkel und »Elefantenrunden«. Zugleich wird das Kabinett betont »schwach« geführt und dem Ressortpartikularismus der einzelnen Minister breiter Raum gewährt[56]. Durch diese opake, an den persönlichen Beziehungen Kohls orientierte Technik der Kompromißbildung wird sowohl das Kabinett als homogene Institution als auch die von Alfred Dregger geführte Bundestagsfraktion abgewertet. Während die CDU-Basis diese Abdunkelung der Entscheidungsprozesse bemängelt, etwa auf dem Parteitag der rheinland-pfälzischen CDU im Juli 1988, ziehen die Unternehmerverbände in jüngster Zeit auch die wirtschaftspolitische

---

51 Gunter Hofmann, Jeder für sich, einer für alles, Die Anatomie der Regierung Kohl, in: Die Zeit, 22.4.1988

52 Bob Jessop, Warum es keinen Kohlismus gibt, in: links, Heft 190, 1986

53 Esser/Hirsch, CDU-Staat, S. 55

54 Edgar Grande: Schwierigkeiten mit der »Wende«. Neokonservative Ideologie und Politik in der Bundesrepublik Deutschland, in: Österreichische Zeitschrift für Politikwissenschaft, 16. Jg., H. 3, 1987, S. 303 ff.

55 ebd., S. 318

56 Hofmann, Jeder für sich

Kompetenz der Regierung in Zweifel[57]. Aus dieser Kombination von Intransparenz und mutmaßlicher Inkompetenz ergeben sich das gegenwärtige Stimmungstief sowie die jüngsten Wahlniederlagen der CDU.

Es wäre freilich denkbar, daß der Kohlismus Elemente eines eventuellen postfordistischen Typs politischer Regulierung[58] entwickelt, die seinen wahlpolitischen Untergang überlebten. Dazu läßt sich zunächst feststellen, daß die in marxistischen Staatslehren prognostizierte Tendenz, die politischen Regelungsbefugnisse von Justiz und Verwaltung zu Lasten des Regierungs- und Parteienapparats zu vermehren, durch den Kohlismus eher gebremst wird. Sowohl die Novellierung des § 116 AFG als auch die Diskussion um das sog. Vermummungsverbot sind Indizien für eine Einschränkung außerpolitischer Ermessensspielräume. Stattdessen wird versucht, eine neue Einheit von Legalität und Legitimität zu schaffen. In den beiden genannten Fällen läßt sich von einer *Illegalisierung* des *Illegitimen* sprechen: Bundesinnenminister Zimmermann appelliert ungeniert an die Empfindung des »normalen Bürgers«, um die Verwendung von Masken durch DemonstrantInnen unter Strafe zu stellen; ebenso appelliert Norbert Blüm an die spontane Empfindung der Arbeitswilligen, wenn er für eine partielle Re-Privatisierung von Arbeitskampfkosten eintritt.

Umgekehrt gibt es auch lehrreiche Fälle der *Legalisierung* des *Legitimen* durch CDU-Regierungen. So hält die CDU in offiziellen Verlautbarungen den Einsatz der Kernenergie für legitim und tritt daher für eine nachträgliche Legalisierung faktisch illegaler Genehmigungsprozesse ein. Aus diesem Grund hat der hessische Umweltminister Karlheinz Weimar den Hanauer Nuklearfirmen Alkem und RBU drei Vorabzustimmungen entzogen und so eine Klage der betroffenen Firmen gegen das Land Hessen provoziert. Weimar strebt damit eine Vereinheitlichung der Rechtsauffassung zwischen dem Umweltministerium und der Hanauer Staatsanwaltschaft an, sowie eine Überwindung des »vorgefundenen, rechtlich unglaublich desolaten Zustands in Hanau«[59].

Diese Versuche einer Verschmelzung von Legalität und Legitimität sind jedoch nicht in der Lage, die Defizite an Transparenz und Kompetenz, wie sie nicht zuletzt im Kontext der Steuerreform vielfach diskutiert worden sind, im öffentlichen Bewußtsein auszugleichen. Kennzeichnend für den Kohlismus ist andererseits seine eigentümliche atmosphärische

57 Vgl. Wirtschaftswoche, 24.6.1988, S. 18 ff.
58 Esser/Hirsch, CDU-Staat
59 Zit. nach FAZ, 19.5.1988, S. 4
Formal analog ist die Argumentation der CDU-Sozialausschüsse, die sich für ein neues Ausländerrecht einsetzen, das im Namen der »Rechtsklarheit« den »übergroßen Ermessensspielraum der Behörden« begrenzt, vgl. Frankfurter Rundschau, 25.5.1988, S. 4

Wirkung, die jegliche Alternative zu sich selbst vernebelt. Die Konsequenz ist eine Art gemütlicher Wärmetod des politischen Raumes, eine Eindickung des öffentlichen Diskurses. Aus diesem Grund vermittelt die Regierungspolitik gleichzeitig den Eindruck von Brüchigkeit *und* Stabilität: »Selten war eine Bonner Regierung so morsch, selten war sie so stabil wie das Regiment des Helmut Kohl«[60].

Für die Frage strukturell nach-sozialdemokratischer oder nach-fordistischer Politikformen scheint mir der Kohlismus insofern interessant zu sein, als er zu einer Labilisierung festgefügter institutioneller Größen wie Fraktion, Kabinett oder Partei beiträgt[61]. Was sich beobachten läßt, ist eine Modifizierung des Dualismus von Partei- und Regierungspolitik. Einiges spricht dafür, daß gerade die von mir unter dem Emblem der zweiten Modernisierung zusammengefaßte Strömung die interne Kohäsion der CDU schwächt, weil sie sich offensiv gegen andere innerparteiliche Strömungen und nicht zuletzt gegen die mentale Erstarrung der in den siebziger Jahren angeworbenen Mitgliedermassen wendet. Peter Haungs hält es zurecht für »fraglich«, in welchem Maße die Verlautbarungen und Extrapolationen des Generalsekretärs der CDU »von der ganzen Partei getragen« werden[62]. Die Kohäsion der Partei wird in dem Maße geschwächt, wie sich die CDU produktiv und 'dialogisch' auf eine heterogener werdende Gesellschaft bezieht. Während der Generalsekretär die innerparteilichen Differenzen deutlicher hervortreten läßt, ist es der Regierungschef, der als schlichtender Parteiführer interveniert und ein dumpfes Wir-Gefühl wachhält. Der Kohlismus repräsentiert den bislang erfolgreichen Versuch, das traditionell *disjunktive* Verhältnis von Partei und Regierung durch ein *symbiotisches* zu ersetzen. Der Parteivorsitzende verklammert sowohl die verschiedenen Strömungen der Partei als auch Partei, Mehrheitsfraktion und Regierung[63]. Ideologisch gibt es keinen Unterschied mehr zwischen der Partei als Besonderem und dem Staat als Allgemeinem. Im kohlistischen Begriff der »Volkspartei« wird beides unmittelbar miteinander identifiziert und die Partei selbst als Statthalterin universeller nationaler Interessen konzipiert.

Sein sentimentaler Gemeinschaftsbegriff und seine Unfähigkeit, Grenzen zu ziehen und Differenzen zu pflegen, hindern den Kohlismus an einer *aktiven* Politik der postfordistischen Krisenbereinigung. Der kohlistische Weg in den Postfordismus ist in technologiepolitischer Hinsicht

---

60 Robert Leicht, in: Die Zeit, 1.7.1988, S. 1

61 Claus Gennrich, Rumoren im Gefüge der Macht. Bonner Zustandsbeschreibungen, in: Frankfurter Allgemeine Zeitung, 16.7.1988

62 Haungs, Politik

63 Wolfgang Jäger, Von der Kanzlerdemokratie zur Koordinationsdemokratie, in: Zeitschrift für Politik, 35. Jg., Heft 1, 1988, S. 15 ff.

gekennzeichnet durch eine klientelistische »Politik des Laufenlassens« und durch eine Umdefinition von korporatistischen Beteiligungsansprüchen in Akzeptanzprobleme. Wie alle vermeintlich zahmen Gemeinschaftsideologien verwandelt auch der Kohlismus eventuelle Gegner nicht in »Feinde«, wie eine bestimmte Kritik am Neokonservatismus glauben machen will, sondern in Störenfriede, für die die Polizei zuständig ist. Die modernisierungspolitische Position einer »selektiven Vorteilsvorsorge«[64] für jeweils bestimmte technologisch-ökonomische Interessenten hat folglich eine selektive Eskalation des polizeilichen Eingriffspotentials zur Kehrseite.

Die jüngsten Beschlüsse des Kabinetts zur Inneren Sicherheit, bei denen auch neue Straftatbestände wie die »Störung öffentlicher Betriebe« geschaffen wurden[65], sind daher unmittelbarer Bestandteil einer bestimmten Modernisierungspolitik. Erwähnung verdient in diesem Zusammenhang auch die geheim tagende sogenannte Gewaltkommission der Bundesregierung, die für zukünftige Gesetzesvorhaben im Bereich der Inneren Sicherheit eine »wissenschaftliche« Grundlage ausarbeiten soll[66]. Schließlich werden polizeiliche Sondereinsatzkommandos gebildet, deren situative Brutalität das eher 'kühle' Bild des sozialdemokratischen Sicherheitsstaates deutlich *südafrikanisiert*[67].

3. 'Kohlistische' und 'anti-kohlistische' Elemente der zweiten Modernisierung

Kohl und der Kohlismus sind genuine Resultate der ersten Modernisierung der CDU. Insofern die zweite Modernisierung an die erste anschließt, ohne deren Erfolge in Frage zu stellen, wird auch sie 'kohlistische Elemente' aufweisen. 'Kohlistisch' nenne ich die hybride

64 Wolfgang Hoffmann-Riem: Schleichwege zur Nicht-Entscheidung. Fallanalyse zum Scheitern der Enquete-Kommission 'Neue Informations- und Kommunikationstechniken', in: Politische Vierteljahresschrift, 29. Jg., H. 1, 1988, S. 81

65 Vgl. FAZ, 19.5.1988

66 Vgl. Die Tageszeitung, 11.6.1988

67 Der prominente bayerische Sozialdemokrat Hans Schuirer stützte sich auf sehr genaue Beobachtungen, als er die Vorgehensweise polizeilicher Sondereinsatzkommandas gegen DemonstrantInnen am Gelände der geplanten Wiederaufbereitungsanlage in Wackersdorf im Oktober 1987 wie folgt beurteilte: »Was in Wackersdorf passiert ist, unterscheidet sich in keiner Weise von Südafrika und Chile«, zit. nach zitty, Berlin, Nr. 22/1987. Der Berliner Innensenator Kewenig hat in einem anderen Zusammenhang den sicherheitsstaatlichen Aktionismus einer sogenannten »Einheit für besondere Lagen und einsatzbezogenes Training« (EbLT) nicht nur halbherzig in Schutz genommen, sondern die Tatsache, daß in bestimmten Situationen mit Gewaltmitteln gegen alle, »ohne Ansehen der Person vorgegangen« wird, geradezu ins Normative erhoben. So Kewenig laut taz-Berlin, 17.5.1988.

Ausbalancierung 'kalter' und 'warmer' Elemente im Diskurs der Modernisierer. Die technologische Modernisierung wird undiskutiert und ungebremst fortgesetzt und durch eine Politik der »Nicht-Entscheidung« vor dem Zugriff sowohl einer rationalen Politikberatung als auch sozialer Bewegungen geschützt. Ebensowenig wie die zweite Modernisierung an der Fortsetzung der technologischen Perfektionierung der Parteimaschine rüttelt, stellt sie die Politik der ökonomisch-technologischen Zwangsmodernisierung der Volkswirtschaft in Frage. Vielmehr geht es den reformatorischen Intellektuellen und Politikern, deren Grundkonsens ich dargestellt habe, um eine *'gemütlich'-kulturalistische Abfederung des technologischen Modernisierungs-Stresses*. Seine Stärke bezieht dieses Programm aus einer überwältigenden lebensweltlichen Evidenz: »Kinder zu haben ist vielleicht heute ein kritischer Einspruch gegen die alle Lebensbereiche erfassende ökonomische Logik«, schreibt keineswegs völlig zu unrecht auch die linke Sozialwissenschaftlerin Barbara Riedmüller[68]. Insofern die zweite Modernisierung der CDU nicht so sehr die Organisationsmittel der Partei, sondern politische Zielvorgaben betrifft, profitiert sie von derartigen, in der Struktur spätfordistischer Gesellschaften ausgelegten Motivfallen. Sie stützt sich dabei auf die apolitischbraven Elemente der eingangs von mir zitierten Neuen Sensibilität: auf einen alternativen *Kohlismus von unten*, für den ich Robert Jungk als Beispiel anführen möchte, wenn er die Auswirkungen der Atomtechnologie »auf die Seele« beklagt und entsprechend die Idee eines seelischen Widerstands nahelegt[69].

Kohlistisch sind weiterhin die Konzepte der »Versöhnungsgesellschaft« und einer neo-katholischen Postmoderne. Dabei ist folgendes bemerkenswert: Diese Konzepte bündeln Motive, deren Relevanz quer zu den bestehenden Parteigrenzen anerkannt werden. Sowohl Peter Haungs als auch Kurt Biedenkopf weisen darauf hin, daß die Vordenker der CDU Auseinandersetzungen führen, die »quer zu den Trennungslinien der politischen Parteien«[70] verlaufen. Zugleich geht es insbesondere den im Bonner Konrad-Adenauer-Haus beschäftigten Politikplanern um eine Stärkung der CDU *als Partei*. Während die im Verhältnis zu den Parteien 'transversale' Diskussion über die Strukturen und Verteilungsmechanismen einer postfordistischen Gesellschaft auch zu einer Schwächung der Parteien und ihres Politikmonopols führen könnte, ist die zweite Modernisierung umgekehrt darauf angelegt, das Wissen und

68 Editorial Leviathan 2/1985

69 Robert Jungk: »... die Auswirkungen dieser Technologie auf die Seele.« Gespräch mit dem Zukunftsforscher Robert Jungk, in: Nika Hartmann (Hg.): Urangate. Verschiebe- und Bestechungsskandal in der Atomindustrie, Frankfurt, 1988, S. 17 ff.

70 Biedenkopf, Links, S. 61, Haungs, Politik

die Macht der CDU noch weiter zu stärken. Dabei ließen sich die 'antikohlistischen' Ideen einer stärkeren Außenorientierung der Partei, einer Belebung der Streitkultur, einer Kritik des Funktionärswesen, eines nicht-autoritären Populismus usw. auch in einer demokratischen Richtung fortschreiben.

In der Realität jedoch variieren die Entwürfe zur zweiten Modernisierung der CDU nur die kohlistische Formel: Apparatpartei *plus* (parteiübergreifende) 'Volksgemeinschaft', - während es umgekehrt darauf ankäme, beide zu schwächen. Nicht zufällig kritisiert Koslowski aufs Schärfste den »Anarcho-Liberalismus« der französischen Postmodernisten. *Dieses* Element der neuen sozialen Bewegungen, das Leitmotiv einer tumultuarischen Vielfalt der Ideen, Techniken, Präferenzen und Metapräferenzen, wird kompromißlos tabuisiert. Stattdessen entwickelt die zweite Modernisierung eine neokonservative Version von Gramscis Begriff der Partei als »kollektivem Fürst«: eine Partei, die quer zu den bestehenden Parteien (einschließlich ihrer selbst) operiert und Zustimmungsmotive aufbaut.

Ich schließe mich der skeptischen Analyse Klaus Hartungs an, wenn er schreibt, daß dem Kohlismus als Regierungsform gegenwärtig nur aus dem Inneren der CDU Gefahr droht. Ebenso teile ich die Vermutung, daß »das Ende von Kohl« nicht das Ende des Kohlismus, d.h. eines bestimmten Globalzustands der politischen Zerrüttung signalisieren wird[71]. Die CDU ist ein Koloß, der unfähig ist, aus sich heraus etwas wirklich Neues zu erzeugen. Sie gleicht jenen enormen Pynikern, die mit ihrem eigenen Körper schwanger zu gehen scheinen, ohne jemals mit ihm niederkommen zu können. Der Streit innerhalb der Linken darüber, ob die zweite Modernisierung der CDU nur »symbolisch« ist oder tatsächlich den politischen Kurs der Partei verändert, geht an der Sache vorbei. Ich glaube nicht, daß sich hinter der vor allem von Sozialdemokraten vertretenen These vom bloßen Show-Charakter der zweiten Modernisierung mehr verbirgt als *wishful thinking*. Der repräsentative Gehalt der zweiten Modernisierung wird von einigen Grünen eher erkannt als von der SPD, für die der politische rechts/links-Code und das Bedürfnis, sich reaktiv auf das Imaginäre einer immergleichen Rechten zu beziehen, konstitutiv sind. Udo Knapp aus dem Bonner Fraktionsvorstand der Grünen hat im Anschluß an den von Geißler angezettelten Richtungsstreit innerhalb der Unionsparteien auf die Untauglichkeit des Versuchs hingewiesen, »Frau Süssmuth oder Herrn Blüm lediglich als hochqualifizierte Staatsschauspieler, die am Ende doch das alte Lied singen, zu brandmarken. Geißlers Wahlanalyse ist der erste Versuch, sich

71 Die Tageszeitung, 16.7.1988, S. 5

auf die veränderten sozialen Verhältnisse in der Bundesrepublik einzustellen«[72]. Während Udo Knapp zurecht die Annahme eines konstanten Wesens der CDU verwirft, ist seine Einschätzung zugleich von einer Sympathie untermalt, über die politisch gestritten werden muß. Entweder beruht diese Sympathie auf theoretischer Naivität oder sie ist selbst Symptom des von mir sogenannten 'Kohlismus von unten'.

Für zentral halte ich die Fähigkeit zu einer produktiven Selbst-Verunsicherung über Gegner-Klischees und Politikformen. Ein rationaler Antagonismus gegen die nach-modernisierte CDU wird seine Stärke nicht mehr aus entgegengesetzten reinen 'Prinzipien' oder 'Werten' beziehen können. Das Bild vom »Stellungskrieg« ist veraltet, weil es immer noch ein theoretisches und politisches Festland voraussetzt, während die Auseinandersetzung auf hoher See geführt werden muß: »Kein System mehr! Nicht eine Pose des Überblicks, sondern wirklicher Überblick aus der Beobachtung der Einzelheiten. NAVIGATION.«[73]

72 ebd., 17.9.1987, S. 8
73 Sten Nadolny, Die Entdeckung der Langsamkeit

Postskriptum

Der vorliegende Text wurde bereits im August 1988 abgeschlossen. Deswegen möchte ich eine kurze Ergänzung anfügen.

Bis in die jüngste Zeit hat sich sowohl die ideenpolitische Selbstmodernisierung der CDU als auch der wahldemoskopische Abwärtstrend dieser Partei fortgesetzt. Die Repräsentanten einer zweiten Modernisierung geraten ins Sperrfeuer der innerparteilichen Kritik, weil die Stammwählerbasis weiter abbröckelt, *ohne* daß die umworbenen urbanen Mittelschichten verstärkt CDU wählen würden. Der innerparteilich als »Schock« wahrgenommene Ausgang der Berliner Wahlen Ende Januar 1989, bei denen die rechtsradikalen »Republikaner« 7,5 % der Wählerstimmen erringen konnten, bestätigt meine These, daß sich die CDU tatsächlich verändert und die nationalkonservative Rechte längst außerhalb dieser Partei politische Fermentationsprozesse organisiert hat. Einiges von dem, was im vorliegenden Aufsatz noch intrapoliert werden mußte, wird in nächster Zukunft explizit und zum Gegenstand offener innerparteilicher Debatten. Die jüngsten Angriffe auf Heiner Geißler oder Rita Süßmuth (bzw. Ursula Lehr) sind hierfür ein Indiz. Der CSU-Vorsitzende Theo Waigel fordert bereits eine grundsätzliche »Strategiedebatte« und eine neue »ideenpolitische Auseinandersetzung«. Diese Ansätze finden auch innerhalb der CDU eine vorsichtige Resonanz, z.B. beim Berliner Landesvorstand der Jungen Union, der das »liberale Großstadtkonzept« der CDU für gescheitert erklärt hat (Thorsten Thaler). Jürgen Todenhöfer möchte sogar den amtierenden Generalsekretär auf dem kommenden CDU-Bundesparteitag im September 1989 abwählen lassen. Bereits im Vorfeld dieses Parteitages verschärft sich der Ton in einer für die Unionsparteien ungewohnten Weise. Todenhöfer wurde von seiner Bonner Fraktionskollegin Renate Hellwig als »Null« bezeichnet und zum »politischen Außenseiter« gestempelt (FR vom 6.2.1989). Alles spricht also dafür, daß die CDU, ähnlich wie seit längerem die SPD, in einen »existentiellen Spagat« (H.-J. Veen) zwischen Stamm- und Randwählern gerät: zwischen Bauern und Yuppies, Hausfrauen und »Business-Amazonen«, emphatischen und ironischen Konservativen. Mit Blick auf den Kohlismus urteilt der britische *Economist*: »Nobody of stature in Germany is putting the case for clarity and decisiveness« (18.2.1989). Dies gilt auch für das Innenleben der CDU. Angetreten, um auf mehreren Stühlen gleichzeitig Platz zu nehmen (die Strategie Geißlers), wird sie zuletzt zwischen allen Stühlen sitzenbleiben.

Fritz Reusswig / Michael Scharping

Wo steht die Natur, wenn der Geist rechts steht?

»Der Mensch wird nicht Meister über die Natur, bis er es über sich selbst geworden ist.« (Hegel)

1. Die ökologische Krise und die »Normalität des Lebens«

Versteht man unter Konservatismus noch ganz unspezifisch eine Geisteshaltung, die das Bewahren von Vorhandenem seiner Veränderung vorzieht, so kann die Renaissance konservativer Positionen angesichts der fortschreitenden Gefährdung und Zerstörung der menschlichen Naturgrundlagen in den letzten Jahren kaum verwundern. Reaktorunfälle, Chemiekatastrophen, vergiftete Lebensmittel, genetisch veränderte Lebewesen - all dies scheint einen Denktypus zum Inbegriff evidenter Rationalität zu qualifizieren, der auf die Endlichkeit und Verletzbarkeit der äußeren Natur und des Menschen verweist und dem Expansionismus des wissenschaftlich-technischen Fortschritts Einhalt gebieten will. Wenn das Leben zur Normalität von Krisen und Katastrophen übergeht, scheint das Denken, das sich dem widersetzen will, zur »Verteidigung jener Normalität« übergehen zu müssen, »die Leben heißt«[1]. Aber was verteidigt man da? Und vor allem: gegen wen oder was? Wenn es so ist, daß die ökologische Krise eine Krise der gesellschaftlichen Naturbeziehung darstellt, wenn also Natur stets nur im Rahmen sozialer Aneignung und Formung erscheint und Gesellschaft nur als sich natural vermittelnde denkbar ist[2] - dann verteidigt man in der Normalität des Lebens immer auch ein bestimmtes Gesellschaftsmodell. Die von uns hier diskutierten Autoren - in erster Linie *Robert Spaemann*, in zweiter *Hans Jonas* -, die allesamt auf die Krise der gesellschaftlichen Naturbeziehung mit einer ökologischen Ethik reagieren, machen daraus kein Hehl: der spezifisch *konservative* Charakter ihrer Position beruht gerade auf der *Verschränkung* von Fortschritts- und Technikkritik einerseits mit Utopie- und Emanzipationskritik andererseits. Genau gegen dieses Ausspielen

1 Robert Spaemann, Denken und Verantworten, in: Frankfurter Rundschau vom 12.10.1987

2 Forschungsgruppe Soziale Ökologie, Soziale Ökologie, Frankfurt/M. 1987, Dort wird dieser Grundgedanke anhand aktueller Krisen- und Problemlagen und ihrer wissenschaftlichen und politischen Verarbeitungen genauer untersucht.

von *Ökologie versus Emanzipation* möchten wir uns wenden. Unsere These: die neokonservative ökologische Ethik ist *ökologisch folgenlos* und politisch autoritär. Demgegenüber ist festzuhalten, daß ein anderer, weniger destruktiver Naturumgang nur im Rahmen veränderter gesellschaftlicher Strukturen möglich ist. Das heißt allerdings auch: sozialer Fortschritt kann nicht länger als naturfrei gedacht werden. Gegen den konservativen öko-ethischen Essentialismus kann man sich nur dann wirklich wenden, wenn man die von ihm aufgegriffene und z.T. »besetzte« Problematik ernst nimmt. Und ernst nimmt man sie dann nicht, wenn »Ökologie« nur zum Etikett für Phänomene gerinnt, die zu den »klassischen« Widersprüchen des Kapitalismus eben auch noch hinzukommen und die mit seiner wie immer vorgestellten Überwindung ebenfalls verschwinden. Der Begriffsinhalt gesellschaftlicher Emanzipation verändert sich selbst, wenn der gesellschaftliche Naturbezug darin explizit gemacht wird. *Einer* der Gründe für den Erfolg konservativen Denkens in der ökologischen Krise weit über die politische Rechte hinaus liegt sicher darin, daß über Natur, Naturwissenschaft und Technik seitens linker Theorie noch immer zu wenig nachgedacht wird.

2. Zweierlei Konservatismus

Die Entwicklung einer ökologischen Ethik stellt durchaus keine spezifisch konservative Reaktion auf die Krise der gesellschaftlichen Naturbeziehung dar. So finden sich zum einen auch bei den GRÜNEN (z.B. A. v. Gleich) oder bei der SPD (z.B. K.M. Meyer-Abich) öko-ethische Positionen, zum anderen gibt es eine ganze Reihe konservativer Autoren, die eine ökologische Ethik, ja die Ethisierung politischer Fragen überhaupt ablehnen. Folgt man dem Einteilungsschema von *Leggewie*[3], dann polarisiert sich das konservative Denken am Fortschrittsproblem der industriellen Moderne mehr oder weniger deutlich in zwei Richtungen: während die einen sich mit dem technischen Fortschritt einschließlich seiner sozialen und ökologischen Nebenfolgen abgefunden haben, ihn weiter vorantreiben wollen und nur kompensatorische Maßnahmen als »Orientierungshilfen« anbieten, sind die anderen weitaus modernisierungskritischer, halten begrenzende Eingriffe für nötig und treten für substantielle moralische oder religiöse Werte ein. *Hermann Lübbe* etwa, Repräsentant der zuerst genannten Richtung, begreift »Fortschritt als Orientierungsproblem«[4], interpretiert die Wachstums- und Technikkritik der

3 Claus Leggewie, Der Geist steht rechts, Berlin 1986
4 Hermann Lübbe, Fortschritt als Orientierungsproblem, Freiburg/Br. 1975

siebziger und achtziger Jahre als (in Grenzen) normalen, selbst wachstumsbedingten Ernüchterungsvorgang und setzt unaufgeregt-zynisch auf den »Pragmatismus der Alltagskultur«[5]. Und *Odo Marquard*, dessen skeptische Grundhaltung sich in erster Linie gegen »Emanzipationszumutungen« wendet, entlastet den technischen Fortschritt von allen Problematisierungen und stellt den Geistes- und Sozialwissenschaften, die er »Erzählwissenschaften« nennt, die Aufgabe kompensatorischer Sinnstiftung[6]. Die Moralisierung des ökologischen Problems gefährdet demzufolge die Neutralität des technischen Fortschritts, untergräbt die Stabilität moderner Industriegesellschaften und überschreitet zudem Kompetenz und Aufgabenstellung von Philosophie und Sozialwissenschaften. »Es handelt sich insoweit auch darum, das ökologische Problem zu entmoralisieren.«[7] Hier treffen sich die modernitätsapologetischen Konservativen mit der Systemtheorie: auch sie fordert Rücksicht auf »die Systemstrukturen (...), um die es geht«[8] und hält »zur Vorsicht im Umgang mit Moral«[9] an, weil sie in der moralisierenden »Angstkommunikation« »Entwicklungen zu einer durch Überforderung und Irrationalismen angetriebenen Politik«[10] sieht. Die gesellschaftlichen »Subsysteme« Wirtschaft, Recht, Politik und Wissenschaft sind aufgrund ihrer je eigenen Funktionsmechanismen in der Lage, mit der ökologischen Krise fertig zu werden - jede Moralisierung geht von der Fiktion eines gesellschaftlichen Steuerungszentrums aus, entdifferenziert die Gesellschaft und gefährdet letztlich deren Reaktionsfähigkeit auf die Krise.

Fügt sich dieser Typus konservativen Denkens relativ gut in die Modernisierungsstrategie von Riesenhuber oder Späth, so hat es der andere weit schwerer. Das Bekenntnis zu einem konservativen Menschen- und Gesellschaftsbild heißt für Spaemann und Jonas gerade, daß man dem wissenschaftlich-technischen Fortschritt in seiner Tendenz zur Reduktion des Menschen und der Natur auf erforschbares und benutzbares Material entgegentritt. Für beide haben Moral, Normen und Werte keine bloß kompensatorische Orientierungsfunktion, sie verknüpfen vielmehr die Wirklichkeit des menschlichen Handelns mit substantiellen Vorstellungen des guten Lebens - auch und gerade in seiner naturalen Dimension. Die ökologische Krise ist aus dieser Perspektive keine bloß

---

5 Kommission Zukunftsperspektiven gesellschaftlicher Entwicklungen, Stuttgart 1983, S. 26 ff.
6 Odo Marquard, Apologie des Zufälligen, Stuttgart 1986, S. 98 ff.
7 Hermann Lübbe in der FAZ, 31.5.1986
8 Niklas Luhmann, Ökologische Kommunikation, Opladen 1986, S. 19
9 Ebd., S. 265
10 Ders., Gesellschaftsstrukturelle Bedingungen und Folgeprobleme des naturwissenschaftlich-technischen Fortschritts, in: Reinhard Löw/Peter Koslowski/Philipp Kreuzer (Hrsg.), Fortschritt ohne Maß?, München 1987, S. 127

technisch zu korrigierende Nebenfolge des Fortschritts, sondern vorläufig letzter und gefährlichster Ausdruck für die anthropozentrische Hybris des modernen Menschen. Ökologisches Bewußtsein und ökologischer Protest der vergangenen Jahre werden hier weniger als Pragmatisierungsvorgang ent- bzw. als Angstkommunikation überdramatisiert, sie gelten vielmehr als Indizien einer weitgehend vernünftigen Besinnung auf die gefährdete und verdrängte Natürlichkeit des Menschen und die Irrationalität eines blinden Fortschritts. Von daher ist die Resonanz dieser »grünen« Konservativen weit über die ideologischen und parteipolitischen Grenzen hinaus durchaus begründet. Schließlich gibt es auch einige Verbindungslinien zwischen dem modernitätskritischen Konservatismus und der Postmoderne. Zwar entwickelt Marquards »Lob des Polytheismus«[11] einige Affinitäten in diese Richtung, aber erst der CIVITAS-Mitbegründer und Spaemann-Schüler Koslowski versucht, im Zeichen von ökologischer und Technikkritik neue Religiosität und neuen Pluralismus zu einem »postmodernen Essentialismus« zusammenzubringen. Im Anschluß an Lyotard, Foucault und Glucksmann heißt es etwa: »Absolute Vernunftherrschaft ist ein verfehltes Projekt der Moderne, weil die Vernunft nicht das Absolute ist und daher über das ihr andere, das Gefühl, den Leib, die Natur, immer nur herrschen, sich nicht mit ihm versöhnen kann...«[12]. Zweifelsohne trägt dieser äußerst eklektische - wenn man will: konsequent postmoderne - Versuch deutliche Züge interpretatorischer und zeitdiagnostischer Gewaltsamkeiten: schwerlich dürften sich die Postmodernen aufs Ideal substantieller christlicher Religiosität verpflichten lassen; evident auch das Fehlen der anarchisch-libertären Tendenzen der Franzosen. Gleichwohl wird man nicht verkennen dürfen, daß Überlegungen dieser Art ein beträchtliches »diskursinnovatorisches« Potential darstellen und die »Anschlußfähigkeit« konservativer Positionen merklich erhöhen.

3. Teleologie und Ökologie

Bei Spaemann ebenso wie bei Jonas spielt Teleologie - die Auffassung natürlicher und geistiger Prozesse als zielgerichteter - eine entscheidende Rolle: nur durch die Restauration des durch die neuzeitliche Naturwissenschaft diskreditierten teleologischen Denkens kann die ökologische Krise überwunden werden. Dabei ist auffällig, daß diese Restauration zumindest im Falle Spaemanns zunächst überhaupt nicht durch ökolo-

11 Odo Marquard, Abschied vom Prinzipiellen, Stuttgart 1981, S. 91 ff.
12 Peter Koslowski, Die postmoderne Kultur, München 1987, S. 18

gische, sondern durch geschichtsphilosophische Überlegungen motiviert war: Teleologie ist ihm schon 1963 ein kritisch-diagnostischer Begriff, der den Charakter der Moderne erhellen soll. »Die Moderne« - das ist für Spaemann ein durch »neuzeitliche Wissenschaft, 'science'« und universelles »Tauschsystem«[13] definierter Funktionszusammenhang, in dem alles nur für anderes, nichts aber an sich selbst ist. Der Schlüsselbegriff für das Verständnis der Genese dieser funktionalistischen Moderne ist die »Inversion der Teleologie«: in der »Unterordnung des Daseins unter die Bedingungen seiner Erhaltung«[14], in der Reduktion des guten Lebens auf das bloße Überleben also, sieht er den Kernbestand »bürgerlicher Ontologie«. Die vorbürgerliche Ontologie, gesellschaftlich der Feudalismus, philosophisch das aristotelisch-thomistische Weltbild, war durch »Stufungen der Strebensinhalte«[15] gekennzeichnet: alles Seiende in Natur und Menschenwelt ist das, was es ist nur darum, weil es auf ein es transzendierendes Sein hin teleologisch angelegt ist, an dessen absoluter Vollkommenheit es durch »ein das bloße Vorhandensein transzendierendes Streben«[16] teilhat. Das endliche Seiende ist nicht durch und aus sich selbst, es hat sein Selbstsein in einem ihm übergeordneten Anderen. Es ist Moment im geordneten göttlichen Kosmos und seine immanente Zweckgerichtetheit ist Ausdruck dieser Teilhabe. Die bürgerliche Moderne destruiert diesen Ordo-Kosmos zuletzt um des Interesses an Herrschaft über die äußere und die innere Natur willen. In der Reduktion des Inhalts der Teleologie von Selbsttranszendenz auf intransitive Selbsterhaltung bereitet die »Inversion der Teleologie« die Zerstörung des Mensch und Natur gleichermaßen kennzeichnenden Selbstseins durch seine Verkürzung auf die bloße Faktizität eines Bestandes vor, der sich selbst zu reproduzieren trachtet. Dadurch verliert dieses Selbstsein jenes Moment von Unbedingtheit, das ihm als je spezifischer »Darstellung des Unbedingten«[17] noch eignet und wird als kontingent entstandenes seiner kausalen Reduktion überantwortet, die in der Illusion der Machbarkeit des Lebendigen gipfelt. In »progressive(r) Naturbeherrschung« und subjektiver »Gewißheit«[18] dokumentiert sich Selbsterhaltung als die ebenso universelle wie destruktive Rest-Teleologie der bürgerlichen Moderne. Als Kronzeugen dieser Entwicklung, die in der ökologischen Krise der Gegenwart nur ihren prägnantesten Ausdruck findet, bezieht sich Spaemann u.a. auf Bacon, Spinoza und Hobbes. Auch Jonas

---

13 Robert Spaemann, Philosophische Essays, Stuttgart 1983, S. 8

14 Ders., Bürgerliche Ethik und nichtteleologische Ontologie, in: Hans Ebeling (Hrsg.), Subjektivität und Selbsterhaltung, Frankfurt/M. 1976, S. 80 f.

15 Robert Spaemann/Reinhard Löw, Die Frage wozu?, München-Zürich 1985, S. 88

16 Spaemann, Ethik, S. 80

17 Ders., Essays, S. 9

18 Spaemann/Löw, Frage, S. 103

sieht im »Baconischen Programm« - »nämlich das Wissen auf Herrschaft über die Natur abzustellen«[19] - den Inbegriff neuzeitlicher Rationalität, die vermöge der »innere(n) Mehrdeutigkeit des technischen Tuns«[20] zuletzt das Selbstsein von Mensch und Natur bedroht. Wenn aber »die ökologische Krise« im wesentlichen »eine Folge jener explosionsartigen Expansion der menschlichen Naturbeherrschung« ist, »die ihre ideologische Seite im antiteleologischen Denken seit der frühen Neuzeit« hat[21], dann kann nur die Rückkehr zur teleologischen Auffassung der Natur (und des Menschen) aus dieser Krise herausführen. Es geht insofern nicht nur um die »Rettung des humanen Gehaltes der Moderne«[22], es geht auch und vor allem um ihre bloße Existenz. Aus der »Not« der »ökologische(n) Krise« ist die »Tugend ein(es) neue(n) teleologische(n) Denken(s)« zu machen[23], also die invertierte Teleologie ihrerseits einer Inversion zu unterziehen.

Zweifellos stellt diese kritische Diagnose der Moderne sowohl im Kontext der Ökologiebewegung als auch in der konservativen Theoriebildung eine interessante und profilierte Position dar. Der »Philosophie der Grünen« fehlt meist sowohl der Sinn für geistesgeschichtliche Zusammenhänge als auch das Vermögen, sich kompetent auf (Natur)Wissenschaftsentwicklungen zu beziehen. Und die Konservativen verhalten sich weitgehend affirmativ zur Moderne und funktional zur Natur. Spaemann und Jonas vermeiden beides. Zugleich verstehen sie sich als dezidiert anti-utopische Theoretiker. Muß man also neokonservativ werden, wenn man sich der ökologischen Krise stellt? Einige problematische Aspekte sprechen unseres Erachtens dagegen.

Es muß zunächst auffallen, daß Spaemanns Diagnose der Moderne von einem *vorbürgerlichen Weltbild* ausgeht, dessen *autoritäre und repressive Aspekte völlig ausgeblendet* werden. Am Feudalismus und seiner teleologischen Ordo-Vorstellung scheint einzig der »ekstatische Charakter dieser Anthropologie«[24] bemerkenswert, nicht jedoch ihre herrschaftliche Basis und ihre das Individuum reglementierende Seite. Dementsprechend wird auch kaum darauf reflektiert, daß - zumindest dem Anspruch nach - die Transzendenz des Endlichen zu Gott sowohl als Selbsttranszendenz anzusehen ist als auch um der Gewinnung des »eigentlichen« Selbst der Individuen willen geschieht. Aufgrund dieser Idealisierung

19 Hans Jonas, Das Prinzip Verantwortung, Frankfurt/M. 1984, S. 251
20 Ders., Warum die Technik ein Gegenstand für die Ethik ist: 5 Gründe, in: Hans Lenk/G. Ropohl (Hrsg.), Technik und Ethik, Stuttgart 1987, S. 82
21 Spaemann/Löw, Frage, S. 287
22 Spaemann, Essays, S. 17
23 Spaemann/Löw, Frage, S. 287
24 Spaemann, Ethik, S. 79

feudaler Ordnung gerät die Interpretation der Genese der Moderne bisweilen in verfallstheoretische Fahrwasser.

Es ist schwer zu sehen, wie jene »invertierte Teleologie der Selbsterhaltung«[25] als »Erhaltung dessen, was ohnehin schon ist«[26] einen analytischen Beitrag zum spezifisch *bürgerlichen Expansionismus* soll leisten können. Spaemanns äußerst knapper Hinweis auf das »moderne Tauschsystem«[27] kann nicht darüber hinwegtäuschen, daß seine epochendiagnostische Grundfigur - ebenso wie Jonas' Konzentration auf das »Baconische Programm« - primär die neuzeitliche Wissenschaftsentwicklung charakterisieren soll. Für ökonomische Strukturen bleibt sie ebensowenig aussagekräftig wie für soziale Differenzierungen im Telos-Begriff.

Mit der Idealisierung antik-mittelalterlicher Weltbilder geht eine deutliche *Unterschätzung des emanzipatorischen Gehalts der Moderne* einher. Vor dem normativen Hintergrund einer theologischen Anthropologie reduziert sich die bürgerliche Emanzipation von feudalen Strukturen gleichsam a priori auf die »Selbstaufgabe des Subjekts«[28]. Eine undialektische, verfallstheoretische Sicht der Moderne deutet sich etwa da an, wo Spaemann Spinozas Gleichsetzung von Realität und Vollkommenheit einseitig als Reduktion von gutem auf bloßes Leben interpretiert[29], den umgekehrten Gedanken aber - die Vervollkommnung der Realität - gar nicht erst erwägt. Auch Bacon wird allzu leichtfertig auf ein scheinbar von vornherein destruktives »Programm« reduziert, ohne das aufklärerische Motiv daran auch nur in Rechnung zu stellen. In ökonomischer wie in emanzipatorischer Hinsicht blendet Spaemann an der Moderne also den Gedanken der *Selbststeigerung*[30] aus dem Umkreis der Moderne aus bzw. kann sich darauf nur als Hybris, als anthropozentrische Anmaßung beziehen. Genau dies unterschiedet seinen Zugang zur Moderne von dem Hegels, Marxens oder Horkheimers und Adornos: wo diese Theoretiker in je unterschiedlicher Weise eine *Dialektik* der Aufklärung registrieren, vermag Spaemann nur ihre »Defizite« aufzudecken. Entsprechend kann seine Insistenz auf der »das Selbst erst konstituierenden Selbsttranszendenz«[31] - als solche den Konsequenzen aus der Analyse der Subjektivierung der Vernunft durch die ältere Kritische Theorie durchaus ähnlich - kaum im Sinne des bekundeten Festhaltens am »neu-

25 Ders., Essays, S. 53
26 Ders., Ethik, S. 80
27 Ders., Essays, S. 8
28 Spaemann/Löw, Frage, S. 108
29 Spaemann, Ethik, S. 79; ders./Löw, Frage, S. 108
30 Günther Buck, Selbsterhaltung und Historizität, in: Ebeling, Subjektivität und Selbsterhaltung, S. 208 ff.
31 Spaemann/Löw, Frage, S. 294

zeitlichen Begriff der Autonomie des Subjekts«[32] überzeugen, impliziert sie doch bei Spaemann einen Begriff des Selbst, das sich in Gott übersteigt und dadurch sein Selbstsein aufhebt[33]. Obwohl »die Unterstellung des gesamten Lebens unter die Erfordernisse seiner Erhaltung«[34] als Signatur der Moderne den Gedanken einer Inversion der Teleologie geradezu vorwegnimmt, obwohl die Autoren im »Eingedenken der Natur im Subjekt« »die verkannte Wahrheit aller Kultur«[35] entdecken, obwohl auch sie »mit der Verleugnung der Natur im Menschen« sowohl »das Telos der auswendigen Naturbeherrschung« als auch »das Telos des eigenen Lebens« bedroht sehen[36] und obwohl schließlich Horkheimer davon spricht, daß ohne die »Demut gegen das Leben« »der Sozialismus eine neue Form des Wahnsinns« wäre[37] hat die hier anvisierte Dialektik der Aufklärung stets auch die festzuhaltende Autonomie des Subjekts betont und auf die eigentümliche Verschränkung von Naturbeherrschung und Freiheit verwiesen, die den Gedanken eines »vernünftige(n) Interesses an Selbsterhaltung«[38] erst zu denken erlaubt: »die sprengende Tendenz des Fortschritts ist nicht einfach bloß das Andere der Bewegung fortschreitender Naturbeherrschung, ihre abstrakte Negation, sondern erheischt die Entfaltung der Vernunft durch Naturbeherrschung selbst«[39].

Das von Spaemann und Jonas ins Spiel gebrachte »aristotelische Seinsverständnis«[40] leistet einem *autoritären Wirklichkeitsbegriff* Vorschub und *hypostasiert Normalität*. Die von Spaemann in seiner Laudatio auf Jonas so betonte »Normalität des Lebens« ist, allen Versuchen, sie ökologisch zu begründen zum Trotz, ein normativer, kein biologischer Begriff. Für Spaemann kann und muß die Wirklichkeit in »Normales« und »Pathologisches« eingeteilt werden, und ersteres erhält den ontologischen ebenso wie moralischen Vorrang vor letzterem: es gibt zum einen eine »Welt von Qualitäten im weitesten Sinne, von Tönen, Farben und Gerüchen, von Zuneigung, Verantwortung, Verehrung, von Familie, Gesellschaft, Recht, Glauben und Vernunft«, und es gibt zum anderen »Dysfunktionalitäten, Sinnloses, Widerrechtliches, Gottloses, oder

32 Spaemann, Essays, S. 74
33 Ute Guzzoni, Selbsterhaltung und Anderssein - Ein Beitrag zur kritischen Theorie, in: Ebeling, Subjektivität und Selbsterhaltung, S. 314 ff.
34 Max Horkheimer/Theodor W. Adorno, Dialektik der Aufklärung, Amsterdam 1968, S. 45
35 Ebd., S. 55
36 Ebd., S. 70
37 Max Horkheimer, Gesammelte Schriften, Bd. 12, Frankfurt/M. 1985, S. 286
38 Theodor W. Adorno, Gesammelte Schriften, Bd. 8, Frankfurt/M. 1972, S. 147
39 Ders., Fortschritt, in: Stichworte, Frankfurt/M. 1978, S. 39
40 Jonas, Verantwortung, S. 139

Zahnschmerzen, Verkehrsunfälle, Ehebruch«[41]. In Spaemanns teleologischer, auf die Aufhebung der modernen Unterscheidung von Sein und Sollen umstandslos abzweckender Ethik ist das vorverstandene Normale als das Gute Seins-, Erkenntnis- und Bewertungsgrund des Bösen als des Zufälligen, von dem Normalität dennoch als rein positive nicht selbst tangiert ist. Kein Gedanke daran, daß Gesellschaft und Verkehrsunfälle oder Familie und Ehebrüche etwas miteinander zu tun haben könnten. All das folgt nur Spaemanns These: »Philosophie ist antidialektisch«[42]. Tatsächlich eliminiert er - entgegen seiner affirmativen Hegel-Bezugnahme - aus den von ihm positiv besetzten Begriffen wie »Vernunft«, »Absolutes« oder eben »Normalität« jegliche Negativität, Ferment der Dialektik: »die Realität gilt daher nur als etwas Positives, aus welchem Verneinung, Beschränktheit, Mangel ausgeschlossen sei«[43]. Was im Begriff der Normalität gut aristotelisch angesetzt hatte, den Chorismos zwischen Ideenwelt und Erscheinungswirklichkeit zu überwinden, endet bei der negationslosen Statik hypostasierter Realität. Der Versuch einer »Gründung des Guten im Sein«[44] - läßt für sich kontingentes Sein als an sich Gutes erscheinen. Offen bleibt, was mit jenem Bereich me-ontischer Pathologien zu geschehen hat.

In der Perspektive eines ökologischen Katastrophismus könnte man Probleme dieser Art dann für unbedeutend halten, wenn der Gedanke einer Restauration der Teleologie für die Wahrnehmung und evtl. sogar Bewältigung ökologischer Krisen einigermaßen tragfähig wäre. Das jedoch ist nicht der Fall: die auf Teleologie setzenden ökologischen Ethiken von Jonas und Spaemann implizieren *bestenfalls indifferente, schlimmstenfalls autoritäre Lösungen* der ökologischen Krise. Das muß zunächst überraschen: die von Jonas vorgebrachte »Heuristik der Furcht«[45] etwa, die der schlechteren vor der besseren Zukunftsprognose den Vorrang gibt, wäre - übersetzt ins bundesdeutsche Zulassungs- und (Gegen)Gutachterwesen - sicher das Ende zahlloser technischer Großprojekte; auch seine Kritik an »genetische(r) Manipulation«[46] deutet in die Richtung eines Eingriffs in den technischen Fortschritt - vor allem, wenn man sie mit seiner Kritik an der »freie(n) Wirtschaft« als dem »Herd der Dynamik« verbindet, »die der Todesgefahr zutreibt«[47]. Und Spaemann geht in seiner Kritik an der Kernenergie sogar so weit, daß er »die Legitimität des Staates und die Loyalitätspflicht der Bürger« nicht

41 Spaemann/Löw, Frage, S. 283
42 Spaemann, Essays, S. 13
43 G.W.F. Hegel, Werke in 20 Bänden, Bd. 5, Frankfurt/M. 1970, S. 118
44 Jonas, Verantwortung, S. 149
45 Ebd., S. 63
46 Ebd., S. 52 f.
47 Ebd., S. 254

nur für begrenzt, sondern möglicherweise sogar für überschritten hält: jedenfalls dann, wenn diese Technik »die Subjektstellung der Betroffenen« durch »Tod oder schwere gesundheitliche Schädigung« negiert[48]. Nimmt man den Begriff der Kultur als »Symbiose von Natur und menschlicher Arbeit« ihm zufolge ernst, dann darf es »keine irreversiblen Veränderungen des natürlichen Substrats dieser Symbiose«[49] und keine »zusätzlichen Gefahrenquellen«[50] geben - eine Vorstellung, bei der den meisten Industrievertretern, Gewerkschaftsfunktionären und Politikern sicher äußerst unbehaglich zumute sein dürfte. Auf wenig Gegenliebe bei den Protagonisten des »Industrialismus«[51] dürfte schließlich die Forderung nach einer »neue(n) Beweislastverteilung« stoßen: »nicht die Schädlichkeit, sondern die Unschädlichkeit muß glaubhaft gemacht werden«[52]. Da diese Beweislastumkehr zweifelsohne »zu Lasten der expansionistischen Eingriffe« ginge, wäre sie »möglicherweise« »mit kapitalistischen Produktionsverhältnissen unvereinbar«[53]. All dieser »radikalen«, zum kompensatorisch-affirmativen Konservatismus in Spannung stehenden Positionen zum Trotz wird die Ökologieproblematik von Spaemann und Jonas aufgrund ihres fundierenden Rückbezugs auf teleologische und ontologische Weltbilder entschärft bzw. konservativ neutralisiert. Bei Jonas geschieht das durch die ontologische Differenz zwischen absolutem und unzerstörbarem Sein einerseits und endlichem, gefährdeten Seienden andererseits: seine »Notstandsethik der bedrohten Zukunft«[54] ist in einer »Selbstbejahung des Seins«[55] begründet, die nicht nur jenseits der ontisch-deskriptiven Ebene zweckmäßig organisierter Natur siedelt, sondern die vor allem menschlicher Technikbegrenzung ontologisch gar nicht bedarf[56]. Zwar spricht auch Spaemann von der »Wahrheit des Seins«, die wir »im Grunde schon wissen«[57], gleichwohl legt er dieses Sein weit offener als Jonas theologisch aus. Seine Antwort auf die ökologische Krise zielt auf eine Neubestimmung des Begriffs der Naturbeherrschung: da der Mensch einerseits auf Naturbeherrschung nicht verzichten kann, ohne sich selbst (und damit einen Teil der Natur) zu vernichten, andererseits aber auch durch die invertierte Teleologie naturbeherrschender Selbsterhaltung seinen Untergang vorbereitet, gibt

48 Robert Spaemann, Technische Eingriffe in die Natur, in: Dieter Birnbacher (Hrsg.), Ökologie und Ethik, Stuttgart 1986, S. 202 f.

49 Ebd., S. 195

50 Ebd., S. 199

51 Max Horkheimer, Zur Kritik der instrumentellen Vernunft, Frankfurt/M. 1974, S. 96

52 Spaemann, Eingriffe, S. 204

53 Ders., Essays, S. 76

54 Jonas, Verantwortung, S. 250

55 Ebd., S. 157

56 Fritz Reusswig/Joachim Stahl, Utopie der Existenz, in: links, Nr. 216, S. 29 ff.

57 Spaemann, Essays, S. 13

es nur den Ausweg einer teleologischen Begrenzung und Steuerung menschlicher Naturbeherrschung: durch »gemeinsam gewollte und erreichbare Ziele«[58]. Spaemann hebt mit diesem Gedanken freilich weniger auf eine gesellschaftliche Steuerung oder »Finalisierung« der Wissenschafts- und Technikentwicklung als vielmehr auf ihre spezifisch teleologische Verfassung ab. Entscheidend ist dabei der Unterschied zwischen »despotischer« und »hierarchischer« Herrschaft. Die ökologische Krise wird, dem neuzeitlich-mechanistischen Naturbild gemäß, durch das Umschlagen ungebremster, Natur in ihrem Selbstsein negierender Herrschaft in Selbstzerstörung beschrieben; demgemäß muß eine »neue Symbiose« von Mensch und Natur[59] auf »eine Hierarchie der Zwecke« zielen: »das Niedere soll dem Höheren dienen, aber so, daß seine eigene teleologische Verfassung dabei nicht ignoriert wird«[60]. Unverkennbar denkt Spaemann das zukünftige, ökologisch angepaßte gesellschaftliche Naturverhältnis nach dem Modell »der feudalen Struktur eines abgestuften Lehensverhältnisses«, das der Moderne dagegen »absolutistisch und despotisch«; »Gesetz« und »Maschine« werden vergleichbar[61]. Wenn es stimmt, daß das moderne »kausale() Wissen« »Herrschaftswissen« ist[62], dann kann das postmoderne ökologische Wissen nur als »rein kontemplativ« bezeichnet werden: es »ist kein Herrschaftswissen«[63], sondern Wissen um die Normalität, um das Von-sich-her-Funktionieren des Lebendigen. Wie man aber diese ökologische Normalitäts-Utopie einer »prästabilisierten Harmonie« der Zwecke[64] auch dreht und wendet: für Wahrnehmung und Beurteilung ökologischer Krisenlagen moderner Gesellschaften gibt sie kaum etwas her. Nimmt man die Rede von den sittlichen Eigenrechten der Natur ernst - und die ontologisch-moralische Doppelnatur des Zweckbegriffs läßt einem keine andere Wahl-, dann darf nicht von Relativierung und Begrenzung, dann muß von Negation technisch vermittelter menschlicher Machtfülle die Rede sein. Im Horizont einer in der Tat substantiellen Teleologie nimmt das menschliche Nutzungsverhältnis der Natur gegenüber den Charakter einer moralischen Antinomie, eines Konflikts zweier gleichberechtigter Rechte an. Zieht man evolutionsbiologische Überlegungen hinzu, so muß der grundsätzliche Primat des »Natursubjekts« zu Lasten des Menschen anerkannt werden. Zwar ist es dann immer noch fraglich und wohl seinerseits umkämpft, *wer* in einer Gesellschaft die Rechte der Natur ande-

58 Ebd., S. 68
59 Ebd., S. 37
60 Spaemann/Löw, Frage, S. 296; vgl. Spaemann, Essays, S. 44 f.
61 Spaemann/Löw, Frage, S. 100
62 Spaemann, Essays, S. 52
63 Spaemann/Löw, Frage, S. 23
64 Spaemann, Essays, S. 45

ren Individuen oder Gruppen gegenüber vertreten darf/muß, dennoch darf der- oder diejenige mit einer gesellschaftlich nicht mehr zu relativierenden Rechtsposition (mit allen materiellen und politischen Folgewirkungen) auftreten, die aller Voraussicht nach zu Ideologisierungen einlädt und gegebenenfalls gewaltsam durchgesetzt werden will. Rückt man andererseits ab vom öko-ethischen Fundamentalismus, relativiert man insofern auch den antinomieträchtigen Status einer Teleologie der Natur zu einer »Hierarchie der Strebensinhalte«, dann ist nicht mehr klar, wie sich diese Vorstellung von derjenigen Güterabwägung unterscheidet, die in der Praxis des gesellschaftlichen Naturbezugs tagtäglich der Fall ist. Zweifellos findet diese Abwägung jeweils nur unter den Voraussetzungen der existenten gesellschaftlichen Machtstrukturen statt. Aber jenseits dessen trifft es ja in der Tat nicht zu, daß die Wissenschafts- und Technikentwicklung auch hochmoderner oder spätkapitalistischer Industriegesellschaften gänzlich frei von moralischen und ökologischen Abwägungsüberlegungen erfolgte. In das formelle[65] und informelle Selbstverständnis von Wissenschaftlern und Ingenieuren gehen durchaus Leitvorstellungen gesellschaftlicher Nützlichkeit und - neuerdings verstärkt - natürlicher Verträglichkeit ein. Wie diffus, verkürzt und ideologisch diese existente Wissenschafts- und Technikethik auch sein mag: man machte es sich zu einfach, hielte man Wissenschaft und Technik für ein öko-ethisches Vakuum, das es mit guten Absichten zu füllen gilt. Insbesondere dann, wenn sie, wie im Falle Spaemanns, äußerst diffus formuliert sind. Was soll denn die Rede von einer »Hierarchie«, von »teleologisch begrenzter Naturbeherrschung« besagen? Sicher nicht dies, daß Naturbeherrschung überflüssig würde. Spaemann gibt das zur[66] und behauptet doch, Teleologie sei »kein Herrschaftswissen«[67]. Analog seiner Vergoldung des historischen Feudalismus verklärt er auch seinen ökologischen: obwohl die Höherwertigkeit von Zielen stets auch die Negation der jeweils niederen impliziert, tut Spaemann dennoch so, als habe allein der »despotische« Anthropozentrismus Naturbeherrschung zur Folge. Es verschlägt dabei wenig, daß zwischen völliger und teilweiser Negation von Zwecken unterschieden werden kann, wie es die Opposition »Despotismus oder Hierarchie« nahelegt. Denn dieser Perspektive fügt sich die Komplexität der ökologischen Krise der Gegenwart keineswegs. Der zweifelsohne viel zu hohe Pestizideinsatz hochtechnisierter Landwirtschaft folgt ja weit eher dem Hierarchie- denn dem Despotiemodell, soll doch die dem Menschen dienliche Nutzpflanze in ihren Wachstums-

65 Z.B. DIN-Normen oder Ethikkodizes für Ingenieure, vgl. Lenk/Ropohl, Technik, S. 277 ff.

66 Spaemann, Essays, S. 17 f.

67 Spaemann/Löw, Frage, S. 23

bedingungen über denen der ihr schädlichen Insekten rangieren. Auch das von Spaemann in diesem Zusammenhang gerne zitierte platonische Beispiel der Schafherde[68], wonach es am Ende auch für den Menschen besser ist, das Selbstsein, »artgemäßes Leben«[69] der Tiere anzuerkennen, belegt nicht, was es soll. Denn zum einen realisierte sich die fundamentale Anerkennung natürlichen Selbstseins weniger in artgemäßer Tierhaltung denn im Verzicht auf diese überhaupt, zum anderen kommt es Spaemann gar nicht in den Sinn, das Interesse an artgerechter Tierhaltung, allgemein an qualitativ hochwertigen Nahrungsmitteln anthropozentrisch zu verstehen. Die »anthropozentrische Perspektive« und die ihr zugeordnete »Güterabwägung« wird vielmehr ausdrücklich als modifizierte Form der »Zerstörung« von Natur verworfen[70]. Das aber macht die Argumentation hohl, überantwortet sie tendenziell der Unehrlichkeit sich selbst gegenüber, verficht sie doch als »Hierarchie« zuletzt nichts anderes als diese Güterabwägung[71]. Auch hier rächt sich übrigens das soziale und ökonomische Defizit der öko-ethischen Argumentation: genau genommen handelt es sich bei der ökologischen um eine *sozialökologische Krise*. Die Anthropozentrismus-Kritik verdeckt nicht nur die Tatsache, daß »der« Mensch bislang nicht im Zentrum der Technikentwicklung stand, sondern vor allem auch die, daß ökologische Problem- und Krisenlagen gar nicht zwischen »dem« Menschen und »der« Natur angesiedelt sind, sondern vielfältig (ökonomisch, politisch, kulturell, geschlechtsspezifisch) gebrochen und vermittelt auftreten. Es handelt sich in der Regel um soziale Nutzungskonflikte von Naturstücken[72] und Naturpotentialen, um die gesellschaftliche Aneignung von »positiver« bzw. die gesellschaftliche Verteilung von »negativer« Natur[73]. Allemal wird darin »die« Natur gesellschaftlich präformiert, gedeutet, angeeignet und verteilt. Genau diese soziale Brechung »der« Natur kommt bei Spaemann und Jonas so gut wie überhaupt nicht in den Blick[74].

Spaemanns einigermaßen überraschender Adressat öko-ethischer Forderungen ist der Staat. Da er »das Subjekt der Verantwortung für die langfristigen Nebenfolgen menschlicher Handlungen« ist[75], besteht seine

68 Spaemann, Essays, S. 45, 68
69 Spaemann/Löw, Frage, S. 296
70 Spaemann, Eingriffe, S. 197
71 Kurt Bayertz, GenEthik, Reinbek 1987, S. 142 ff.
72 Gernot Böhme/Engelbert Schramm (Hrsg.), Soziale Naturwissenschaft, Frankfurt/M. 1986
73 Ulrich Beck, Risikogesellschaft, Frankfurt/M. 1986 und ders., Gegengifte, Frankfurt/M. 1988
74 Joachim Wolschke-Bulmahn, Ökologische Ethik - Lösungsansatz für Umweltprobleme?, in: Das Gartenamt, Nr. 36, Mai 1987 und ders., ÖkoEthik, Der ideologische Zeigefinger, in: Wechselwirkung, Nr. 37, Mai 1988
75 Spaemann, Eingriffe, S. 206

»primäre (...) Aufgabe« darin, »die unerwünschten Nebenfolgen menschlicher Zweckhandlungen zu neutralisieren« - also »zu tragen, zu definieren und zu verteilen«[76]. Weder hat er (Umwelt)Programme zu realisieren, noch sollen die Individuen bzw. privaten Wirtschaftssubjekte hier in die Pflicht genommen werden. Ersteres aufgrund der prinzipiellen Defizienz planerischer Rationalität, letzteres aufgrund der Freiheitsbeschränkung. Kritik an der »Planungseuphorie«, beispielsweise in der Anfangsphase der sozialliberalen Koalition, ist konservatives Gemeingut und wird meist mit dem Hinweis auf Bürokratiewachstum, Entmüdigung des Bürgers und Dysfunktionalitäten - die hier natürlich wesentlich sind - begründet. Wenig beachtet werden dabei freilich jene Dysfunktionalitäten, die aus dem planungslosen Zustand vorher resultierten[77]. Unthematisiert bleiben auch die Problemdynamik, auf die staatliche Planung reagiert und ihre strukturellen Handlungsgrenzen[78]. Gerade deshalb ist es aber bestenfalls naiv, die Lösung der ökologischen Krise in erster Linie vom Staat zu erwarten - und ihm gleichzeitig wichtige Elemente langfristiger Politik zu untersagen. So realisiert sich das anspruchsvolle Programm einer substantialistischen Öko-Ethik am Ende in paläoliberalen Grunddogmen. Das Dilemma traditioneller Politik wird übergangen: »die Wirtschaft ist für etwas unzuständig, das sie auslöst, und die Politik für etwas zuständig, über das sie keine Kontrolle besitzt«[79]. Spaemann ignoriert nicht nur diesen Wirklichkeitsverlust der Politik, er propagiert ihn geradezu und entwirft ein umweltpolitisches Szenario, das nach Nachsorge, technischem Umweltschutz und »ökologischer« Marktwirtschaft geradezu verlangt[80]. Die für den Neokonservatismus generell notorische Warnung vor den terroristischen Folgen einer Moralisierung der Politik[81] verstärkt dabei gleichzeitig die Autorität des ökologisch minimalisierten Staates.

Die geringe sozial-ökologische Erschließungskraft der teleologischen Deutung Jonas' und Spaemanns tendiert dazu - allem Radikalismus fundamental naturkonservierender Gesinnung zum Trotz -, zur nachdenklichen Begleitmusik technischer Expansion zu werden. Es ist gerade die entschiedene Verbindung von ökologischer Ethik und gesellschaftlicher Emanzipationskritik, die dies zuletzt bewirkt. In suggerierter Nähe zu Hegels Gedanken eines »Entlassens der Natur« und zu Adornos Überle-

---

76 Ebd., S. 190

77 Otfried Höffe, Ethik und Politik, Frankfurt/M. 1979, S. 334 ff.

78 Martin Jänicke, Staatsversagen - Über die Ohnmacht der Politik in der Industriegesellschaft, München 1986

79 Beck, Risikogesellschaft, S. 363

80 Leggewie, Geist, S. 168 f.

81 Spaemann, Essays, S. 151 ff.; Hermann Lübbe, Praxis der Philosophie - Praktische Philosophie - Geschichtstheorie, Stuttgart 1978, S. 78 ff.

gungen zum Verzicht auf technisch Machbares aus Freiheit[82] formuliert Spaemann als aktuellen Kernbestand menschlicher Freiheit das »Sein-Lassen«[83]: Wenn »Natur selbst in den Verantwortungsbereich menschlicher Freiheit« rückt, diese aber bislang vom Geist des Machens okkupiert war, muß eine ökologisch reflektierte Freiheit sich »nicht mehr durch ein Tun, sondern nur durch ein Lassen« realisieren[84], eben als »Verzicht(...) auf Unterjochung eines Unterjochbaren«, als »Anerkennung und Freilassung« der Natur[85]. Dieser in der Tat äußerst wichtige Gedanke - der bei Jonas die eher repressiven Züge des erzwungenen Verzichts trägt - amalgamiert sich aber mit einer fundamentalen Kritik an gesellschaftlicher Emanzipation und politischer Utopie. Auf diese Weise wird vorweg die Überlegung abgeschnitten, ob nicht gerade dieses »Entlassen der Natur« gesellschaftliche Verhältnisse und Institutionen voraussetzt, die ihrerseits von der wechselseitigen Anerkennung der Individuen geprägt sind. Die gesellschaftlichen Konsequenzen einer auch - aber eben nicht allein - für die gesellschaftliche Naturbeziehung folgenreichen Verwirklichung des Anerkennungsgedankens sind bei Spaemann kein Thema. Die transzendental-idealistische Beschränkung dieses Gedankens auf bewußte Subjektivität wird von ihm vielmehr explizit bekämpft und ihrerseits auf die Darstellung eines unerreichbar Unbedingten naturteleologisch verpflichtet[86]. Der von Spaemann nicht hinreichend berücksichtigte und erklärte Expansionismus der kapitalistischen Gesellschaft verknüpft Herrschaft von Menschen über Menschen mit Naturbeherrschung und trägt so ein Gutteil zur ökologischen Krise bei. Daß mithin das »Sein-Lassen« ein historisches »Tun« voraussetzt - dies will Spaemann nicht wahrhaben. Damit relegiert er die eigene Position - womöglich contre coeur - zu einem ideologischen Reservoir, aus dem sich politische Sonntagsreden, begleitende ethische Kommissionen und wissenschaftliche Symposien speisen. Auch bei Jonas verhalten sich ontologische Radikalität und ontische Flexibilität höchst ambivalent zueinander. So findet sich denn sein Konterfei nebst eines forschungseuphorischen Auszugs aus einem seiner Bücher auf den Seiten der Werbebroschüre eines Chemiekonzerns, der über seine gentechnische Produktion berichtet: womöglich wider Willen firmiert er hier als »kritischer Wegbegleiter des technischen Fortschritts«[87] und sorgt objektiv für dessen Akzeptanz.

---

82 Theodor W. Adorno, Gesammelte Schriften, Bd. 4, Frankfurt/M. 1980, S. 176 f.
83 Spaemann/Löw, Frage, S. 287
84 Spaemann, Essays, S. 149
85 Ebd., S. 37
86 Robert Spaemann, Das Natürliche und das Vernünftige, München-Zürich 1987, S. 50 f., 132 ff.
87 Blick auf Hoechst, Nr. 8/87, S. 5

4. Natur und Fortschritt

Man sollte zunächst erwarten, daß eine u.a. ökologisch motivierte teleologische Interpretation der Wirklichkeit im Bereich des Geschichtlichen einer Deutung Vorschub leistet, die im kontingenten historischen Geschehen einen auf ein Ziel hin orientierten und daher sinnvollen Ablauf ausmacht. Damit wäre schon methodisch »Entwicklung« als »Fortschritt« zu interpretieren und die ökologisch argumentierende Fortschrittskritik erwiese sich zuletzt als ideologische Kostümierung modernisierungsapologetischer Gesinnung. Doch so einfach liegen die Dinge nicht - und zwar aufgrund der zwiespältigen Haltung der gesamten Ritter-Schule dem Fortschritt gegenüber. Schon 1956 hat Ritter in einem instruktiven Aufsatz[88] die Moderne als den Zustand der »Entzweiung« zwischen »Herkunft« und »Zukunft« bestimmt, der in der Form des widersprüchlichen Zusammenseins beider zugleich versöhnt sei. Ganz in diesem Sinn geht es Spaemann um die »Erinnerung der nicht durch die Moderne selbst gesetzten natürlichen und geschichtlichen Inhalte, von denen sie lebt«[89], er hält daher vorweg Äquidistanz zu Fortschritt *und* Tradition. Teleologie als das Medium dieser Erinnerung richtet sich zugleich gegen die Hypostasierung blinden Fortschreitens wie gegen die Beharrungstendenz bloßen Konservierens. Der Begriff der *Selbsterhaltung*, gegen den Spaemanns Fassung der Teleologie sich richtet, liegt ihm zufolge *sowohl* der Fortschritts- *als auch* der Beharrungsvorstellung zugrunde, die sich den Interpretationshorizont der Moderne teilen. Beide Aspekte prägen die »politische Ontologie« von »rechts« und »links«: »Das Moment der Erhaltung definiert die politische Rechte seit 300 Jahren, das Moment der Selbstverwirklichung ohne Reflexion auf Erhaltung die Linke.«[90] Ungeachtet der bereits hervorgehobenen Tatsache, daß Spaemann hier den bürgerlich-kapitalistischen Expansionismus im Begriff der »Rechten« unterschlägt macht diese Einteilung doch die Verschiebung des Politischen deutlich, die von der ökologischen Thematik ausgeht: was immer gegen die politische Ontologie der Rechten sprechen mag, für Theoretiker wie Spaemann oder Jonas hat sich die Linke allemal dadurch diskreditiert, daß ihr Fortschritts- und Emanzipationsmodell anthropozentrisch und damit zuletzt naturzerstörerisch ist. »Das einseitig emanzipatorische Verständnis von Freiheit als »Befreiung« durch eine nicht teleologisch begrenzte Naturbeherrschung droht die ökologische Nische zu zerstören, in welcher menschliche Freiheit angesiedelt ist. Hinfällig ist zumindest die marxistische Variante der Moderne, der

88 Joachim Ritter, Metaphysik und Politik, Frankfurt/M. 1977, S. 183 ff.
89 Spaemann, Essays, S. 17
90 Ebd., S. 99

Gedanke, Gerechtigkeit überflüssig zu machen durch Beseitigung von Knappheit.«[91] Für Spaemann ist der Marxismus aufgrund seiner Utopie der Knappheits-Beseitigung auf die »undialektische« »Entfaltung der Produktivkräfte«[92], die »fortschreitende technologische Expansion«[93]festgelegt; und Jonas stößt geradezu auf einen »Kult der Technik«, sieht im »Marxismus eine Frucht des Baconismus«[94] und von daher einen »technologische(n) Impuls« in ihn »eingebaut«[95]. Eine unserer ökologischen Krisensituation angemessene Zukunftsvorstellung setzt demzufolge den Bruch mit marxistischen Emanzipationskonzepten voraus: es ist zuletzt »das unverbrüchliche Gesetz der Entropie«, das ein »Veto gegen die Utopie« einlegt[96]. Aber nicht nur wegen seiner angeblich ökologisch katastrophalen Folgen wenden sich Spaemann und Jonas gegen den Marxismus; unabhängig davon kommt hier ein anthropologisch-geschichtsphilosophischer Einwand zum Tragen, der mindestens genauso bedeutend ist. In Jonas' Auseinandersetzung mit Bloch nimmt er die Gestalt einer Kritik an der »Ontologie des Noch-Nicht-Seins«, der »Vorläufigkeit aller bisherigen Geschichte« an[97]; Spaemann, der dabei Marx, Adorno, Marcuse und Habermas treffen will, kritisiert den radikal-emanzipatorischen »Grundirrtum«, der Mensch und seine Geschichte seien technisch-poietisch machbar. Der 'eigentliche Mensch' war auch für Jonas »seit je da«[98] und kann kein Gegenstand geschichtlicher Herstellung sein; die bisherige Geschichte ist keine Vorgeschichte, sondern je und je als ihr eigener Zweck realisiert. Spaemann unterscheidet zwischen zwei Typen von Fortschritt: »A-Fortschritte« sind solche, bei denen Mittel zur Erreichung eines ihnen äußerlichen Zwecks verwandt werden (Modell; »Herstellung eines Gegenstandes«); »B-Fortschritte« sind solche, bei denen Zweck und Mittel zusammenfallen (Modell: »Wachstum« und »Reifung eines Lebewesens«)[99]. Im Bereich der Geschichte des Menschen muß (analog zu dem des Lebendigen) davon ausgegangen werden, daß ihr »wesentlicher Zweck, nämlich der Mensch, schon realisiert ist«[100], soll der Mensch sich nicht für (sozial)technisch perfektionierbar halten und damit entmenschlichen. Spaemann führt hierfür zentrale Theoreme Hegels gegen Marx ins Feld: die »Lehre von der Ver-

---

91 Ebd., S. 17
92 Ebd., S. 140
93 Ebd., S. 76
94 Jonas, Verantwortung, S. 275
95 Ebd., S. 277
96 Ebd.
97 Ebd., S. 376
98 Ebd., S. 382
99 Spaemann, Essays, S. 134
100 Ebd., S. 144

nunft in der Geschichte«, derzufolge »die jeweilige Gegenwart« - nicht die Zukunft - als 'Tag des Heiles' anzusehen ist[101] und die Annahme, Geschichte bestehe »nicht im Herstellen von Freiheit, sondern im Bewußtsein der Freiheit«[102].

Die teleologische Auffassung von Natur *und* Geschichte führt Spaemann und in ähnlicher Weise auch Jonas schließlich dazu, »Sein-Lassen« und nicht mehr »Tun« als »'fortschrittlich' im emphatischen Sinne«[103] zu begreifen. Die Forderung nach einer »neue(n) Beweislastverteilung«[104] kehrt sich daher *sowohl* gegen technische Eingriffe in die bestehende Natur *als auch* gegen unreflektiert als »sozialtechnisch« verteufelte Eingriffe in die bestehende Gesellschaft. Naturzerstörung und (revolutionäre) Gesellschaftsveränderung - sie sind für die substantiell-teleologische Öko-Ethik zuletzt zwei Seiten derselben falsch - nämlich »radikalemanzipatorisch (...)«[105] - verstandenen Moderne.

Gegen diese ökologisch-ethisch argumentierende Kritik an der Vorstellung des Fortschritts der gesellschaftlichen Naturbeziehung in Marxismus und Kritischer Theorie sind vor allem vier Einwände zu erheben:

Zweifellos gibt es bei Marx und in der marxistischen Tradition die Tendenz, den gesellschaftlichen mit dem technischen Fortschritt eng zu verbinden und ihren Zusammenhang relativ unproblematisch zu sehen. Die marxistische Rede von der *Dialektik* von Produktivkräften und Produktionsverhältnissen macht allerdings nur dann einen Sinn, wenn sie die gesellschaftlichen Dimensionen technischer Strukturen und Artefakte ebenso durchsichtig macht wie umgekehrt die technischen Implikate sozialer Verhältnisse: Technik ist ein »geschichtlich-gesellschaftliches Projekt«[106], Gesellschaft ein konstitutiv auf Natur bezogener Zusammenhang. Schon bei Marx findet sich daher die Kritik an der kapitalistischen Störung des »Stoffwechsel(s) zwischen Natur und Erde«: jeder kurzfristige »Fortschritt« der Bodenfruchtbarkeit ist hier »zugleich ein Fortschritt im Ruin der dauernden Quellen dieser Fruchtbarkeit«[107]. Auch die Einsicht, daß die Menschen »nicht Eigentümer der Erde« sind, sondern nur »ihre Besitzer, ihre Nutznießer«, die sie »als boni patres familias den nachfolgenden Generationen verbessert zu hinterlassen«[108] haben ist keine öko-ethische Novität. Auf die fortschrittskritischen Überlegungen der Frankfurter Schule wurde schon verwiesen. Gleich-

101 Ebd., S. 170
102 Spaemann/Löw, Frage, S. 175; vgl. Spaemann, Essays, S. 145
103 Spaemann, Essays, S. 149
104 Ders., Eingriffe, S. 204
105 Ders., Essays, S. 65
106 Herbert Marcuse, Kultur und Gesellschaft 2, Frankfurt/M. 1977, S. 127
107 Karl Marx, Das Kapital, Bd. 1, Frankfurt/M. 1972, S. 528 f.
108 Ders., Das Kapital, Bd. 3, Frankfurt/M. 1972, S. 784

wohl wird die Problematisierung des neuzeitlichen bzw. kapitalistischen Naturverhältnisses in der Tradition des Marxismus weder von Spaemann noch von Jonas zur Kenntnis genommen: stereotyp findet eine Reduktion von »Fortschritt« auf »Naturbeherrschung« statt. Aber weniger theoretische Ignoranz als vielmehr praktisches Interesse scheint dafür verantwortlich: indem beide Autoren so tun, als sei der Marxismus wenn nicht der Erfinder, so doch der konsequenteste Fortführer des Baconschen Programms, zielen sie auf dem Umweg über die Ökologieproblematik auf die implizite Gesellschaftlichkeit des Naturverhältnisses. Natur wird gegen eine Emanzipation ins Feld geführt, die scheinbar einzig deren Zerstörung zur Folge haben kann. Diese Ausblendung des Zusammenhangs zwischen gesellschaftlicher Emanzipation und Aufhebung des destruktiven Naturumgangs ist nur die Kehrseite der konservativen Vergesellschaftung: hier scheint kein struktureller, sondern lediglich ein akzidenteller Zusammenhang zu bestehen, der zudem durch den »pragmatischen« Konservativismus der Beweislastumkehr zugunsten des Bewahrens bestehender Strukturen zusätzlich neutralisiert wird.

Spaemann bezieht sich auf Hegel, wenn er die Geschichte als Fortschritt im Bewußtsein der Freiheit auslegt. Aber er läßt diesem Gedanken eine entdialektisierte, rechtshegelianische Deutung angedeihen: das Bewußtsein der Freiheit ist gegen ihre gesellschaftlichen Realisationsbedingungen indifferent. Gerade aber weil Freiheit »nicht ohne ihr Bewußtsein«[109] ist, läßt sich letzteres nicht gegen erstere ausspielen. Freiheit als Grund menschlicher Geschichte ist für Hegel zwar kein Gegenstand (sozial)technischer Optimierungsstrategien und wird in gewissem Sinn nicht von den Menschen »gehabt«, sondern macht ihr gesellschaftliches Sein selbst aus. Aber gerade deshalb macht es geschichtlich einen großen Unterschied, ob und wie dieses Bewußtsein vorhanden ist: die von Ritter hierfür herangezogene Französische Revolution kann als Beispiel für seine sozialstrukturellen Konsequenzen dienen. Zuletzt also kassiert Spaemann mit der Dialektik des Bewußtseins dessen geschichtliche Bedeutung und vereidigt es auch sozial auf einen entproblematisierten Normalitäts-Begriff. Der von der Ritter-Schule insgesamt so goutierten Hegelschen Kant-Kritik wird so ihr dialektisch-vernünftiger Sinn genommen: nur als aufgehobene, nicht aber als nur negierte Moralität darf Hegel zufolge Sittlichkeit - der Bereich von Familie, Gesellschaft und Staat - als das Höhere auftreten. Nur als historisch verwirklichte Freiheit machen gesellschaftliche Institutionen gegenüber individueller Moralität ein adäquateres Bewußtsein der Freiheit aus. Spaemanns Plädoyer für die »einfache (...) Sittlichkeit« abseits

109 Spaemann/Löw, Frage, S. 175

der Weltgeschichte«[110], sein Eifer gegen diejenigen, die nicht »an einem Sinn zu partizipieren (vermögen), der schon da ist«[111] - sie eliminieren den Sinn von »Aufbewahren« aus der dialektischen Aufhebung und leisten so nicht nur einem unmoralischen, sondern auch einem unsittlichen Gesellschafts- und Bewußtseinszustand Vorschub. Gerade Hegel hat in seiner Auseinandersetzung mit den Gesellschafts- und Politikmodellen von Platon und Aristoteles den »Mangel der Subjektivität« als den »Mangel der griechischen sittlichen Idee selbst« bestimmt und im »Prinzip des bewußten freien Willens der Einzelnen« die »große Erhebung der modernen Welt über die alte« gesehen[112] - eine Einschätzung, die provisorische Moral und reflexionsfreie einfache Sittlichkeit gerade ausschließt; »Eine unreflektierte Sittlichkeit kann nunmehr gegen das Prinzip der subjektiven Freiheit nicht stattfinden.«[113]

Die ökologisch-ethischen Gedankengänge von Spaemann und Jonas gravitieren mehr oder weniger explizit um Religion. Dem eher fundamentalontologischen Grundzug seines Denkens entsprechend kleidet sich dieses Gravitationszentrum bei Jonas eher apersonalistisch in die »Kategorie des Heiligen«[114]. Selbst wo er davon spricht, der Mensch habe heute die Rolle »eines Verwalters oder Wächters der Schöpfung«[115] zu spielen verdankt sich dies eher der verkleideten Theologie Heideggers als der offenen des christlichen Glaubens: der Mensch ist »der Hirt des Seins«[116]. Spaemann macht aus seiner thomistisch geprägten Religiosität kein Hehl: Anthropozentrismus-Kritik heißt bei ihm stets Theozentrismus. Insofern trifft es nicht zu, wenn er von einer »Pflicht gegenüber der Natur um der Natur willen«[117] spricht. Denn einzig Gott, nicht Natur als Natur ist das uns Verpflichtende. Das »religiöse (...) Verhältnis zur Natur«[118] ist daher eigentlich ein Verhältnis zu ihr als Schöpfung, und nur aufgrund der Pflichten gegenüber seinem Schöpfer hat der Mensch auch Pflichten in Ansehung der Natur. Diese Re-Sakralisierung bzw. Re-Theologisierung der Natur wird jedoch den sozial-ökologischen Krisen- und Problemlagen moderner Gesellschaften kaum gerecht und führt zu eigentümlichen Ambivalenzen. Einerseits reduziert sich die ökologische Krise auf eine bloße Erscheinungsform antiteleologischen Denkens, andererseits avancieren die Aussagen der - von Jonas einigermaßen blau-

110 Ebd.
111 Spaemann, Essays, S. 102
112 Hegel, Werke, Bd. 19, S. 128 f.
113 Ders., Werke, Bd. 12, S. 404
114 Jonas, Verantwortung, S. 57, 393
115 Ders., Technik, S. 86
116 Martin Heidegger, Die Technik und die Kehre, Pfullingen 1978, S. 41
117 Spaemann, Eingriffe, S. 198
118 Ebd.

äugig akzeptierten[119] - wissenschaftlichen Ökologie zu Grundgesetzen des Seins. Allem antinaturwissenschaftlichen Gestus zum Trotz verhalten sich Spaemann und Jonas im Kern unkritisch zur naturwissenschaftlichen Ökologie. Auf der einen Seite wird besonders in neuerer Zeit die Endlichkeit und Bedürftigkeit des Menschen hervorgehoben und damit der Abstand zwischen Schöpfer und Geschöpf betont[120], auf der anderen gerade seine durch moderne Technik grenzenlos erweiterte »*Macht*«[121] kritisch beleuchtet. Die Heiligkeit der Natur wird einerseits angemahnt, um ihrer Zerstörung durch menschliches Handeln Einhalt zu gebieten, würde aber auf der anderen Seite gerade auch ihre prinzipielle Unverletzbarkeit und Fähigkeit zur Selbstheilung begründen. Wenn es daher heißt: »Eine nichtteleologische Natur kann ja gar nicht verletzt werden«[122], dann muß man dem entgegenhalten: »Eine Natur, die Menschen heilen kann, kann sicherlich auch sich selbst heilen; eine göttliche Natur kann der Mensch nicht zerstören«[123]. Als äußerst problematisch dürfte sich schließlich eine Fundierung des ökologischen Bewußtseins in Religion erweisen: daß man an Gott und seine Schöpfung nur glauben kann impliziert Verallgemeinerungsunfähigkeit und ethischen Partikularismus bzw. einen funktionalistischen Rückfall: »es wäre ökologisch nützlich, Religion zu haben«.

Theologie ist aber nicht nur bei der Natur im Spiel, sie stiftet auch den Hintergrund für die öko-ethische Emanzipationskritik. Nicht zufällig spricht Spaemann von der Gegenwart als dem »Tag des Heiles«[124]: Geschichte ist ihm wesentlich Heilsgeschehen. Eben deshalb muß *»der substantielle Fortschritt (...) als abgeschlossen betrachtet werden* entgegen Nietzsche und Marx«[125]. Spätestens »seit der Erscheinung des Gottmenschen Jesus Christus«[126] ist Fortschritt nur noch als akzidenteller (im *Bewußtsein* der Freiheit) denkbar, weil seit ihm »der wesentliche Zweck schon als erreicht gedacht werden muß«[127]. Auch hierfür bezieht sich Spaemann auf Hegel - aber auch hier erfährt dieser eine rechtshegelianische Entdialektisierung. Der Gedanke eines Endes der Geschichte gehört spätestens seit Augustinus zur christlichen Geschichtsauffas-

119 Jonas, Verantwortung, S. 330

120 Günter Altner, An der Grenze, in: Die Zeit, Nr. 18, 29.4.1988; Wolfgang Huber, Zwischen Fortschrittsglauben und Schöpfungsgedanken - die Ethik, in: Frankfurter Rundschau, 5.4.1988; Martin Rock, Theologie der Natur und ihre anthropologisch-ethischen Konsequenzen, in: Birnbacher, Ökologie, S. 72 ff.

121 Jonas, Technik, S. 81

122 Spaemann, Essays, S. 12

123 John Passmore, Den Unrat beseitigen, in: Birnbacher Ökologie, S. 212

124 Spaemann, Essays, S. 170

125 Ebd., S. 145

126 Ebd.

127 Spaemann/Löw, Frage, S. 175

sung[128] und prägt insofern auch Hegels Denken. Gleichwohl darf nicht übersehen werden, daß dieses »Ende« - ähnlich dem meist mißverstandenen »Ende der Kunst« - für Hegel selbst einen geschichtlichen Prozeß darstellt, der auch in seiner eigenen historischen Gegenwart noch nicht abgeschlossen ist. Die Weltgeschichte *nach* Christi Leben, Tod und Auferstehung ist - ungeachtet ihrer absoluten Bedeutung - »erst die Realisation dieser konkreten Freiheit«, und ihre »Aufgabe« ist, »daß die Religion als menschliche Vernunft erscheine, daß das religiöse Prinzip, das dem Herzen der Menschen inwohnt, auch als weltliche Freiheit hervorgebracht werde«[129]. Anders gesagt: daß das Wirkliche seit Christus vernünftig ist heißt geschichtlich: die gesellschaftliche »Wirklichkeit« »soll vernünftig werden«[130]. Theunissen hat in einer aufschlußreichen Interpretation der Hegelschen Philosophie des Geistes[131] den spezifisch christlichen Zug im geschichtlichen Denken Hegels als »Archäologie« bezeichnet: in der Gegenwart ist die geschehene Versöhnung im erinnernden Rückblick vorhanden; so gesehen kann Geschichte nicht im Sinne der »radikalen Eschatologie« des Judentums, als vollkommener Ausstand des Heils, begriffen werden. Gleichzeitig aber, und dies erst macht auch die Rede von der Vernünftigkeit des Wirklichen zu einer dialektischen, ist die Hegelsche Geschichtsphilosophie der christlichen Eschatologie verpflichtet: Das historische Geschehen ist mit Christus nicht abgeschlossen, vielmehr auf gesellschaftliche Verwirklichung der menschlichen Freiheit ausgerichtet. In Staat und Geschichte als Momenten des endlichen Geistes erfüllt sich zwar das Bewußtsein der Freiheit nicht - sie bleiben auch für Hegel ein »Reich der Notwendigkeit« (Marx) -, aber nur sofern sie dieses absolute Bewußtsein durch gesellschaftliche Verhältnisse allen ermöglicht, darf die Wirklichkeit vernünftig heißen. Spaemanns Ausspielen von Hegel gegen Marx reduziert die geschichtliche Dialektik auf »Archäologie« und eliminiert deren eschatologische Dimension. Sein Hegel ist daher ein historistischer Hegel, und Jonas hat ganz recht, wenn er seine eigene Position mit »Ranke gegen Hegel« begründet: »jede Geschichtsepoche ist 'unmittelbar zu Gott'«[132]. Die von den Ritter-Schülern affirmierte »Tradition«, die »Herkunft«, durch deren Erinnerung die Moderne zu retten sei - sie erweist sich zuletzt als die Tradition des Historismus der Herrschaft; seine Vergegenwärtigung

128 Karl Löwith, Weltgeschichte und Heilsgeschehen, Stuttgart 1979
129 Hegel, Werke, Bd. 12, S. 402 und 405
130 Ders., Werke, Bd. 19, S. 501
131 Michael Theunissen, Hegels Lehre vom absoluten Geist als theologisch-politischer Traktat, Berlin 1970
132 Jonas, Verantwortung, S. 387; vgl. dazu Spaemann, Das Natürliche, S. 36

läuft auf die »Einfühlung in den Sieger« hinaus, die Benjamin angriff[133]. In Anlehnung an dessen Kritik am historischen Optimismus der Sozialdemokratie kann man sagen, Spaemann wolle nur »die Fortschritte der Naturbeherrschung, nicht die Rückschritte der Gesellschaft wahrhaben«[134] - freilich mit umgekehrtem Vorzeichen vor ersterem.

133 Walter Benjamin, Geschichtsphilosophische Thesen, in: Zur Kritik der Gewalt, Frankfurt/M. 1971, S. 83
134 Ebd., S. 87

Ulrich Mückenberger

Zwang zur Freiheit

Ruhe, Ordnung, Deregulierung

Wenn wir über neokonservative Hegemonie, überhaupt über Neokonservatismus sprechen, dann sprechen wir nicht in erster Linie über die ökonomischen Veränderungsprozesse in der Gesellschaft, sondern über Köpfe, über Bereitschaften, Haltungen und in diesem Kontext auch über Normen. Beim Nachdenken über die normativen Bezüge des Neokonservatismus stößt man auf das Begriffspaar »Freiheit und Gleichheit« - ein alter Hut erst einmal, eine Formel der bürgerlichen Revolution. Wenn wir die Begriffe Freiheit und Gleichheit nehmen und auf die heute geführten Diskussionen übertragen, dann stellen wir fest, daß gerade die Gewerkschaften völlig einäugig dastehen. Die Gewerkschaften stehen ausschließlich auf dem Projekt Gleichheit, beruhen historisch gesehen auch auf dem Projekt Gleichheit. Man kann eine Begriffslinie bilden, die lautet: Gleichheit, ökonomische Sicherheit, Sozialstaat und überhaupt Staat. Das Gleichheitsprojekt ist tendenziell ein Staatsprojekt.

Wenn wir demgegenüber das neokonservative Projekt anschauen, dann finden wir, daß es ein Freiheitsprojekt ist, in einer sehr ambivalenten Weise, wie ich noch schildern möchte. Der Inbegriff des Projekts, das die Neokonservativen heute verfolgen, ist, ökonomische Freiheit herzustellen, also Gängelei abbauen, Bürokratisierung abbauen, Initiative freisetzen, Selbstbestimmung ermöglichen usw. Dies sind alles Begrifflichkeiten, die im Freiheitstopos wurzeln, in dem Freiheitsprojekt, wie ich es einmal nennen möchte. Beide Positionen, die sich da so unversöhnlich gegenüberstehen, basieren letztlich auf der gemeinsamen Grundlage, daß Freiheit und Gleichheit in prinzipiellem Widerspruch zueinander stehen, nämlich je mehr Freiheit, um so mehr Unsicherheit bzw. Instabilität, ist damit verbunden; je mehr Gleichheit, um so mehr geht sie auf Kosten der Freiheit. Das ist ein Denkgefüge, das offensichtlich fest verankert ist. Hier gewinnt eine Frage große Brisanz: Sind eigentlich Freiheit und Sicherheit miteinander vereinbar?

Der zweite Block, den es zu konkretisieren gilt, ist das neokonservative Freiheitsprojekt. Ich knüpfe an das an, was ich auf dem DGB-Kongreß zum Arbeitskampfrecht vorgetragen habe, und zwar stelle ich das unter die Überschrift: Das neokonservative Freiheitsprojekt tendiert zu dem, was Norbert Elias als »Zwang zum Selbstzwang« betitelt. Das konservative Projekt nach der Wende läßt sich nicht in die alten Repressionsformen packen, die wir noch im Kopf haben und die auch immer wieder lanciert werden in Gestalt des Verbändegesetzes. Ich meine beweisen zu können, daß wir das Verbändegesetz schon haben, es ist nur nicht als förmliches Gesetz gefaßt, es ist als Mechanismus teils in der Kultur, teils in den Rechtsnormen verankert.

Der neue arbeitsrechtliche Konservatismus

Wir haben uns - gerade Außenstehende, die nicht so im Juristischen zuhause sind - an einen Konservatismus autoritärer Prägung gewöhnt, noch stark naziinfiziert, noch stark patriarchalisch, obrigkeitlich orientiert. Auf diesen Typ sind im Grunde auch Abwehrmittel, die in Gewerkschaften diskutiert werden, zugeschnitten. Also etwa die drohende Außerkraftsetzung des gewerkschaftlichen Handlungsspielraums und möglicher Widerstand dagegen usw. Der neue arbeitsrechtliche Konservatismus ist aber völlig anderer Art. Hier ist vor allem an Hanau, Löwisch, Adomeit - die ganzen Leute, die heute arbeitsrechtlich dominieren, die neue Generation, zu denken. Sie sind durch die Schule der Kieler gegangen, sie verstehen die Ökonomie, jedenfalls soweit die Kieler das tun. Das ist ja eine reine Marktökonomie, die die Humankapital-, Effizienzlohntheorie außer acht läßt. Diese rein marktfixierte Ökonomie ist innerhalb der Juristerei zunehmend rezipiert worden. Die neokonservativen Arbeitsrechtler liebäugeln mittlerweile mit der Alternativökonomie. Interesse verdienen z.B. die Aktivitäten von Klaus Adomeit, einem führenden Arbeitsrechtler der jüngeren Generation. Adomeit ist in Berlin wirklich sehr anerkannt, sowohl in Alternativ-Kreisen als auch bei Senator Fink. Er schreibt Aufsätze und Bücher, einerseits mit dem Titel »Es ist Zeit zum Abschied von der Tarifautonomie«; es gebe ein buntes Geflecht von Arbeitsverhältnissen nach freien Optionen usw., und es gelte, den Einheitlichkeitszwang der Tarifverträge aufzuheben. Auf der anderen Seite stellt er direkt Fragen der Alternativ-Ökonomie, wie man diese begünstigen könnte usw. Die neokonservativen Arbeitsrechtler sympathisieren teilweise auch mit der Frauenbewegung, der Zunahme von Frauenerwerbstätigkeit. Sie liebäugeln mit der Teilzeitarbeit, die dann natürlich sofort den Frauen zugeordnet wird - Emanzipationsgedanke hin, Emanzipationsgedanke her. Dies entspricht zwar dem statistischen Durchschnitt, müßte aber nicht zwangsläufig so sein!

Wir haben also heute einen Konservatismus vor uns, der mit dem groben »Lager«-Raster jedenfalls nicht zu packen ist und der sich zum Teil entweder - bis zur Unkenntlichkeit verstellt - in die Alternativ-Bewegung hinein fortsetzt, oder der umgekehrt die Konzepte, die von dort kommen, aufnimmt und instrumentalisiert. Das muß zu denken geben.

Deregulierung

Zur Deregulierung ist auch von mir viel geschrieben worden. Hier soll nur ein Punkt angesprochen werden. Ich habe das genannt »Deregulierung als Rekontraktualisierung« oder als Wiederverstärkung des Kontrakt- und Vertragselementes. Wenn wir die ganze Deregulierungsgesetzgebung der vergangenen vier Jahre und die Vorhaben, die noch in den Schubladen liegen, mustern - angefangen vom Jugendarbeitsschutzgesetz, Schwerbehindertengesetz, Arbeitszeitgesetzentwurf und natürlich Beschäftigungsförderungsgesetz usw. -, dann können wir daran ein Element (und dieses wird vorrangig von Fortschrittlichen herausgearbeitet) beobachten: Das ist der Versuch, die Sicherungen der Arbeits- und Sozialverfassung zurückzuschrauben durch Flexibilisierung. Flexibilisierung und Ökonomisierung sind die gängigen Standards, unter die diese neue Gesetzgebung gepackt wird.

Man kann aber, wenn man die Rekontraktualisierung, also die Wiederverstärkung des Vertrages, betont, auch finden, daß das Element der Freiheitlichkeit hervorgehoben und in den Vordergrund gerückt wird. Der Kontrakt ist sozusagen die Grundform der Ausübung von Freiheit in der bürgerlichen Gesellschaft. Rekontraktualisierung bedeutet dann eben, daß gesellschaftliche Vorgänge wie die Begründung eines Arbeitsverhältnisses wieder stärker diesem Typus von Freiheitlichkeit unterliegen. So lautet die Argumentation der Neukonservativen. Hier liegt genau die Abwehrschwäche der Gewerkschaften. Die Gewerkschaften sind sozusagen auf ein Sicherheitsmodell programmiert, das auf Kosten von Freiheit geht. Das kann man sich am einfachsten klarmachen, wenn man die Definition des Arbeitnehmers oder des Arbeitsverhältnisses nimmt. Entscheidend dafür ist in der Bundesrepublik das Kriterium der persönlichen Abhängigkeit. Wer persönlich abhängig seine Arbeit verrichtet, ist Arbeitnehmer. Von dieser persönlichen Abhängigkeit ist das Grundmodell arbeitsverhältnisabhängig, von dessen Vorliegen wiederum die Anwendbarkeit des ganzen Sicherungssystems abhängig ist. Wenn das Kernkriterium »Abhängigkeit« ist, dann ist auch klar, daß das ganze Sicherheitsmodell der bürgerlichen Gesellschaft durch Abhängigkeit erkauft wird. Je mehr sich ein Arbeitsverhältnis aus diesen Grundkategorien befreit - das wird bei der Telearbeit, bei freier Mitarbeit oder Formen von Heimarbeit immer fragwürdig -, um so prekärer, unsicherer wird es im juristischen Sinne. Immer wird der Schutz durch Abhängigkeit und durch Unfreiheit erkauft.

Das trägt unter anderem dazu bei, daß die Gewerkschaften in allen Fragen freiheitlicher Organisation von Arbeiten, die sich heute stellen, konzeptlos dastehen. Das zeigt sich deutlich bei der Teilzeitarbeit. Diese vollzieht sich weniger geschützt als Vollzeitarbeit oder gar ganz ungeschützt; sie ist von Gewerkschaften noch fast überhaupt nicht, allenfalls von der DAG im Rahmen von Zeitarbeitsunternehmen aufgegriffen worden. Sie ist jetzt praktisch die Domäne des konservativen Gesetzgebers geworden im Beschäftigungsförderungsgesetz, Paragraphen 2-6. Da wird Teilzeitarbeit legitimiert und es werden äußerst fragwürdige Standards gesetzt.

Optionalität ist für unsere Überlegungen ein wichtiger Begriff. Wie kann man Konstellationen schaffen, in denen die Wahlfreiheit besteht zwischen Erwerbsbeteiligung und anderer gesellschaftlicher Tätigkeit? Wie kann man diese Optionalität gesellschaftlich so organisieren, daß sie nicht gleichbedeutend ist mit gesellschaftlichem Abstieg - was heute vielfach der Fall ist - oder Nichteinstieg in gesellschaftliche Erwerbsbereiche? Wie kann man verhindern, daß durch Einräumung von Optionalität die Schnittlinien des Arbeitsmarktes, die Segmentierung des Arbeitsmarktes, bruchlos fortgesetzt werden, indem etwa Frauen aus dem Arbeitsmarkt verdrängt werden, Jugendliche überhaupt nicht in den Arbeitsmarkt hineinkommen usw.? Wie kann man verhindern, daß Optionalität einfach Fortsetzung der Diskriminierungslinien des Arbeitsmarktes mit anderen Mitteln wird?

Ich stelle diese Frage aus folgendem Grund in den Vordergrund: Die Konservativen haben es heute relativ leicht, sich das Freiheitsprojekt unter den Nagel zu reißen und dann natürlich Freiheit gegen Sicherheit auszuspielen. Das heißt, wenn sie Teilzeitarbeit fördern, dann geht das zu Lasten der Sicherheit, auch der juristischen Sicherheit, der Inhaber/innen dieser Arbeitsverhältnisse. Die Befristungserleichterung im Beschäftigungsförderungsgesetz bedeutet auch, daß Vertragsfreiheit wieder Boden gewinnt. Es muß ja nicht befristet werden, sondern es darf eine Befristung bis zu 18 Monaten vereinbart werden. Da wird wiederum Vertragsfreiheit zu Lasten eines bestimmten rechtsprechungsmäßigen Sicherheitsstandards erleichtert. Die Konservativen kriegen es hin, erst einmal die Antinomie zwischen Freiheit und Sicherheit zu bekräftigen und innerhalb dieser Antinomie der Freiheit den Vorzug zu geben, mit all den Verheißungen, die Freiheit hat.

Deregulierung als Reprivatisierung liegt auf einer ähnlichen Linie. Man kann sie leicht an Paragraph 116 Arbeitsförderungsgesetz (AFG) und der Debatte dazu verfolgen. Mit der Sozialversicherung werden bestimmte Risiken vergesellschaftet, wird die Bewältigung bestimmter Risiken, typischer Lohnarbeitsrisiken, vergesellschaftet; in diesem Sinne stellt die Arbeitslosenversicherung die späteste Form dieser Vergesellschaftung in Deutschland dar. In diesem Kontext ist auch das arbeitskampfbedingte Risiko versicherungsfähig geworden. Dies ist noch umstritten, aber jedenfalls nach 1969 kann man wohl kaum ernsthaft anders argumentieren. Paragraph 116 AFG zurückzuschrauben bedeutet insofern eine Reprivatisierung. Auch hier wird wieder das Freiheitsprojekt dem Sicherheitsprojekt entgegengesetzt und diesem vorgezogen. Es wird ein Mechanismus in Gang gesetzt, der im Grunde wieder auf individuelle persönliche Entscheidungen setzt. Wenn Paragraph 116 AFG angewandt wird, dann wird der Arbeitskampf nicht mehr als ein rechnerisch-bürokratisch-justitiares Geschehen zu konzipieren sein, wo die Leute aus einer anderen Kasse ihr Geld kriegen. Ein Arbeitskampf mit Anwendung des Paragraphen 116 würde die Individuen, die vom Entzug der Lohnersatzleistungen betroffen sind, in eine massivere Entscheidungssituation als derer setzen, ob sie mittragen oder nicht, was da geschieht. Das kann man unter sehr negativen Vorzeichen betrachten, nämlich als Ausplünderung von Menschen oder Streikkassen der Gewerkschaften. Man kann aber auch sagen, daß hier wiederum das Freiheitsprojekt, bezogen auf Entscheidungshandeln, angesprochen ist, nämlich: bin ich eigentlich von einem Geschehen, das in der Gesellschaft läuft, so gepackt, daß ich bereit bin, kollektive Gegenmacht dafür aufzubringen und es nicht als bürokratischen Akt zu verstehen? Das ist auch ansatzweise in den Gewerkschaften so begriffen worden, indem Solidaritätskomitees aufgezogen oder zumindest geplant wurden, oder indem branchen- und gewerkschaftsübergreifende Formen politischer Gegenwehr in die Wege geleitet worden sind.

Zwang zum Selbstzwang

Was wir heute als Konservatismus konkret vor uns haben, besteht darin, interne Kontrollmechanismen zu errichten, interne Kontrollfunktionen innerhalb der abhängig Beschäftigten und/oder innerhalb des Verhältnisses zwischen abhängig Beschäftigten und ihren Organisationen. An den zwei Beispielen, die ich gewählt habe, kann man das gut verdeutlichen. Die Deregulierungsgesetzgebung, die auf Flexibilisierung zielt und die technisch-ökonomischen Entwicklungen, die diese Flexibilisierung längst schon ohne großes Aufsehen betrieben haben, werden zunehmend - und da können Gewerkschaften sagen, was sie wollen - den Typus von Arbeitsverhältnis, den wir gewohnheitsmäßig im Kopf haben, verändern und in der Tat die Adomeitsche Vielfalt bunter Beschäftigungsverhältnisse bis hin zu Eigenarbeit produzieren. In diesem Falle ist aber eben nicht eine äußere Repression Ausgangspunkt interner Umorientierungsnotwendigkeiten bei Gewerkschaften, sondern die Zahl der abhängig Beschäftigten wird - juristisch legitimiert - neu zusammengesetzt und es ist die Frage, ob Gewerkschaften das aufnehmen können oder nicht.

Nach meinem Dafürhalten gibt es im Moment fünf wesentliche Gruppierungen, von denen wir sprechen und die wir unterscheiden müssen:

- einmal die Kernarbeiterschaften oder Stammbelegschaften;
- dann die Randbelegschaften auf betrieblicher Basis, die in Arbeitsverhältnissen stehen, aber nicht mehr dem normalen Arbeitstypus entsprechen;
- dann gibt es als drittes die außerhalb des Arbeitsverhältnisses Stehenden, Typus freie Mitarbeit, Heimarbeit, selbständige Kontraktoren, neue Selbständige usw.;
- dann gibt es als vierten Ring die registrierten Arbeitslosen;
- und als fünften Ring die nicht-registrierten Arbeitslosen oder die stille Reserve.

Diese Uneinheitlichkeit setzt sozusagen von außen her einen Zwang zur Programmkorrektur bei Gewerkschaften in Gang. Das ist kein äußerer Repressionsmechanismus, sondern es ist ein Mechanismus, der auf die Rekrutierungsbasis von Gewerkschaften Einfluß nimmt und damit »von innen« her die gewerkschaftliche Stärke und Programmatik beeinflußt.

In dem zweiten Fall kann man sagen, daß der neue Paragraph 116 AFG mit seiner Reprivatisierungstendenz sozusagen auf das Plebiszit setzt, dem die Gewerkschaften im Falle eines langen Arbeitskampfes unterliegen; indem sie nämlich auf andere Unterstützungsformen angewiesen sind, als sie durch den bürokratischen Mechanismus »Lohnersatzleistungen werden gezahlt« einkaufen können. Das nenne ich das Verbändegesetz, das wir haben: die Aussperrungs- und die Arbeitskampfrisikolehre des Bundesarbeitsgerichts, und der veränderte Paragraph 116 AFG sowie Paragraph 15b Bundessozialhilfegesetz, der für kurzzeitige Notlagen den Regeltyp des Darlehens zuläßt, also Rückzahlungspflicht beinhaltet, das nenne ich unser Verbändegesetz, nämlich die mittelbare, sich organisationsinterner Hebel bedienende Beeinflussung der Kraft und damit auch der Programmatik und Zielsetzung von Gewerkschaften.

Notwendige Antworten

1. Diagnose: Wir müßten uns dafür einsetzen, daß eine angemessene Wahrnehmung der spezifischen Herrschaftstechnik des neuen Konservatismus erfolgt. Wir müssen begreifen und aufgreifen, daß nicht mehr mit der harten und groben Herrschaftsapparatur des Unterdrückens und Niederschlagens gearbeitet wird, sondern mit der ungleich feineren Apparatur der indirekten Beeinflussung. Über diesen Mechanismus müssen wir erst einmal volle Klarheit bekommen - z.B. auf steuerrechtlichem Gebiet, auf dem Gebiet der Subventionen, der Wirtschaftsförderung, der Infrastruktur -, er zieht sich durch all diese Ebenen und muß in dieser Form erst einmal identifiziert werden.

Das wäre aufzugreifen, aber auch die Achillesferse der neokonservativen Muster. Achillesferse meint, daß Beeinflussungsversuche, die indirekt und nicht über direkte Steuerung oder direkte Repression laufen, in gewisser Weise immer auf das Plebiszit der Leute angewiesen sind. Wer indirekte Anreize gibt, nicht zu streiken, indem er z. B. die Lohnersatzleistungen, also das Kurzarbeitergeld, vorenthält, beläßt die Entscheidung über den Streik ja noch bei den potentiell Streikenden. Er gibt nur einen Anreiz, nicht zu streiken. Es kann also Bewegungen geben, die diesen indirekten Steuerungsmechanismus außer Kraft setzen: »Das ist uns so wichtig, daß wir uns durch diesen indirekten Steuerungsmechanismus nicht beeinflussen lassen.«.

2. Politisierung: Wenn man akzeptiert, was ich gesagt habe, daß hier ein Systemzwang zum Selbstzwang und zur Selbstkorrektur errichtet wird, dann ergibt sich eine zweite Konsequenz. Wer Interessenpolitik betreibt, muß die Kontrolle der politischen Rahmenbedingungen, die nämlich der Zwang zum Selbstzwang wären, zu beeinflussen versuchen. Mit dieser Steuerungsmethode, die ich beschrieben habe, ist unmittelbar verbunden, daß eine Interessenpolitik auch auf politischer Ebene artikuliert werden muß bis hin zu politischen Kampfmitteln. Für mich ist die konkreteste Politisierung dieser Art, die ich so nicht erwartet hatte, die relativ starke Widerstandsbereitschaft in Sachen Paragraph116 AFG gewesen. Da gab es ja eine Fülle von politischem Demonstrationsstreik. Eine klare Streikform nötigt sich mit dem konservativen Herrschaftsmodell auch auf.

3. Ein sozialistisch-ökologisches Freiheitsprojekt: Das dritte, was mir am wichtigsten ist an praktischer Konsequenz: Ich würde einmal gerne genauer über ein sozialistisch-ökologisches Freiheitsprojekt diskutieren. Nach wie vor wird die gewerkschaftliche Haltung in der Abwehr gegenüber der Wende und gegenüber Flexibilisierung beherrscht vom Projekt Sicherheit und vom Projekt Sozialstaat. Die Schwäche ist, daß sich darum die Rechten die Verheißungen von Freiheit unter den Nagel reißen können. Wir müßten in Projekten denken, aufnehmen, was heute an Freiheitsbedürfnissen existiert. Ich glaube, daß bei den Erwerbstätigen en masse Flexibilisierungsbedürfnisse existieren, Bedürfnisse besonders nach Arbeitszeitflexibilisierung. Aber auch eben das Bedürfnis, außererwerbliche Rollen mit erwerblichen Rollen zu verbinden usw. Wir müßten eigentlich an diesem Projekt der Verwirklichung höherer Freiheitsgrade, die heute möglich sind, ohne daß damit Unsicherheit oder Degradierung verbunden sind, in erster Linie arbeiten. Da bietet sich meiner Ansicht nach - das ist im gewerkschaftlichen Bereich auch am weitesten entwikkelt - natürlich das Arbeitszeitproblem an, aber meiner Ansicht nach hat das Freiheitsprojekt viel weiter reichende Dimensionen, weil es auch Freiheit von abhängiger Beschäftigung einschließt. Wie kann man Freiheit von abhängiger Beschäftigung organisieren, ohne daß damit die Mängel der Alternativwirtschaft, wie sie heute zu verzeichnen sind, notgedrungen verbunden wären?

Oskar Negt

Wissenschaft in der Kulturkrise und das Problem der Heimat

Auch dem gutwilligen und unbefangenen Zeitgenossen wird es zunächst fremdartig erscheinen, wenn man Wissenschaft und Heimat in einem Atemzug nennt. Bei näherem Hinsehen zeigt sich jedoch, daß in den geschichtlichen Gehalten dieser beiden Begriffe ein Spannungsverhältnis zum Ausdruck kommt, das durchaus charakteristische Züge der hochentwickelten industriellen Zivilisation enthält. Schlüsselworte, die Wissenschaft und Heimat in eine widersprüchliche Beziehung zueinander setzen, sind *Enteignung* und *Vertreibung*. Man könnte, um den gegenwärtigen Krisenzustand der Kultur auf einige bestimmende Merkmale zu bringen, mit dem gleichen Recht von einem *Zeitalter der Wissenschaft* und ihrer technischen Verwertung sprechen wie von einem *Zeitalter der Vertreibungen*. Niemals zuvor in der Geschichte hat es, sieht man von den politischen Emigrationsbewegungen in die Freiheit und Wohlstand versprechende Neue Welt und den Massenbewegungen der Völkerwanderung ab, in einem solchen Umfang und in einer derartigen Intensität gewaltsame Vertreibungen der Menschen aus ihren gewohnheitsmäßigen Lebenszusammenhängen gegeben. Heimat wird in dem Augenblick ein ideologisch angereicherter und emotional überbesetzter Begriff, wenn solche Verlusterfahrungen nicht nur einzelne betreffen, sondern ganze Völker, Regionen, Rassen und Klassen.

Entwurzelung ist der Gegenbegriff zu Heimat. Wenn die Menschen in ihren Alltagserfahrungen keine Ruhe des Wiedererkennens mehr finden, wenn ihnen vielmehr die gegenständliche Umwelt, mit der sie es zu tun haben, gleichgültig und austauschbar geworden ist, dann entwickeln sie abstrakte Arbeitseigenschaften, die von jeder beliebigen Macht einsetzbar sind und auf Gegenstände gerichtet werden können, die ihre qualitativen Merkmale verloren haben. Die Gewalt, die ihnen durch Vertreibung angetan wurde, reproduziert sich in ihrem Verhalten zur gegenständlichen Welt, der auch die fremden Menschen zugerechnet werden. Wo Heimat bedroht wird oder bereits zerstört ist, entsteht daher ein fruchtbarer Boden für den Fremdenhaß, nicht wo sie gesicherter Bestandteil der Lebenszusammenhänge ist.

Werden Tausende oder gar Millionen von Menschen herumgestoßen, aus Dörfern, Regionen oder Städten vertrieben, in Flüchtlingslagern zusammengepfercht oder auch in neuen Gebieten integriert, so lassen sich solche Umgliederungen im allgemeinen nicht ohne öffentliches Aufsehen bewerkstelligen. Diese Art der Entwurzelung ist sinnlich faßbar, und in vielen Fällen führte das erfahrene Unrecht der Vertreibung sogar zu Widerstand und Protest. Eine viel subtilere, d.h. von sinnlicher Erfahrbarkeit der Betroffenen abgezogene *Enteignung* der in konkreten Lebensverhältnissen integrierten Arbeitsvermögen und ihrer gegenständlichen Anwendungsmöglichkeiten vollzieht sich dagegen dort, wo durch den wissenschaftlichen Fortschritt, gegen den zu protestieren sich kaum einer getraut, die Lebenswelt der Menschen mit Maschinensystemen und Apparaten zugedeckt wird, denen gegenüber sich die sinnlichen, gesellschaftlich gebildeten Arbeitseigenschaften der Menschen vorkommen wie herrenlose und heimatlose Herumtreiber. Das normale Bedürfnis der gesellschaftlich gebildeten Sinne, nicht nur an fremden Gegenständen und für fremde Zwecke zu produzieren, sondern sich lustvoll im eigenen Alltagszusammenhang zu betätigen, findet meist innerhalb der eigenen vier Wände nicht einmal mehr für Reparaturarbeiten zugängliche Objekte. Waschmaschinen, Fernsehapparat, ganz zu schweigen von den hochentwickelten elektronischen Geräten, sind im allgemeinen so konstruiert, daß der Umgang mit ihnen auf die geringstmögliche sinnliche Berührung des Bedienens reduziert ist und Eingriffe sich als Störung auswirken. Solange sie funktionieren, erwecken sie den Anschein von Vertrautheit und Nähe; daß sie fremde Klötze geblieben sind, zeigt sich spätestens dann, wenn Störungen auftreten. Fremde, spezialisierte Kompetenz muß herbeigeholt werden, um sie wieder in Gang zu bringen, oder sie verfallen der Verschrottung. Da sie nichts von dem verkörpern, was ihnen das Subjekt des Gebrauchs hinzugefügt hat, werden sie auch kein Bestandteil der eigenen Lebensgeschichte, mit Erinnerungsspuren der Kindheit und des Alterns, mit Erfahrungen der eigenen Alltäglichkeit. Sinne, die alltäglich von erinnerungslosen Gegenständen umgeben sind, werden am Ende selber erinnerungslos, abstrakt. *Die Austauschbarkeit der Objekte leistet der Austauschbarkeit der Individuen, die es mit ihnen zu tun haben, Vorschub.* Wird der gegenständliche Reichtum, mit dem sich die Menschen alltäglich umgeben, von ihnen subjektiv durch Tätigkeit und Eingriffe nicht angeeignet, so ist eine zusätzliche Entleerung der Subjekte die unvermeidliche Folge.

Das ist kein Plädoyer für Gemütlichkeit, d.h. für Heimatgefühle im Haus und in der Wohnung und für häusliche Handwerkelei. Es ist vielmehr der Versuch, Zusammenhänge zwischen Prozessen aufzuzeigen, die grundlegend sind für das Problem der Entwurzelung der Menschen, die sich in seiner Alltagsumwelt vollzieht und die von den spektakulären geschichtlichen Vertreibungsschicksalen der Gegenwart gar nicht so strikt zu trennen sind. Das gemeinsame Merkmal dieser Prozesse besteht im *Gegenstandsverlust*. Dinge, Verhältnisse, Personen, die mir vertraut sind, die ich überschaue, die ich beeinflussen und verändern kann, wofür ich gesellschaftliche Kompetenzen besitze, sie umzugestalten und damit mir näherzubringen, verlieren zunehmend ihre qualitativen Strukturen, ihre sinnlich erfahrbaren Koordinaten in Raum und Zeit.

Wenn wir das Wort Kultur in den Mund nehmen, dann müssen wir, um ihm einen konkreten Sinn geben zu können, hier anfangen. Die Art und Weise, wie und was ich sehe, was meinem Tastsinn zugänglich ist, wie ich höre, spreche und mich bewege, was mein Hautsinn aufnimmt - alles das bildet die konkrete Grundlage für alle Formen, in denen sogenannte höhere Kultur, Literatur, Musik, Wissenschaft, wirkliche Lebensbedeutsamkeit gewinnen kann. Einer der bedeutendsten Philosophen der ersten Hälfte dieses Jahrhunderts, Edmund Husserl, hat in seiner Schrift »Die Krisis der europäischen Wissenschaften« zwei mit der modernen Wissenschaftsentwicklung verknüpfte Gefahren formuliert: Die Wissenschaft, insbesondere deren abstrakteste Ausdrucksform, die Mathematik, habe kein Selbstverständnis mehr über ihre *Kulturbedeutsamkeit* und ihr sei das *Sinnesfundament in der Lebenswelt* verloren gegangen. Husserl stellt bewußt die Entwicklung der Wissenschaften und damit selbstverständlich auch ihre technologischen Anwendungen in den verpflichtenden Zusammenhang der Kultur, weil nur auf diese Weise ein Urteil darüber gefällt werden kann, was wissenschaftlichen Fortschritt sinnvoll macht und an welchen Punkten eine selbstbewußte Menschheit darangehen müßte, den Schwerpunkt ihrer Arbeit und ihrer Energien auf ganz andere Bereiche zu konzentrieren. Kultur fängt im Alltagsverhalten der Menschen an oder es gibt keine. Wo die höhere Kultur von den Sinnen völlig abgetrennt auftritt, ist sie bereits zu einem Ghetto degeneriert und bietet allenfalls den gehobenen Gesellschaftsschichten ein Sonntagsvergnügen, mit dem sie sich über die Öde und die Banalität des Alltags hinwegtrösten. Mit einer solchen, zum Genießen und zum Trösten veredelten Kultur lassen sich die niederträchtigsten Maßnahmen dekorieren. Es ist daher eine falsche und überflüssige Verteidigungslinie, die sich auf die Bewahrung dieser sogenannten höheren Kultur richtet. Sie ist heute nicht mehr bedroht als in früheren Zeiten, und man kann sogar davon sprechen, daß in einer Welt, in der sie immer weniger Halt in der Alltagspraxis findet, die Anstrengungen ihrer Musealisierung sogar zunehmen.

Nicht die zunehmende Enteignung dieser höheren Kultur ist das Problem, sondern der Kultur im ursprünglichen Wortsinne: Als Kultur in unserem Verständnis zum ersten Mal in der Geschichte geprägt wurde, bei Cicero, war, in Abgrenzung zur Agrikultur, von cultura animi die

Rede. Man kann dieses Wort mit Beackerung der Seele übersetzen, wobei hier Seele das Innere des Menschen mit seinen Kontaktstellen zum Außen darstellte, zu den Sinnen. Es ist nun ein Hauptmerkmal der modernen Wissenschaftsentwicklung, daß die universelle Geltung ihrer Gesetze mit zunehmender Entsinnlichung, also wachsender Abstraktion, erkauft ist. Nichts in dieser Wissenschaftsentwicklung ist kontinuierlicher als die Befolgung des Abstraktionsprinzips: Gerade die Wissenschaften, die heute am wirksamsten die Umorganisation der Mikrostrukturen, der Zellformen von Materie und Natur betreiben, zeichnen sich durch völlige Ungegenständlichkeit und Unanschaulichkeit ihrer Erkenntnisse und Operationen aus. Schon das Bohrsche Atommodell, das den wissenschaftlichen Anfang des Atomzeitalters markiert, hatte alle Reste sinnlicher Wahrnehmbarkeit getilgt. Was in den Bauelementen von Natur und Materie durch Atomphysik, Gen-Biologie und Mikroelektronik an Prozessen freigesetzt wird, sprengt völlig die sinnliche Vorstellungskraft des Menschen und ist in seinen ungeheuren Wirkungen nur dann sinnlich erfaßbar, wenn die darin produzierten Gebilde explodieren. Es ist keine Übertreibung zu sagen, daß erst durch Katastrophen, von denen lebendige Menschen betroffen sind, die wahren Ausmaße der wissenschaftlichen und technischen Veränderungen den menschlichen Sinnen wiederum zugänglich werden.

Diese völlige Disproportionalität zwischen der von Menschen in Gang gesetzten Entwicklung der Wissenschaft und Technologie und dem, was für sie im Alltag an deren gesellschaftlichen Wirkungen überprüfbar ist, zeigt sich am deutlichsten in der Waffentechnik. Der englische Psychologe Humphrey verdeutlicht diese Zurückgebliebenheit des Entwicklungsstandes der menschlichen Sinne an einem plastischen Beispiel. Er sagt: »Die Bombe, die auf Hiroshima abgeworfen wurde, tötete 140.000 Personen. Sie enthielt ungefähr 25 Gramm Uran; das würde einen Krikketball füllen. 140.000 Menschen, das ist ungefähr die Bevölkerung der Stadt Cambridge. Ich jedenfalls kann diese Tatsache nicht erfassen. Ich kann keine Beziehung herstellen zwischen einem Kricketball und dem Tode aller Bewohner von Cambridge. Ich kann mir keine 140.000 Leichen vorstellen, und noch weniger kann ich mit jedem einzelnen Menschen, der da starb, Mitleid empfinden. Und wenn jemand mir erzählt ..., daß ein Krieg zwischen den Vereinigten Staaten und Rußland einen Zweiten Weltkrieg *pro Sekunde* bedeuten würde und daß auf England Bomben abgeworfen würden, die 5.000 Hiroshima-Bomben entsprächen, setzt mein Vorstellungsvermögen aus. Es ist nicht so, daß ich den Gedanken nicht *ertragen* kann, ich kann den Gedanken von 5.000 Hiroshima-Bomben nicht einmal *denken* ... 5.000 mal 140.000 ergibt 700 Millionen. 700 Millionen Tote bei einer Bevölkerung von 50 Millionen. Da ist irgend etwas schief gelaufen. Jeder wird zehn- oder zwanzigmal getötet ...«

Dieser absurde Widerspruch zwischen dem ins Unermeßliche gehenden Entwicklungsstand der rein formalen Denkoperationen, die in Wissenschaft und Technologie ihren Niederschlag finden und der in Näheverhältnissen gebundenen sinnlichen Vorstellungskraft der Menschen ist millionenfach in Alltagsverhältnissen anzutreffen. Die Entwicklung des gegenständlichen Reichtums an technischen Möglichkeiten steht im umgekehrten Verhältnis zum subjektiven Reichtum der Sinne. Die Gefahren, mit denen Menschen noch in der ersten Hälfte dieses Jahrhunderts konfrontiert waren, hatten eine weitgehend gegenständliche Struktur. Strahlen kann man dagegen nicht sehen, und die modernen Informationstechnologien, durch die das Bewußtsein der Menschen besetzt wird, durchdringen die dicksten Wände und überwinden die weitesten Entfernungen. Auch hier findet eine Beackerung der Seele und der Sinne statt. Aber es ist gerade ein Geheimnis dieser Technologien, daß sie die sinnlichen Arbeitseigenschaften der Menschen nicht zu Eigentätigkeit herausfordern, sondern sie geradezu in Passivzuständen festnageln.

Es ist diese Ironie der Geschichte, die niemand besser begriffen und selbst für unsere Zeitverhältnisse formuliert hat, wie Marx. Es geht alles mit rechten Dingen zu und doch kommt dabei eine Welt zustande, in der die wichtigsten Dinge auf dem Kopf stehen. Wissenschaft könnte der Befreiung der Menschen dienen, aber in den Wirkungen stellt sich das meiste so dar, als vergrößerte sie deren Abhängigkeit. In einem nicht mehr als zwei Druckseiten umfassenden Artikel von 1856 hat Marx dieses Gespenstische in der modernen gesellschaftlichen Entwicklung prägnant formuliert. Er sagt, »in unseren Tagen scheint jedes Ding mit seinem Gegenteil schwanger zu gehen. Wir sehen, daß die Maschinerie, die mit der wundervollen Kraft begabt ist, die menschliche Arbeit zu verringern und fruchtbarer zu machen, sie verkümmern läßt und bis zur Erschöpfung auszehrt. Die neuen Quellen des Reichtums verwandeln sich durch einen seltsamen Zauberbann zu Quellen der Not. Die Siege der Wissenschaft scheinen erkauft durch Verlust an Charakter. In dem Maße, wie die Menschheit die Natur bezwingt, scheint der Mensch durch andere Menschen oder durch seine eigene Niedertracht unterjocht zu werden. Selbst das reine Licht der Wissenschaft scheint nur auf dem dunklen Hintergrund der Unwissenheit leuchten zu können. All unser Erfinden und unser ganzer Fortschritt scheinen darauf hinauszulaufen, daß sie materielle Kräfte mit geistigem Leben ausstatten und das menschliche Leben zu einer materiellen Kraft verdummen. Dieser Antagonismus zwischen moderner Industrie und Wissenschaft auf der einen Seite und modernem Elend und Verfall auf der anderen Seite, dieser Antagonismus zwischen den Produktivkräften, den gesellschaftlichen Beziehungen unserer Epoche ist eine handgreifliche, überwältigende und unbestreitbare Tatsache.«[1]

Für die objektiven Verkehrungen, mit denen es unsere Gesellschaft zu tun hat, ist vor allem die Marxsche Aussage zutreffend, daß die materiellen Kräfte mit geistigem Leben ausgestattet werden, das menschliche Leben wird zu einer bloß materiellen Kraft verdummt. Die tägliche Technik, mit der die Menschen es noch vor wenigen Jahrzehnten zu tun hatten, um einen Apparat ihrer Umwelt in Gang zu bringen oder zu reparieren, ist selbst dort auf ganz wenige mechanische Bewegungen reduziert, wo sie sich nach Heimwerkerart etwas zusammenbasteln; alles Wesentliche ist vorgefertigt; Schrauben, Hämmern, Bohren, allenfalls die passenden Fugen finden und Sägen. Der Kopf wird fast überhaupt nicht gebraucht, um statische Berechnungen anzustellen, um Dehnungen des Holzes oder Schrumpfungen zu berücksichtigen. Standardisierte Teile liefert jeder Baumarkt, und das Zusammensetzen dieser Teile läßt der Phantasie wenig Spielraum.

Was sich heute in der sprunghaften Entwicklung der neuen Technologien darstellt, die ja den Kapitalstrukturen so integriert sind, daß sie sich kaum von diesen trennen lassen, kann im Hinblick auf das Verhältnis zwischen Maschinerie und lebendiger Arbeitskraft als eine *zweite ursprüngliche Akkumulation* begriffen werden. Als ursprüngliche Akkumulation beschreibt Marx jenen Prozeß, in dem die Menschen von ihrem Boden, ihrem Gemeinwesen, ihren gegenständlichen handwerklichen Arbeitsbedingungen getrennt und als vogelfreie Lohnarbeiter dem Markt verfügbar werden. Was für das Kapital Akkumulation, Ansammlung von Produktionsmitteln ist, ist für die Masse der Menschen ein Vorgang der Enteignung, Marx schreibt: »Historisch epochemachend in der Geschichte der ursprünglichen Akkumulation sind alle Umwälzungen, die der sich bildenden Kapitalistenklasse als Hebel dienen; vor allem aber die Momente, worin große Menschenmassen plötzlich gewaltsam von ihren Subsistenzmitteln losgerissen und als vogelfreie Proletarier auf den Arbeitsmarkt geschleudert werden. Die Expropriation des ländlichen Produzenten, des Bauern, von Grund und Boden bildet die Grundlage des ganzen Prozesses.«[2] Ursprüngliche Akkumulation bezeichnet also den Scheidungsprozeß des Arbeiters vom Eigentum an seinen Arbeitsbedingungen, die Trennung der Produzenten von ihren Produktionsmitteln. Die Geschichte dieser Expropriation sieht Marx in die Annalen der Menschheit eingeschrieben mit Zügen von Blut und Feuer.

1 Marx/Engels, Werke, Bd. 12, Berlin 1961, S. 3 f.
2 Dies., Bd. 23, Das Kapital, Band 1, Berlin 1955, S. 754

Viel verschleierter, scheinbar humaner und in dieser Weise deshalb auch nicht als drückende Not empfunden, verläuft der Prozeß der zweiten ursprünglichen Akkumulation oder Enteignung. Man kann nicht sagen, daß die Menschen in diesem Prozeß der Enteignung ihrer Fähigkeiten eine absolute Verelendung ihrer geistigen und sinnlichen Vermögen erfahren würden. Es ist eine relative Verelendung, d.h. an einem Maßstab gemessen, der durch die objektiven kulturellen Möglichkeiten des Wissens und der Qualifikation vorgegeben ist. Um es deutlicher zu sagen: Der Angehörige eines primitiven Stammes, auf den der Durchschnittseuropäer mit Arroganz herabzublicken pflegt, besitzt in vielen Fällen ein differenzierteres Urteilsvermögen, ausgebildetere Wahrnehmungskräfte seiner Sinne und eine klarere Kenntnis der Veränderungen seiner Umwelt als der zivilisierte Mitteleuropäer, der häufig von sekundären Erlebnissen zehrt, von den Angeboten der Schule, der Medien usw. Auf keinen Fall kann man davon sprechen, daß die technische Kompetenz der sogenannten Primitiven weniger ausgebildet sei, was den lebendigen Gebrauch der Sinne und des Verstandes betrifft, als die eines Menschen im Atomzeitalter. In vielen ethnologischen Untersuchungen wird geradezu das Gegenteil behauptet, und vieles davon ist plausibel.

Lebendige Arbeitskraft, die Verausgabung von Hirn, Muskel, Nerv, Sinnesorganen, galt bisher als das gattungsgeschichtliche Monopol der Menschen. In dem Augenblick, da sich eine Entwicklungsperspektive der Maschinerie abzeichnet, in der nicht nur Denkoperationen von diesen Apparaten maschinell ausgeführt werden können, sondern sie auch zu sprechen anfangen, die Vermögen des Sehens, Tastens, Empfindens übernehmen, werden die lebendigen Fähigkeiten der Menschen von ihren gesellschaftlichen Betätigungsfeldern getrennt. Ein Mensch wird arbeitslos, wenn er, innerhalb des bestehenden Erwerbssystems, die gegenständlichen Bedingungen der Realisierung seiner Arbeitskraft verliert, also seines Arbeitsplatzes beraubt wird. Dieses Schicksal der Arbeitslosigkeit teilen immer mehr gesellschaftlich ausgebildete lebendige Vermögen des Menschen, weil ihnen zunehmend der Boden ihrer gesellschaftlichen Betätigung entzogen wird. Wenn Computer und Roboter mehr und besseres leisten als lebendige Tätigkeit der Menschen, so erfährt diese eine chronische Entwertung. Die Sinne irren herum und suchen, wenn sie nicht ganz abstumpfen wollen, Ersatzobjekte, an denen sie sich reiben können. Es bildet sich ein Schwarzmarkt der Phantasie, dessen Produkte keine gesellschaftliche Anerkennung haben und der nur insofern an die Gesellschaft gekoppelt ist, als er einen arbeitsteilig abgespaltenen Bereich mehr oder minder sinnloser Tätigkeit definiert.

Eine solche Enteignung lebendiger Fähigkeiten berührt in entscheidender Weise das soziale Selbstbewußtsein der Menschen. Ihre ganzen

Alltagserfindungen, der Spaß am Kombinieren und Nachdenken - alle diese Bedürfnisse, die geradezu Urbedürfnisse des Menschen sind, bleiben auf eine gesellschaftliche Umwelt angewiesen, in der sie als lebenswichtig anerkannt und nicht nur als skurrile Restposten betrachtet werden, auf die man genauso gut auch verzichten könnte.

Es ist eben ein großes Problem der in den neuen Technologien verkörperten Wissenschaften, daß die Menschen ihre eigenen Produktivkräfte nur noch in der objektivierenden Gestalt von Maschinen, Apparaten wahrnehmen, und für das, was ihr subjektiver Anteil daran ist, gar kein Gefühl mehr entwickelt werden kann. Erst heute läßt sich genau nachvollziehen, warum Marx dem *Waren-Fetischismus*, den die gesamte europäische Kulturkritik begierig aufgegriffen hat, den nicht minder wichtigen, heute sogar immer wichtiger werdenden *Kapitalfetisch* an diese Seite stellt. Die besonderen Formen der Produktivität der gesellschaftlichen Arbeit erscheinen als Formen der Produktivkräfte des Kapitals. Marx sagt: »Komplizierter aber wird das Verhältnis noch, und scheinbar mysteriöser, indem mit der Entwicklung der spezifisch kapitalistischen Produktionsweise nicht nur diese unmittelbar materiellen Dinge - alles Produkte der Arbeit ... sich den Arbeitern gegenüber auf die Füße stellen und ihm als »Kapital« gegenübertreten, sondern auch die Formen der gesellschaftlich entwickelten Arbeit, Kooperation, Manufaktur (als Form der Teilung der Arbeit) als Entwicklungsformen des Kapitals sich darstellen und daher die aus diesen Formen der gesellschaftlichen Arbeit entwickelten Produktivkräfte der Arbeit, da auch Wissenschaft und Naturkräfte als Produktivkräfte des Kapitals sich darstellen.«[3] Daß angewandte Wissenschaft heute den Arbeitern gegenüber sich auf die Füße stellt und als spezifische Produktionsweise des Kapitals erscheint, bedarf keiner besonderen Begründung. Diese Form der Wissenschaft hat gegenüber dem technischen Alltagswissen eine schier unüberbrückbare Distanz erreicht. Den Arbeitern mag Wissenschaft in dieser technischen Organisation ein durchaus vertrauter Begriff sein, deren Resultate bezeichnen jedoch eine Distanz zu ihrer Lebenswelt, die in der ganzen Geschichte des Kapitalismus noch nie so groß gewesen ist.

Heimat ist der absolute Gegenbegriff zu dieser Distanz. In seiner durch und durch symbolträchtigen Gestalt repräsentiert er Vertrautheit und Nähe der konkreten Lebensverhältnisse, nicht mehr nur der Beziehungen zwischen den Personen, sondern auch den Umgang mit den Dingen. Gleichwohl drückt Heimat keine unzweideutig beschreibbare Wirklichkeit aus. Wer sie positiv erfassen wollte, dem würden selbst die passenden Worte dazu fehlen, es sei denn, er würde sich der Fassadensprache der

3 Dies., Bd. 26, Theorien über den Mehrwert, Bd. 1, Berlin 1963, S. 367

Deutschtümelei und der Gemütlichkeit bedienen. Erst da, wo ein Bildrest in der Verwirklichung anerkannt wird, wird Heimat zu einem rationalen Begriff. Erst die Gebrochenheit dieses Begriffs gestattet es, ihn in sozialkulturellen Zusammenhängen zu verwenden, die mit irrationalen Heimatbedürfnissen nichts zu tun haben, sondern wesentliche Daseinsbestimmungen, Existenzmerkmale des modernen Menschen ausmachen: *Vertreibung und der unbändige Wille, sich gegen die Enteignung der eigenen Lebenswelt zur Wehr zu setzen.* Der Kampf um Heimat ist ein Kampf des tätigen, arbeitenden Menschen für die Vertrautheit einer Welt, in der er sich in den von ihm produzierten Gegenständen, im *gegenständlichen* gesellschaftlichen Reichtum, wiedererkennt und in seinen Wesenskräften anerkannt findet. Darin liegt der umfassende kritische Sinn von Heimat; deren Urbild bezeichnet gerade die Aufhebung der Trennung von Gefühlen und Denken, der Sinne und der Phantasie, des passiven Sichgehenlassens und des aktiven Eingriffs. Es mag eine Utopie sein, aber sie enthält gewaltige Antriebskräfte des Handelns in den Menschen. Es ist dieser rationale Begriff von Heimat, den Ernst Bloch geprägt hat, und der im Grunde das Bild einer neuen Gesellschaft zum Zielinhalt hat. Bloch sagt (am Ende seines dreibändigen Werkes: »Das Prinzip Hoffnung«): »Mit diesem Blick also gilt: Der Mensch lebt noch überall in der Vorgeschichte, ja alles und jedes steht noch vor Erschaffung der Welt, als einer rechten. Die wirkliche Genesis ist nicht an Anfang, sondern am Ende, und sie beginnt erst anzufangen, wenn Gesellschaft und Dasein radikal werden, das heißt sich an der Wurzel fassen. Die Wurzel der Geschichte aber ist der arbeitende, schaffende, die Gegebenheiten umbildende und überholende Mensch. Hat er sich erfaßt und das Seine ohne Entäußerung und Entfremdung in realer Demokratie begründet, so entsteht in der Welt etwas, das allen in die Kindheit scheint und worin noch niemand war: Heimat.«

Heimat in diesem umfassenden, philosophisch-soziologischen Sinne, hat alle Spuren des reaktionären Irrationalismus getilgt, an dem Blut und Boden klebt. Heimat ist ein Zukunftsbegriff. Die konkrete Nähe einer Welt, welche die Menschen selber hergestellt haben und in der sie sich wohlfühlen, weil sie *ihre* Welt ist. Archaisch ist dieser Heimatbegriff nur insofern, als er alles das, was menschenfeindlicher Fortschritt zerstört hat, rehabilitiert und der Wissenschaft und technologischen Vernunft gleichberechtigt an die Seite stellt. Daß etwas in unserem Leben primitiv, archaisch, kindisch erscheint, bedeutet nicht, daß die Gefühle, die sich in solchen Neigungen zum Ausdruck verschaffen, in sich unvernünftig sind; sie nehmen diesen Charakter nur an, weil die Erwachsenenvernunft sie zugerichtet, verdreht und dadurch auch ihre rationalen Anteile deformiert hat. Im Zeitalter des wissenschaftlichen Fortschritts, der Zweckrationalität zu dem verstehbarsten Kriterium gemacht hat, gehört auch der Begriff der Heimat zu diesen Worten, die mit komplexen Hoffnungen und Erwartungen verknüpft sind, die ein Mensch, der sich auf Fortschritt und Aufklärung verschworen hat, nur ungern in den Mund nimmt, weil so viele reaktionäre Parteigänger ihn sofort vereinnahmen möchten.

Heimat gehört zu jenen Begriffen unserer Sprache, die sich positiver, ungebrochener Ausdrucksmittel für die darunter befaßte Sache entziehen und eine gewisse Trennschärfe dann annehmen, wenn sie negativ definiert werden, was die Folgen ihres Nichtvorhandenseins bezeichnet. Die Differenziertheit der Sprache in diesen Negativbestimmungen bezeichnet sehr genau die Verlegenheit im Umgang mit dem Wort Heimat. Spricht man von heimatloser Linker, von Unbehaustheit der Menschen, von der Unwirtlichkeit der Städte, so kann man sich davon eine Vielzahl konkreter, auch sinnlich nachvollziehbarer Vorstellungen machen. Selbst ein philosophisch so aufgeladener Begriff wie der des jungen Lukács von der »transzendentalen Heimatlosigkeit der Intellektuellen« hat einen konkret vorstellbaren Sinn; Lukács meinte damit, daß die wissenschaftliche und literarische Produktionsweise der Intellektuellen in unserem Zeitalter unter der notwendigen Bedingung steht, entwurzelt zu sein, also keine bodenständige Orientierung mehr zu finden. Wie und was immer sie schreiben, steht unter der Bedingung des Allgemeinen, des Weltläufigen; das konkrete Allgemeine, das sich in der Heimat ausdrückt, ist ihnen zum existentiellen Problem geworden. Es ist der Mangel, der das starke Bedürfnis nach Heimat in der modernen Welt konstituiert. Wer keine Heimat mehr hat, für den wird erst der Gegenstand, auf den sie sich bezieht, in der Phantasie konkret beschreibbar. Es hängt diesem Begriff das an, was die *Unbestimmtheit* im Begriff des Glücks ausmacht. Zu definieren, was Glück sei, ist außerordentlich schwer. Dagegen gibt es sehr viele Elemente, auch zahlreiche begriffliche Mittel, auszudrücken, was *Unglück* ist.

Diese eben benannten Schwierigkeiten der wissenschaftliche Sprache, sich durch fachsoziologische und sozialpsychologische Untersuchungen einem Gegenstand zu nähern, der sich gegen allgemeine Aussagen prinzipiell sperrt, sind Hinweise auf die arbeitsteiligen Borniertheiten der wissenschaftlichen Kultur, die Instrumentarien für die sinnliche Ausdrucksformen der menschlichen Lebenswelt kaum ausgebildet hat; sie haben jedoch nichts damit zu tun, daß das, was der Heimatbegriff an Sinnorientierungen enthält, für die Motive des Handelns der Menschen und für ihren Gefühlshaushalt geringere Bedeutung hätte als zum Beispiel ihre Erwerbsarbeit, ihr Freizeitverhalten oder ihre Reisebedürfnisse.

Es ist deshalb kaum zufällig, daß wir die besten Darstellungen von Heimat dort finden, wo die allgemeine Ausdruckskraft in der Literatur, in der Musik, im Film das Heimatmilieu durchscheinen läßt, aber nicht auf dessen Beschreibung begrenzt ist. Man wird nicht im Ernst davon reden können, daß Schriftsteller von Weltrang, wie Heinrich Böll, Günter Grass, Siegfried Lenz, Martin Walser oder Thomas Mann der literarischen Gattung der Heimatdichtung einzuordnen sind. Bei genauerem Hinsehen wird man jedoch unschwer feststellen können, daß keiner dieser Schriftsteller in dem, was ihre Figuren ausmacht, was Sprache, Witz, Begegnungen mit Menschen und Dingen in das unverwechselbare Kolorit einer bestimmten gesellschaftlichen Atmosphäre einbindet, von den Primärerfahrungen dieser Schriftsteller abtrennbar ist. Man kann davon sprechen, daß es buchstäblich kindliche Ursprungserfahrungen einer Heimat sind, in der sie aufwuchsen, und die im Erwachsenenalter selbst dann noch spürbar ist, wenn sich die literarische Produktion von diesem Boden ganz abgelöst hat. Die weitläufigsten und produktivsten Schriftsteller und Dichter haben immer eine solche Heimatvorstellung in ihrer Phantasie gebrochen und verarbeitet und waren deshalb nie anfällig für eine reaktionäre Wendung zur Schollenromantik.

Worin besteht nun, nachdem die auf Wissenschaft und Aufklärung Anspruch erhebende Linke so große Schwierigkeiten gezeigt hat, der Idee der Heimat einen emanzipatorischen Sinn abzugewinnen, der rationelle Kern der Sache, auf die sich dieser Begriff bezieht? In dem von mir angeführten Bloch-Zitat mag es so erscheinen, als handelte es sich dabei um einen utopischen Entwurf, als Utopie im buchstäblichen Sinne: »Kein Ort. Nirgendwo«, wohin jeder strebt, wo aber noch niemand gewesen ist. Das ist aber eine Täuschung. Diesen Schlußpunkt des Prinzips »Hoffnung« setzt Bloch nicht als Gefühlsidealist, sondern als guter praktischer Materialist, gerade weil er die im Heimatbegriff angesprochenen Gefühle genauso ernst nimmt wie andere gegenständliche Tatbestände, das Kapital oder den politischen Herrschaftszusammenhang. Was gegenständliche Realität ist, bemißt sich nicht danach, ob es aus materiellen Produkten besteht, sondern in welcher Weise es gesellschaftliche Wirkungszusammenhänge bestimmt. In diesem Sinne können Betonmauern, Stahlkonstruktionen brüchiger, vergänglicher, d.h. *unwirklicher* sein als kollektive Gefühle und Bedürfnisse von Menschen, die sich in keinem gelungenen Produkt darstellen, die aber Jahrzehnte und Jahrhunderte überdauern und viele geschichtliche Ereignisse mit prägen. In diesem Zusammenhang können Heimatgefühle gegenständliche Härte annehmen; der Wunsch, zu Hause zu sein, sich irgendwo niederzulassen, wo man sich wohl fühlt, wo Vertrautheit und Verläßlichkeit der Gegenstände und Personen hergestellt ist, wo es Konflikte gibt, aber auch verläßliche Regeln, sie zu lösen, ohne ausgegliedert oder vertrieben zu werden - solche Wünsche haben in der Geschichte eine Zähigkeit gehabt, der an Bestand wenige andere Gefühlskonstellationen an die Seite gestellt werden können. Es ist, allgemein gesprochen, das Bedürfnis nach Identität, das sich hier ausdrückt, der Wunsch, in der Mannigfaltigkeit der Umwelt Spiegelungen des eigenen Innern zu erfahren. Identifizieren kann man sich auch mit fremden Verhältnissen, mit Arbeitsverhältnissen oder Städten, in denen man wohnt und deren Atmosphäre man als wohltuend empfindet. Identität in *dem* Horizont, der Heimatgefühle bezeichnet, gewinnt man jedoch nur dann, wenn die Mikrostrukturen von Raum und Zeit in sich selber Lebensgeschichte darstellen. Wenn Heinrich Böll zum Beispiel Wege beschreibt, wenn er Brücken, Ecken, Nischen, wiederkehrende Gesichter und Geräusche festhält, dann charakterisiert er genau jene Atmosphäre, in der sich durchhaltende Orte und Wege verändern, ohne deshalb fremd zu werden. Die Dinge bleiben die gleichen und doch nicht die gleichen. Daß Heimat ein Begriff für gegenständliche Realität ist, die von der Veränderung der Feinstrukturen lebt, läßt sich verdeutlichen am Gegenüber des Begriffs von Vaterland; ebenso gefühlsträchtig wie Heimat bezeichnet dieser aber ein Allgemeines der identifizierenden Gesinnung, nicht eine lokale Verankerung in den Mikrostrukturen von Wegen, Nischen und wiederkehrenden Gesichtern.

Warum hat dieser Heimatbegriff in unserer Zeit, d.h. eigentlich im ganzen zwanzigsten Jahrhundert, diese explosive und das Denken von Millionen von Menschen beherrschende Bedeutung bekommen? Wir leben, wie ich bereits angedeutet habe, in einer Epoche der Vertreibung; es ist für die moderne Welt der Industriegesellschaft jedoch charakteristisch, daß diese Vertreibungsschicksale nicht nur Resultat der große Kriege, der nationalen Raubzüge und des Kolonisierungswahns von Machteliten sind. Entwurzelungen, Enteignungen der gewohnten Lebenswelt, vollziehen sich millionenfach auch auf Ebenen, welche die normale und alltägliche Bewegungsrichtung der Rationalisierung und Modernisierung industrialisierter Gesellschaftsordnungen ausmachen. Daß Menschen an den Rand der Gesellschaft gedrängt werden, daß sie ihre Wohngebiete verlassen müssen, um Zuflucht in Obdachlosenasylen oder auch in den überteuerten Wohnghettos der Städte zu finden; daß Wissenschaftler und Künstler Öffentlichkeitsentzug für ihre Werke erfahren; daß Industriearbeiter sich auf die Suche nach Arbeitsplätzen begeben, die vielleicht in ganz fremden Regionen zu finden sind; - daß alles dieses unter ganz normalen Existenzbedingungen der Gesellschaft abläuft, führt zu einer strukturellen Bedrohung der kollektiven Identität der Menschen, erzeugt Angst und einen weiten Umkreis von Phantasiebedürfnissen, deren sich das bestehende Herrschaftssystem für eigene Zwecke bedienen kann.

Die Nazis haben sich dieser, im Innern der Gesellschaft universalisierten, Vertreibungssituation am ausgiebigsten und brutalsten für ihre imperialen Eroberungszwecke bedient. Das Versprechen, den Entwurzelten Sicherheit durch Verankerung in Blut und Boden zu verschaffen und mit der Parole: Heim ins Reich, das Problem der Irredenta, der unerlösten Gebiete, zu bewältigen, bestimmt die Anfangslogik eines Eroberungskrieges, der Vertreibung und Vernichtung ganzer Völker zum Zweck hat und am Ende das Flüchtlingselend ins eigene Land trägt.

Die Art und Weise, wie die Nazis mit dem Heimatproblem umgegangen sind, verweist allerdings auf eine ihm eigentümliche Dialektik, in der sich Motive und Absichten ins Gegenteil umkehren: In dem Maße, wie im Zuge der Eroberung fremder Völker und Territorien eine Art Weltläufigkeit für die erzeugt wird, die vom nördlichen Eismeer bis hin nach Afrika fremde Länder erfahren und mit anderen Völkern in Berührung kommen, geht für die betroffenen Subjekte ihr Kampfmotiv verloren. Solange es noch um die Integration von deutschsprachigen Gemeinschaften in das deutsche Reich geht, konnte man allenfalls noch davon sprechen, daß begrenzte Kriegsziele realisiert werden. Mit der Vervielfältigung und Unübersichtlichkeit der Kriegsschauplätze geht allmählich die Übersichtlichkeit des eigenen Kampfmotivs verloren, und zwar genau in dem Maße, wie sich das Motiv, die eigene Heimat gegen den Eroberer zu verteidigen, bei den überfallenen Völkern verstärkt. Das ist einer der Gründe dafür, daß sich die Spekulationen Hitlers und der ganzen übrigen Nazibande auf einen aufopferungsvollen und zum äußersten entschlossenen Verteidigungswillen, sobald sich fremde Truppen dem eigenen Reich näherten, als völlig substanzlos erwiesen.

Bereits der preußische Militärphilosoph Clausewitz hatte in seinem Buch »Vom Kriege« darauf hingewiesen, daß die Verteidigung der Heimat zu den stärksten Kampfmotiven gehört. Der gescheiterte Rußlandfeldzug Napoleons bildete für ihn die Grundlage für die durch und durch materialistische Analyse des Kriegsgeschehens. Er stellt die Frage, was denn ein französischer Soldat aus der Bretagne für Motive haben sollte, Rußland zu erobern, da seine Phantasie doch ganz darauf gerichtet gewesen sei, möglichst schnell nach Hause zu kommen in sein Dorf, um seine gewohnte Umgebung, seine Familie und seine Freunde wiederzusehen. Ganz ähnliche Verkehrungen der Kampfmotive ergaben sich in den Bauernkriegen. Solange die rebellierenden Bauern sich in der Nähe ihrer Felder bewegten, waren sie selbst gegen die viel besser ausgestatteten Fürstenheere praktisch unschlagbar. Sobald sie gezwungen waren, die Verfolgung der geschlagenen Heere aufzunehmen oder sich auf einem

Gelände in den Kampf einzulassen, das sie nicht kannten, zu dem sie keine Beziehung hatten, wurden sie regelmäßig geschlagen.

Ich kehre zum Ausgangspunkt meiner Überlegungen zurück. Den komplexen und verwickelten Zusammenhang, der zwischen der Entwicklung moderner Technologie und den Vertreibungen der Menschen infolge von Krieg und staatlichem Terror besteht, kann ich hier nicht behandeln. Die Wechselwirkung des begrenzteren Zusammenhangs zwischen Wissenschaft und jener Form der Enteignung der Lebenswelt, auf die der Reaktions-Begriff Heimat gerichtet ist, ist jedoch völlig unbestreitbar. Der größte Teil der Bürgerinitiativen, ob es sich nun um die Erhaltung traditioneller Stadtteile, um den Kampf gegen Atomkraftwerke oder gegen Startbahnen und durch die Landschaft gezogene Autobahnschneisen handelt, gewinnt das entscheidende Motiv des Protestes und des Kampfes mit langem Atem aus dieser Abwehr der Zerstörung von Lebenswelt. Wie immer in solchen Fällen, wo Lebensinteressen verteidigt werden, können reaktionäre Spielarten der Problemlösung mit beteiligt sein. Wo das Problem der strukturellen Enteignung, mit der es unsere Gesellschaft zu tun hat, nicht erkannt wird, ist solche Heimattümelei ganz unvermeidlich, und die politische Rechte wird ihre Chance erkennen.

Gerade im Interesse der Stabilisierung demokratischer Grundstrukturen unserer Gesellschaft wird es daher notwendig sein, einen entschiedenen Kampf gegen die Zerstörung der Lebenswelt zu führen. Die gegenständliche Realität, die die Menschen umgibt und in er sie sich aufgehoben finden, ist und bleibt das stärkste Motiv ihres Widerstandes gegen die kapitalistischen Mechanismen der Integration ihres Bewußtseins und Verhaltens in die bestehenden Herrschaftsverhältnisse. Politische Kultur, ohne die es langfristig einen Kampf um die Durchsetzung kollektiver Rechte nicht geben kann, gründet sich darauf, daß Vernunft und Gefühl, Verstand und Sinne in ihrem praktischen Zusammenhang anerkannt werden, und für die Menschen in ihrem Alltag gegenständliche Betätigungen gefunden werden, welche die Fremdheit der Dinge und Personen aufhebt. Das würde die Wissenschaft in die Lebenswelt einbeziehen, und Heimat, als organisierendes Zentrum dieser Lebenswelt, würde heute eine orientierende Funktion der Befreiung gewinnen.

Bernd Wagner

Wohin wird die Kultur »gewendet«?

Konservative Kulturkonzeptionen zwischen Tradition und Moderne

Bajuwarisches Getöse etwa gegen die zu liberale auswärtige Kulturpolitik der Goethe-Institute oder die nationalen Sinnstiftungsversuche über Mahnmale und Geschichtsmuseen durch die Bundesregierung bestätigen die gewohnte Sicht der Dinge. Für viele linke und liberale Kritiker ist die »Wende in der Kultur« durch die CDU/CSU/FDP-Regierung eingetreten bzw. wird an ihr eifrig gearbeitet. Diese »Wende« durch die konservative Kulturpolitik, der »ein im großen und ganzen abgeschlossenes Konzept« unterstellt wird, gerät wegen ihrer Rückbesinnung auf die althergebrachten Werte und Tugenden, ihres alle Probleme übertünchenden Fortschrittsoptimismus und ihrer herrschaftsstabilisierenden Funktion in die Kritik[1]. Auch differenziertere Darstellungen zur *Kultur nach der Wende* betonen die gängigen Charakteristika rechter und konservativer Kulturpolitik wie beispielsweise Zimmermannsche Filzzensur, Etatkürzungen für Bibliotheken und polizei- und staatsanwaltliche Bücherbeschlagnahmungen[2] oder die »kulturelle Protzigkeit« und die verstärkte Aufspaltung von alternativer Kultur und traditionellem Kulturbetrieb[3].

Kulturpolitische Aktivitäten aus den Reihen der Christlichen Demokraten und der Christlichen Sozialen, die immer wieder für Schlagzeilen sorgen, sind die besten Beweise für die Stimmigkeit dieser Kritik. Es sind eben keine moderaten Töne, die auf eine 'neue Sicht der Dinge' hinweisen, sondern das von dieser Seite vertraute Donnergrollen, mit dem schärfere staatliche Gesinnungskontrolle und unterwürfige Loyalitätsbeweise der Kulturvermittler und kulturell Tätigen eingefordert werden. Beispielsweise beim Versuch, die Bundeszentrale für Politische Bildung auf rechten Kurs zu bringen oder wenn F.-J. Strauß und Freunde zum wiederholten Male die auswärtige Kulturpolitik der Goethe-Institute angreifen, zeigt sich, daß für sie Kunst und Kultur noch weitgehend vom

1 Christiane Reymann, Wende in der Kultur, in: Sozialismus, H. 4/1986

2 Linda Reisch/Tilman Fichter: Kultur nach der Wende, in: Neue Gesellschaft/ Frankfurter Hefte, H. 10/1984

3 Dieter Kramer: Kulturpolitik nach der »Wende«, in: Blätter für deutsche und internationale Politik. H. 10/1984

obrigkeitsstaatlich gewendeten bildungsbürgerlichen Kulturverständnis des 19. Jahrhunderts bestimmt sind. *Der Ring* in Bayreuth und *Jedermann* plus Karajan in Salzburg für die einen, Komödienstadel und Trachtenfest für die anderen. Die Kunst der Moderne oder gar der Avantgarde sind keine Kunst, sondern einfach 'unsittlich und antireligiös' wie Achternbuschs *Gespenst* für Zimmermann; Soziokultur oder alternative Kunst bleiben unanständige Störenfriede. Im 87seitigen kulturpolitischen Programm der CSU kommen solche Begriffe nicht einmal dem Geiste nach vor, es sei denn in der Passage, in der vor der »Unterwanderung des Kunstbereichs in der Art einer schleichenden Kulturrevolution« gewarnt wird, die zu einer »Destabilisierung unserer politischen Ordnung führt und zugleich die Akzeptanz anderer Normen und Werte im Bewußtsein der Bürger« anstrebt[4].

Das ganze *Kulturpolitische Programm der CSU* atmet den Geist der Bewahrung und Restaurierung eines elitär-konservativen Kulturverständnisses und der Reglementierung aller Kunst und Kultur, die den so gesetzten Rahmen sprengt und die geforderte Staatsloyalität vermissen läßt. Diese rechtspopulistisch-konservative Position spricht dabei auch die Verzahnung von Kultur und Politik offen aus, um die Kunst besser an die staatspolitische Kandare nehmen zu können. »Kunst war und ist auch und gerade in den Höchstleistungen, die sie erbracht hat, niemals unpolitisch gewesen (...). Der Stellenwert der Kunst als Faktor der politischen Meinungs- und Willensbildung ist bedeutend«[5]. Dieser Geist prägte auch die meisten CDU/CSU-Beiträge der kulturpolitischen Debatte im Bundestag am 9.11.1984.

Die kulturpolitische Praxis, die aus solchem Kulturverständnis folgt, zeigt sich in den Gängelungsversuchen der offiziellen Kultur- und Bildungsinstitutionen, der Entfernung nicht staatstragender Literatur aus Lesebüchern, der Verweigerung von Räumen für Lesungen unbequemer Künstler/innen, der Nichtförderung 'unmoralischer' Filme, polizeilichen Beschlagnahmungen von Büchern usw. usf.

Neben dieser Position einer loyalen Kultur und Kunst am Gängelband der politischen und moralischen Repräsentanten unseres Staatsgebildes gibt es noch einen weiteren Strang der gegenwärtigen ideologisch-kulturellen Auseinandersetzung, der die Straußsche rechte Position mit der CDU-Mitte um Kohl verbindet: die Aufkündigung des bisher gängigen bundesrepublikanischen Geschichtsverständnisses durch Teile der CDU/CSU, die auf eine Revision der Haltung zum Faschismus und auf Sinnstiftung durch deutsche Nationalgeschichte zielt. Das reicht von Bitburg

4 CSU: Kulturpolitisches Programm, München 1986
5 ebd.

über die FAZ-Glossen Michael Stürmers, seine Kanzler-Reden und die 'Historiker-Debatte' bis zu den Museumsneubauten in Berlin und Bonn und das Nationale Mahnmal.

Bei allen politischen und personellen Differenzen zwischen Strauß und Kohl gibt es zwischen ihnen und damit zwischen der Rechten in der CDU/CSU und dem Kohl-Zentrum, dieser Seilschaft aus Klein-, Besitz- und Bildungsbürgertum, eine gemeinsame Achse gerade auf ideologisch-kulturellem Gebiet. Die alten Grundwerte und Sekundärtugenden Familie, Vaterland, Pflicht, Heimat, Leistung, Ordnung sind hier noch intakt und bilden den Bodensatz der kulturpolitischen Orientierung der Mehrheit der CDU/CSU.

> »Daß sich (...) die große Mehrheit unserer Mitbürger den Tugenden wie Fleiß, Tüchtigkeit, Initiative, Verantwortungsbereitschaft und persönlicher Leistung verpflichtet fühlt, das ist ein ermutigender Hinweis darauf, daß die innere Überzeugung und die soziale Bindungskraft in unserem Volk immer noch stark und ungebrochen ist.«[6]

So Helmut Kohl auf der 12. Bundesdelegiertentagung der Frauenvereinigung 1981.

Bei einem solchen Bild einer intakten Wertegemeinschaft ist es auch nicht verwunderlich, wenn vor dem Wandel der gesellschaftlichen Werte und Normen die Augen verschlossen werden und der Bruch mit den Traditionen so schroff empfunden wird, daß dahinter die Verbrechen des Nazi-Regimes verblassen, wie bei Ludolf Herrmann, einem bekannten konservativen Publizisten, der in der von Ex-Bundesminister Bruno Heck herausgegebenen CDU-Zeitschrift *Politische Meinung* unter dem Titel *Hitler, Bonn und die Wende* 1983 schreibt:

> »Hitler haben wir, wenn auch vielleicht nicht endgültig, bewältigt. Nicht bewältigt aber haben wir die Bewältigung Hitlers, wie sie zur Studentenrebellion von 1968 und zu den fundamentalen Umwertungen der Folgezeit geführt hat. 50 Jahre nach der Machtergreifung ist Hitler für uns ein Gegenstand der Geschichte, unser Problem aber ist die Antwort auf ihn, wie sie in den sechziger Jahren gegeben wurde. Die Wende, die wir benötigen, besteht nicht darin, daß wir den nachträglichen Ungehorsam gegen Hitler überwinden. Wir haben uns geschichtlich von uns selbst entfremdet und müssen nun versuchen, diese Entfremdung aufzuheben.«[7]

---

6 zit. nach Peter J. Grafe: Schwarze Visionen. Die Modernisierung der CDU,. Reinbek 1986, S. 83

7 zit. nach Claus Leggewie: Der Geist steht rechts. Ausflüge in die Denkfabriken der Wende, Berlin 1987, S. 214

Auf einem solchen Boden sprießen die Forderungen nach einer konsequenten und umfassenden 'geistig-moralischen Wende' und verschwimmt die Abgrenzung nach Rechtsaußen, und hier setzen auch - zu Recht - die Kritiken an, die vor der kulturpolitischen Reaktion und dem Kulturkampf der Rechten gegen Modernität, Demokratie und Avantgarde warnen.

Aber dieser Stoff, aus dem schon manche Braun- und Schwarzbücher geschrieben wurden, die den Anfängen wehren wollen, deckt in zweierlei Hinsicht nicht die konservative und rechte kulturpolitische Position ab. Einmal ist diese rechtspopulistisch-traditionelle Linie auf kulturpolitischem Gebiet die Begleiterscheinung einer extrem modernen Industrialisierungs- und High-Tech-Politik, was immer wieder zu Brüchen führen muß und führt. Und zum anderen ist damit nur *eine* kulturpolitische 'Fraktion' des konservativen Spektrums charakterisiert. Wenn der *Spiegel*, der es sich ja nie entgehen läßt, gegen rechts und vor allem gegen Kohl und Strauß zu Felde zu ziehen, »Frankfurt, die Hauptstadt der Wende« (im Frühjahr 1988) titelt, dann verweist das auf eine andere, mindestens ebenso bedeutsame 'Wende', die sich allerdings weniger rasch in München oder Bonn, sondern eben in Frankfurt oder Stuttgart umsetzt.

Dieser Wandel der gesellschaftlichen Strukturen und kulturellen Lebensweisen, auf den die Politik teilweise reagiert und den sie teilweise vorantreibt, hat die Eigenart, daß ihm mit althergebrachten politischen und kulturpolitischen Konzepten nicht beizukommen ist und die alten Schemata links-rechts, konservativ-progressiv zwar nicht ihre Gültigkeit verloren haben, aber doch neu bestimmt werden müssen.

Die ökologischen, ökonomischen und politisch-gesellschaftlichen Krisen und Probleme haben zu einer 'neuen Unübersichtlichkeit' auch im politischen Gefüge geführt: in der neuen Kulturmetropole und 'Wende-Hauptstadt' Frankfurt wird die Kultur- und Stadtbaupolitik seit über zehn Jahren von den beiden sozialdemokratischen Mitgliedern des CDU-Magistrats Hofmann und Haverkamp geprägt; der Sozialdemokrat Löwenthal sieht im Lösungsweg des US-Konservativen Daniel Bell »die gleiche Richtung, in die alle demokratischen Sozialisten blicken«[8]; der philosophische Filbinger-Intimus und Strauß-Ratgeber Rohrmoser plädiert vehement für einen »Konservativismus als Philosophie der Versöhnung von Industriekultur und Alternativkultur«[9]; als Ratgeber für Lothar Späths 'Zukunftsperspektiven' fungiert u.a. der früher sozialdemokratische Kulturpolitiker und jetzige Philosophieprofessor Lübbe;

8 Richard Löwenthal: Gesellschaftswandel und Kulturkrise, Frankfurt/M. 1979, S. 100

9 Günther Rohrmoser: Neue Chancen für den Konservatismus, in: Bayernkurier 7.1.1984

Kurt Biedenkopf steht sowieso quer zu allen parteipolitischen Traditionen (auf sozialdemokratischer Seite scheint Oskar Lafontaine sich - nur eben taktisch geschickter und machtbewußter - ähnlich profilieren zu wollen), und Lothar Späth unterstützt zur gleichen Zeit die württembergischen soziokulturellen Zentren mit Landesmitteln, als sie im Landtag von seiner Fraktion als 'kommunistische Kampfgemeinschaften' angegriffen werden - na ja, und die Grünen sind mal unter der Losung angetreten »Nicht links, nicht rechts, sondern vorn!«

Dieser Umorientierungsprozeß und die fließenden Übergänge zwischen den herkömmlichen Lagern lassen sich in der CDU/CSU am ehesten bei einer Gruppe lokalisieren, die mit dem vagen Sammelbegriff 'Modernisierer' zu umschreiben ist.[10] Diese 'schwarzen Modernisierer', Namen wie Späth, Biedenkopf, Rommel, Hassemer und die Gruppe um Heiner Geißler in der Parteizentrale stehen dafür, verkörpern eine eigenständige politische Zukunftsoption neben der rechtspopulistisch-traditionalistischen Strömung um Strauß, die CSU und den Dreggerflügel, der klein-, besitz- und bildungsbürgerlichen Mitte um Kohl mit der harten Manchesterfraktion um Stoltenberg und den Christlichen Arbeitnehmern und Sozialausschüssen.

Im Unterschied zu dem 'Weiter-wie bisher'-Gewurschtel und dem traditionell konservativen Freund-Feind-Denken versuchen die 'Modernisierer', ideologisch wenig festgelegt und ohne die starren Traditionsbezüge, neue Antworten auf die gesellschaftlichen Problemlagen und Krisen zu geben und Zukunftsvisionen zu entwickeln - die neueren Bücher von Biedenkopf und Späth heißen auch programmatisch *Neue Sicht der Dinge* und *Wende in die Zukunft* -, in denen viel von Versöhnung und Ausgleich der unterschiedlichen Interessen und Vorstellungen die Rede ist. In diesen Vorstellungen spielt die Kultur eine entscheidende Rolle, und so kommt es, daß sie ein starkes Interesse an kulturpolitischen Fragestellungen und vielfältigen kulturpolitischen Aktivitäten auszeichnet.

Zwischen diesen kulturpolitischen Vorstellungen und denen von Strauß, Kohl und Gesinnungsgenossen liegen allerdings Abgründe, die es verunmöglichen, von einer einheitlichen kulturpolitischen Konzeption der Christlichen Parteien oder gar der Konservativen reden zu können. Während auf der anderen Seite vor allem in den Kommunen die Unterschiede zwischen SPD- und CDU-Kulturpolitik häufig verschwimmen. Die kulturpolitische Praxis hat, anfangs in den Großstädten, inzwischen

10 Der Wallmann-Berater Gauland spricht von »konservativen Reformern«, andere von »technokratischen Konservativen«, teilweise wird auch der Begriff Neo- oder Neukonservative auf sie angewandt. Bei diesen und all den anderen Bezeichnungen handelt es sich erstmal nur um mehr oder weniger hilflose Umschreibungen, die wenig aussagekräftig sind. In Zeiten der Umbrüche hinkt die Begriffsbildung immer etwas hinterher.

aber auch schon in vielen Mittelstädten, häufig unter dem ökonomischen Konkurrenzdruck und den sozialen kulturellen Anforderungen eine solche Flexibilität und Pragmatik erreicht, daß alte ideologische Traditionen gerade noch bei Einweihungsreden von Nutzen sind. Was sich ab Anfang der siebziger Jahre als 'neue Kulturpolitik' in den Gemeinden herausgebildet hat - etwa mit Stichworten wie 'Wiedergewinnung der Wohnlichkeit der Städte', neue ökonomische Funktionen der Kultur und 'Krise der Arbeitsgesellschaft' umrissen - läßt sich nicht parteipolitisch auseinanderdividieren[11].

Die offensive Kulturpolitik der neokonservativen »Modernisierer«

Am Beginn des Auftretens der 'Modernisierer' stehen die seit Ende der sechziger Jahre offen zutage getretenen Strukturprobleme unserer Gesellschaft, die ökonomischen und ökologischen Krisen, die Gefahr einer wissenschaftlichen und technologischen Stagnation, das Veralten der traditionellen Ideologiemuster und Wertvorstellungen, das Legitimationsdefizit des politischen Systems - ihren Ausdruck fanden und finden diese gesellschaftlichen Widersprüche im Auftreten der Studentenbewegung, Bürgerinitiativen und verschiedenen neuen sozialen Bewegungen, der Gründung der Grünen und ihre Etablierung als neuer politischer Kraft und in einem Wertewandel eines großen Teils der Bevölkerung, der viele der traditionell gültigen Werte, Normen und Vorstellungen in Zweifel gezogen hat.

Während auf der ökonomischen und technologischen Seite die konservativen Reformer einen forcierten Modernisierungskurs einschlagen, der gegenüber traditionellen Industrien und Techniken vor allem auf 'High-Tech' und die fortgeschrittenste wissenschaftliche Forschung setzt, und damit unbesehen gerade jene Faktoren weiterentwickelt und gefördert werden, die in die gegenwärtige Krisensituation geführt haben, tragen sie auf kulturellem und kulturpolitischem Gebiet dem Wandel der Vorstellungen, Wertorientierungen und Normen Rechnung.

Im Unterschied etwa zu den kulturpolitischen Attacken von Strauß zur Verteidigung der reinen, Heilen-Welt-Kunst, der Kohlschen Berufung auf den Biedersinn oder gar den Kampfparolen von Herrmann gegen die 68er-Wertezerstörung wird die Umorientierung im Alltagsbewußtsein

11 Bernd Wagner: Vom Aschenputtel zum Hätschelkind. Tendenzen kommunaler Kulturpolitik, in: A.R.T. 1988

nicht nur akzeptiert, sondern auch zu einem Ausgangspunkt der Politik gemacht, wenn Geißler beispielsweise ausführt:

> »Der Wertewandel hat ein doppeltes Gesicht: er umfaßt den Bedeutungsverlust der traditionellen 'bürgerlichen' Leistungs- und Arbeitsmoral (Leben, um zu arbeiten) ebenso wie eine wachsende Wertschätzung neuer Werte, wie z.B. den Wunsch nach Geborgenheit, den Wunsch, die natürliche, soziale und kulturelle Umwelt zu erhalten.«[12]

Die Umorientierung der kulturellen Werte und gesellschaftlichen Normen, die heute lediglich in ihrer Reichweite umstritten ist - etwa ob sie sogar als 'stille Revolution' zu begreifen ist oder die neuen Werte als 'postmaterialistisch' zu beschreiben sind - geht einher mit einem Prozeß der Individualisierung der Lebensformen. Diese Individualisierung äußert sich in der Auflösung traditioneller Bindungen wie dem Verlust von gewohnten Sicherheiten und relativ durchschaubaren Zusammenhängen. Ulrich Beck spricht in seinem Buch *Risikogesellschaft* von einer dreifachen Individualisierung:

> »*Herauslösung* aus historisch vorgegebenen Sozialformen und -bindungen im Sinne traditionaler Herrschafts- und Versorgungszusammenhänge (Freisetzungsdimension), *Verlust von traditionalen Sicherheiten* im Hinblick auf Handlungswissen, Glaubensdimension) und - womit die Bedeutung des Begriffs gleichsam in ihr Gegenteil verkehrt wird - eine *neue Art der sozialen Einbindung* (Kontroll- und Reintegrationsdimension).«[13]

Auch die These von der zunehmenden Individualisierung der Lebenszusammenhänge ist gegenwärtig kaum noch strittig. Auch hier geht es in der Auseinandersetzung wesentlich darum, inwieweit dadurch Klassen- und Schichtenbindungen vollständig abgelöst werden und worin diese neue Art der sozialen Einbindung besteht.

Für die neokonservativen Modernisierer wie ihr Pendant auf sozialdemokratischer und freidemokratischer Seite[14] ist allerdings klar, daß ein wesentliches Ferment der neuen gesellschaftlichen Bindung in der Kultur, den kulturellen Erlebnissen, Bezügen und Vorstellungen, besteht,

---

12 zit. nach Grafe, Visionen, S. 167

13 Ulrich Beck: Risikogesellschaft. Auf dem Weg in eine andere Moderne, Frankfurt/M., 1986, S. 206

14 In dem Grundsatzpapier der FDP von ihrem Mainzer Parteitag im November 1986 »Neue Chancen kultureller Lebensgestaltung« schlägt sich eine solche 'moderne Sicht' bereits ansatzweise programmatisch nieder. Die Situation in der SPD ist mit der der CDU vergleichbar. Auch hier gibt es keine einheitliche Konzeption für eine Kulturpolitik. Die 'Modernisierer' treten hier vor allem in der Debatte über die 'Dienstleistungsgesellschaft' hervor und haben noch keine ausgeführten kulturpolitischen Vorstellungen formuliert.

Kultur wird zum 'Sozialkitt' der Gesellschaft, wie der gar nicht so wissenschaftliche Terminus im württembergischen Forschungsbericht »Zukunftsperspektiven gesellschaftlicher Entwicklung« heißt.

Das neue Interesse an der Kultur auf seiten der schwarzen (und rosaroten) Modernisierer kommt aus vielen Quellen. Neben den herkömmlichen Aufgaben, denen Kultur genügen soll (städtische Imagepflege für die Touristen, Repräsentationskultur zur Abgrenzung der gesellschaftlichen Schichten), und den Funktionen, die ihr mit der 'neuen Kulturpolitik' seit Anfang der siebziger Jahre zugewiesen wurden (Rückgewinnung der Urbanität, Wirtschaftsfaktor, Sozialfunktion, Standortfaktor) treten neue Ziele und Funktionszuweisungen, die die Kulturpolitik ins Zentrum der politischen Vorstellungen rückt. Kulturpolitische Vorstellungen und der Kampf um 'kulturelle Hegemonie' treten dabei mit der Zeit neben die traditionellen Felder der politischen Auseinandersetzung wie Wirtschafts- und Sozialpolitik, und die Parteien wetteifern, wer am schnellsten und glaubhaftesten den Wählern versichern kann, den Weg von der Arbeits- zur 'Kulturgesellschaft' zu meistern. (»Mehr Sinnerfüllung in einer farbigen Kulturgesellschaft« ist die entsprechende Passage im *Zukunftsmanifest der CDU* überschrieben; im Irseer Programmentwurf der SPD lautet das entsprechende Kulturkapitel »Auf dem Weg zur Kulturgesellschaft«[15]). Die neue Qualität von Kultur und Kulturpolitik im Rahmen neokonservativer Modernisierungskonzepte und Zukunftsvisionen wird deutlich, wenn die Stellung von Kultur zu anderen gesellschaftlichen Bereichen, zum Wirtschaftssystem, zur Politik und Technik skizziert wird. Es ist jeweils ein Prozeß des Aufbrechens alter Zusammenhänge und der Schaffung neuer Verbindungen.

Bezogen auf den ökonomischen Bereich ist Kultur zu einem Wirtschaftsfaktor erster Güte geworden. Das reicht vom Einsatz der Kulturpolitik als zentraler Faktor bei der Standortwahl von Unternehmen, vor allem der Zukunftsindustrien und Dienstleistungsbranchen, über die Einnahmen bei Festivals, Festspielen und großen Kulturveranstaltungen für die kommunalen und privaten Kassen bis zur Bedeutung von Kultur als kreativer Innovationsbrunnen und Sinnersatz in den Unternehmen wie den Einsatz von Kunst zur Absatzförderung und Imagewerbung der Firmen.

Andererseits kommt es auch zu einer Entkoppelung des Zusammenhangs von Wirtschaftssystem und kultureller Welt. Durch den Wertewandel, teils auf die gesellschaftliche Umstrukturierung folgend, teils diese antizipierend, steht die berufsbezogene Arbeit nicht mehr unum-

15 CDU: Zukunftsmanifest der CDU, in: Sonde H. 3/4 1986; SPD: Entwurf für ein neues Grundsatzprogramm, Irsee 1986

stritten im Zentrum der gesellschaftlichen Wertskala. Die traditionellen Arbeitstugenden und -normen, die vom industriellen System geprägt sind und die gesellschaftlichen Werte der anderen Lebensbereiche bestimmen (Fleiß, Sparsamkeit, Ordnung, Anpassung, Unterordnung etc.), verlieren schrittweise ihre dominierende Bedeutung. Auch über das kulturelle System können diese Einstellungen und Werte immer weniger vermittelt werden. Im Gegenteil, von Teilen des kulturellen Systems dringen neue 'postmaterialistische', 'hedonistische' Werte verstärkt in das wirtschaftliche System und in den politischen Bereich. Irritierend ist dabei für die Konservativen und Neokonservativen, daß die Dynamik des Kultursystems vom Wirtschaftssystem selbst hervorgebracht wird, wie beispielsweise einer der führenden US-Neokonservativen Daniel Bell resignierend feststellt: »Das traditionelle bürgerliche Wertesystem wurde in der Tat durch das bürgerliche Wirtschaftssystem zerbrochen - präziser gesagt: durch den freien Markt. Dies ist der Ursprung des kapitalistischen Widerspruchs.«[16]

Solange es sich bei den neuen kulturellen Werten lediglich um neue Herangehensweisen, Umgangsformen und Sichtweisen handelt, kommt dies als innovativer Jungbrunnen dem sich wandelnden Industriesystem sogar entgegen. Weitergehende Werte wie Selbstverwirklichung in der Arbeit, Selbstbestimmung, Betrachtung der Gebrauchswertseite, ganzheitliches Vorgehen auch in der Praxis etc. zielen aber auf die Grundlagen des gegenwärtigen Gesamtsystems, und ihre Umsetzung in großem Umfang würde das Fundament des wirtschaftlichen und politischen Systems erschüttern.

Die 'Doppelstrategie des Konservatismus' - die für fremdbestimmte Arbeit notwendigen Werte und Tugenden vom Kultursystem zur Verfügung stellen zu lassen und gleichzeitig alle darüber hinausgehenden Vorstellungen auf den kulturellen Bereich zu beschränken - erweist sich gerade in jüngster Zeit als wenig erfolgversprechend. Für die neokonservativen Modernisierer folgt daraus die notwendige Entkoppelung von wirtschaftlichem System und kulturellem Bereich.

Ähnlich verhält es sich mit dem Verhältnis von Kultur zum politischen System. Wenn Habermas von einer »neuen Intimität zwischen Politik und Kultur« spricht, da »die politische Konkurrenz um die knappe Ressource 'Sinn' die Entfernung zwischen Politik und Kultur verringert hat«[17], trifft das, wie beim Wirtschaftssystem, die Seite, wo Kultur aufgetretene Defizite ausgleichen und neue Sinnzusammenhänge schaffen soll.

---

16 Daniel Bell: Die Zukunft der westlichen Welt. Kultur und Technologie im Widerstreit, Frankfurt/M. 1976, S. 72

17 Jürgen Habermas: Die neue Intimität zwischen Politik und Kultur, in: Merkur H. 468, Februar 1988, S. 150

Kultur wird zu einer Politikergänzung, in manchen Fällen zu einem Politikersatz, soll da einen neuen Sinn vermitteln, wo die Werte der Arbeitswelt ihre Bedeutung verloren haben, und Gemeinschaftsgefühle wecken, wo die traditionellen durch die Legitimationsdefizite des politischen Systems und die 'Enttraditionalisierung' verlorengegangen sind.

Diese neue Intimität zwischen Kultur und Politik ist andererseits nur möglich, wenn Kultur 'unpolitisch' ist, wenn sie nicht jene enge partei- und staatspolitische Orientierung hat, wie sie von rechtspopulistisch-traditionalistischer Seite gefordert wird. Kultur kann nur dann zu einem gemeinschafts- und sinnstiftenden Faktor werden, wenn sie weitgehend allgemein ist und möglichst wenige ausschließt.

Kunst und Technologie - »kulturelle Herausforderung«

Bezogen auf die Technik kommt der Kultur eine ebenso zwiespältige Aufgabe zu: sie soll beiden dienen, der Technikförderung wie der Bewältigung ihrer Folgen. Da die gegenwärtige ökologische Krise und die ablehnende Einstellung eines Großteils der Bevölkerung zu den technologischen Großprojekten (Kernenergie, Gentechnologie etc.) wie ihre Skepsis gegenüber dem Zukunftsoptimismus und dem »Macht-euch-die-Erde-untertan«-Wahn die Folge der bisherigen technischen und wissenschaftlichen Entwicklung ist, andererseits die konservativen Modernisierer auf das forcierte Wachstum dieser Technologien bauen, ist es für sie dringend notwendig, hier Lösungswege zu finden.

Die im Auftrag der baden-württembergischen Landesregierung erstellte richtungsweisende Studie *Zukunftsperspektiven gesellschaftlicher Entwicklung* propagiert folgendens Vorgehen (wobei eingangs festgehalten wird, daß es »mit wissenschaftlichen Ableitungen allein, ohne ein gewisses Maß an 'anthropologischem Optimismus'«[18] nicht ginge): 1. werden die guten Gründe der technologischen Gegner anerkannt; 2. dieser Wandel der Werte so umgebogen, daß er keine Technik- und Fortschrittsfeindschaft ausdrückt, sondern ein Pragmatisierungsvorgang ist und 3. wird auf eine Integration der Alternativkultur abgezielt, um mit einer »Wertkulturpolitik« zu einer »neuen Synthese von Pflicht- und Selbstverwirklichungswerten« zu kommen. Über die Alternativkultur sowie die herkömmlichen und »neuen Geselligkeitsformen« der Alltagskultur werden jene Abfederungsmechanismen geschaffen, die mit dem nötigen »anthropologischen Optimismus« in der Lage sind, die Tech-

18 Zukunftsperspektiven gesellschaftlicher Entwicklung: erstellt im Auftrag der Landesregierung Baden-Württemberg, November 1983

nikfolgen erträglich zu machen. Neben der Alltags- und Alternativkultur kommen der Kunst allgemein und neuerdings auch den Geisteswissenschaften die Rollen als wichtigster »Sozialkitt in der technischen Zivilisation« der schwäbischen Moderne zu.

Andererseits kommen Kultur und Geisteswissenschaften nicht nur kompensatorische Aufgaben zu, sondern gehen Kunst und Technik eine neue Verbindung ein. Auch hier scheint Späth seinen Kollegen um einiges voraus. In seiner Rede auf der Tagung des Kulturrates »High Tech - High Culture?« stellte er fest: »Kunst und Technologie, dies ist, wenn ich es richtig einschätze, *die* Herausforderung unserer Zeit im kulturellen Bereich.«[19] Gesagt, getan: in Karlsruhe entsteht das Zentrum für Kunst und Medientechnologie.

> »ZKM soll Mittelpunkt und Schnittpunkt von Kunst und Technik werden. ZKM sagt Ja zur Kunst, sagt Ja zur Technik und sucht die Verbindung. ZKM ist Teil der Kultur, die Technik in unser Leben einbinden will. ZKM ist Herausforderung und Chance, das Auseinanderdriften von künstlerischen Ausdrucksformen und zeitentsprechenden technischen Mitteln aufzuheben.«[20]

So der Karlsruher Oberbürgermeister im Geleitwort zur Vorstellungsbroschüre des ZKM. Diese neuen Verbindungen und Zusammenhänge, in denen Kultur steht, verändern die Kultur selbst, haben Rückwirkungen auf die Inhalte und den Charakter von Kunst und Kultur.

Einer dieser Merkmale besteht in der schrittweisen Akzeptanz und Einbeziehung jener kulturellen Formen, die bisher aus dem Tempel der etablierten Kunst und Kultur (und damit auch von den Geldtöpfen) ausgeschlossen waren. Alternativkultur und nichtetablierter ästhetischer Avantgardismus, Straßentheater und Soziokultur werden als Kultur und Kunst zunehmend anerkannt. Die Alleinherrschaft der traditionellen Repräsentationskultur ist auch offiziell gebrochen und bekommt eine, wenn nicht gleichberechtigte, so doch 'sinnvolle Ergänzung'. Kurt Biedenkopf hat das in seiner Rede »Kultur für alle« auf einer Tagung der kommunalpolitischen Vereinigung der CDU/NRW in Oberhausen programmatisch formuliert. Nachdem er anfangs zustimmend Hilmar Hoffmann und Bertolt Brecht zitiert und viel von »ganzheitlicher Betrachtungsweise« eines umfassenden Kulturbegriffs spricht, das Recht auf »kulturelle Utopie« und »kulturellen Suchprozeß« verteidigt und »Mut zu neuen Wegen« und »kulturellen Innovationen« fordert, sieht er in der

19 Lothar Späth: High Tech - High Culture? Rede auf der Jahrestagung des Deutschen Kulturrates am 10.09.1986, Pressemitteilung des Staatsministeriums, S. 54

20 Zentrum für Kunst und Medientechnologie, Karlsruhe 1987, S. 4

Alternativkultur sogar ein Korrektiv für die traditionellen Kulturinstitutionen.

»So ist diese Basiskultur oder alternative Kultur, wie sie vielfach verstanden wird, nicht alternativ im Sinne von kontradiktorisch oder konfrontativ, sondern sie ist komplementär zum 'offiziellen' Kulturbetrieb. Ich möchte soweit gehen zu behaupten, daß der subventionierte, geordnete, im staatlichen Gehäuse angesiedelte Kulturbetrieb politisch eigentlich nur dann legitimiert ist, wenn er zugleich diese komplementäre, auf Eigeninitiative beruhende Kultur fördert und sich auf diese Weise einer Art Wettbewerb und damit einer gewissen Kontrolle aussetzt.«[21]

Daß es sich dabei nicht nur um Schönrednerei handelt, zeigen etwa die Berliner Erfahrungen mit der vermutlich bisher weitestgehenden Förderung selbstverwalteter Projekte im Kultur- und Sozialbereich unter dem CDU-Senat oder die finanzielle Unterstützung der soziokulturellen Zentren aus dem württembergischen Landesetat. Für Späth gehören, wie im Bericht *Zukunftsperspektiven* gefordert, diese Zentren als Teil der Alternativkultur zu den bisher ausgegrenzten gesellschaftlichen Bereichen, die in seinem Projekt einer Versöhnungsgesellschaft wieder eingemeindet werden sollen, um die Spaltung der Gesellschaft zu nivellieren und mit der Informationsgesellschaft die 'Wende in die Zukunft' zu schaffen. Das schließt gerade auch die Absage an populistische Strategien ein, die sich bei kulturpolitischen Entscheidungen von Mehrheitsstimmungen und -wünschen leiten lassen oder sich darauf berufen.

Kultur und Kulturpolitik geraten aber dadurch in neokonservativer Sicht in eine anscheinend aussichtslose Zwangslage. Einerseits werden die Barrieren zwischen Kunst und Leben, Kultur und Alltag immer niedriger und es kommt zu einer zeitweiligen Angleichung und Ineinssetzung der Lebensbereiche etwa durch die Ästhetisierung der Städte, die Kunst auf der Straße, Unternehmenskultur, die neue Intimität zwischen Kultur und Politik oder die Kombination von Kultur und Technik. Andererseits dürfen Kunst und Kultur aber nicht den abgesteckten Bereich des Spiels, des Freiraums, des ästhetischen Scheins verlassen, dürfen nicht lebenspraktisch werden, da die hier zentralen »Selbstentfaltungswerte des einzelnen strikt auf die Sphäre vorpolitischer Privatheit begrenzt bleiben« müssen[22].

21 Kurt Biedenkopf: Kultur für alle, in: Der Mensch lebt nicht vom Brot allein. Kultur für alle oder Träume für Spinner?, 77. Fachtagung der KPV/NRW, Recklinghausen, 1986, S. 29

22 Richard Saage: Der Neokonservatismus und das Ende des »Sozialdemokratischen Zeitalters«, in: Gewerkschaftliche Monatshefte, H. 2/1987, S. 97

Der Prozeß der Verschmelzung von Kultur und Gesellschaft zur Kulturgesellschaft ist janusköpfig. Kunst und Kultur, aus ihrem Ghetto von Feierabend und Aura befreit, können subversive Kraft für die anderen gesellschaftlichen Bereiche entfalten, Widerspruchs- und Artikulationsmöglichkeiten jenseits der Privatsphäre schaffen, die vielleicht zur Neukonstruierung von Öffentlichkeit führen kann. (Die jüngsten 'Kulturstreits' über das Fassbinderstück und den Börneplatz in Frankfurt sind Beleg dafür).

Die Aufhebung diese Dilemmas im Rahmen neokonservativer Modernisierungskonzepte ist nur über den Verlust des Gehalts von Kunst und Kultur möglich. Kunst verliert jeden Anspruch, wirklichkeitsadäquate Aussagen zu machen und tiefere Wirkungen hervorzurufen. Der Anspruch von der Einheit des 'Wahren, Schönen, Guten', dem der traditionelle Kunstbegriff verpflichtet ist und der auch das kritische Potential der modernen Kunst beeinflußt, wird aufgegeben. Kunst ist nur noch das Schöne und der ästhetische Schein.

Diese Einheit löste sich schon mit Beginn der Moderne und der Ausdifferenzierung in die drei selbständigen Sphären Kunst, Wissenschaft und Moral auf. Das 'Wahre' hat in der Wissenschaft seinen Platz, das 'Gute' in der Moral und für die Kunst bleibt das 'Schöne'. Im bisherigen Kunst- und Kulturbegriff ist aber noch der Anspruch auf die Einheit von wissenschaftlicher, ethischer und ästhetischer Wirklichkeitserfahrung und -erkenntnis lebendig geblieben. Wenn aber Kunst und Kultur im neokonservativen Gesellschaftsbild nicht mehr als der Ort begriffen werden können, an dem die Werte des ökonomisch-politischen Systems eingeübt werden können, und im Gegenteil vom kulturellen Bereich aus Selbstentfaltungswerte in die anderen gesellschaftlichen Bereiche getragen werden, dann gilt es, der Kunst jede Orientierungsfunktion und die Möglichkeit, den kulturellen Raum zu überschreiten, abzusprechen. Mit dem Eingeständnis der Orientierungslosigkeit verliert der Kunstbegriff einen Teil seiner Substanz, der neben dem 'Schönen' auch dem 'Guten' und 'Wahren' verpflichtet ist. Diese Verarmung des Kunstbegriffs hat Folgen in zweierlei Richtung: einmal geht durch die Aufhebung der Wahrheitsfrage und der ethischen Dimension jede Auseinandersetzung in und um Kunstwerke, über die Fragen richtig und falsch, moralisch oder verwerflich am Gegenstand vorbei. Kunst ist Spiel, wird jetzt wirklich l'art pour l'art. Und für die neokonservativen Modernisierer ist »Kultur nur noch interessant als Steinbruch, aus dem sich die politischen Eliten jene Bauelemente liefern lassen, die sie für die soziale Integration der Gesellschaft als unabdingbar ansehen.«[23]

23 Helmut Dubiel, Was ist Neo-Konservatismus?, Frankfurt/M., S. 43

Zum andern wird durch diese 'Entleerung' der Platz geschaffen, alle möglichen Formen der Kultur und Künste zu integrieren. Durch eine Kunst, die ohne Folgen ist und die die engen Grenzen der traditionell etablierten Kunstrichtungen überwindet, wird es möglich, Kunst und Kultur vom verstaubten Ruch einer Sonntagabend-Klassiker-Pflichtveranstaltung zu befreien und sie stärker als in der Vergangenheit zu einem allzeit verfügbaren Erholungsreservat zu machen. Das Ästhetische, reduziert auf die Formseite, kann so in immer mehr gesellschaftliche Bereiche vordringen und prägt den Alltag in bisher unbekannter Weise - eine an sich erfreuliche Entwicklung, die die Kunst von ihrem Podest holt und den Alltag bunter und lebendiger macht. Gleichzeitig werden aber die gesellschaftlichen Probleme dadurch schnell zu Stilfragen umdefiniert, politische Fragen in Fragen der Moral und Ästhetik verwandelt, wo jeder scheinbar nach eigenem Belieben eigene Interpretationen und Setzungen vornehmen kann. Kulturelle Symbole werden zu leeren Zeichen, werden zu Moden. (Hier treffen sich - ohne sie wie Habermas[24] in eins zu setzen - postmoderne Kultur mit neokonservativer Kulturpolitik). Ergebnis der Kulturpolitik neokonservativer und sozialdemokratischer Modernisierer ist eine »Ästhetisierung des Boulevards« der die »Boulevardisierung der Ästhetik« folgt und umgekehrt[25] Kunst ist hier nicht Sprache und Vermittlung von Erfahrung, sondern Ausdruck von Sprachlosigkeit, reduziert auf Show, Schein und Spektakel. Das Ritual herrscht und verweist nur auf sich selbst, eine neue Beliebigkeit wird zelebriert und an die Stelle von Wahrheit treten Moden und Museen.

24 Jürgen Habermas: Die Moderne - ein unvollendetes Projekt, in: Die Zeit, 19.9.1980
25 Ulrich Greiner: Beethoven. Roll over Beethoven. Roller Skating mit Beethoven, in: Die Zeit 18.4.1986

Norbert Reiber

Kultur und Weltmarkt in Baden-Württemberg

> »Wirtschaftskraft und Spitzentechnologie sind nicht alles, 'was aber bleibt, stiften die Dichter', sagt Hölderlin.«
> Guntram Palm, Baden-Württembergischer Finanzminister

Zukunftsvisionen haben nicht nur Konjunktur, aus ihnen wird tatsächlich Politik abgeleitet. Das »Modell Baden-Württemberg« ist dabei über ein »Modell deutscher Möglichkeiten«[1] zum »Modell europäischer Möglichkeiten«[2] avanciert. Wirtschaftliche und politische Aktivitäten sind geprägt durch technologiebedingte, strukturelle Veränderungen in der industriellen Produktion, die aufgrund des verschärften internationalen Wettbewerbs ausgelöst wurden. »Die Bedeutung Baden-Württembergs als internationaler Handelspartner erweist sich daraus, daß das Land, in dem lediglich 0,2 % der Weltbevölkerung leben, 1,5 % des Weltexports betreibt.«[3] Der Exportanteil umfaßt ein Volumen von über 70 Milliarden DM.[4] Weltwirtschaftliche Faktoren und internationale Arbeitsteilung beeinflussen die Politik. Doch die Exporte sind langfristig nicht sicher; die Konkurrenz schläft nicht und hält sich auch nicht mit kulturpessimistischem Lamentieren auf. Sicher ist,

> »... daß sich der Strukturwandel in der Bundesrepublik und auch in Baden-Württemberg weiter verschärfen wird und daß unser Innovationstempo entsprechend zunehmen muß. (...) Nur durch die Steigerung unseres Innovationstempos werden wir in der Lage sein, unsere rasch wachsenden Importe durch immer qualifiziertere Produkte und Dienstleistungen im Exportbereich auszugleichen.«[5]

Unter den Exportzwang werden alle privaten und öffentlichen Anstrengungen subsumiert; die Konkurrenz zwingt dazu. Ursache des

1 Staatsministerium Baden-Württemberg (Hrsg.): Baden-Württemberg - Modell deutscher Möglichkeiten, 2. Aufl., Stuttgart 1982.

2 Regierungserklärung des Ministerpräsidenten vom 9.6.1988, Stuttgart 1988 (im folgenden zit. als RE/88)

3 Gesamtkonzeption einer Technologiepolitik des Landes Baden-Württemberg vom 15.7.1985, S. 2, Stuttgart 1985

4 Regierungserklärung der Landesregierung für die Legislaturperiode 1984-1988, Stuttgart 1984, S. 14 (im folgenden zit. als RE 84-88).

5 RE 88, S. 6

zunehmenden Konkurrenzdrucks auf dem Weltmarkt: mit den »vier Tigern«[6] Korea, Taiwan, Singapur und Hongkong sind - neben USA und Japan - neue, billig High Tech produzierende Konkurrenten herangewachsen, von denen wir »noch - etwas geringschätzig - von 'Schwellenländern' (sprechen)«[7]. Die »vier Tiger« lauern.

Mit der geplanten Verwirklichung des europäischen Binnenmarktes ab 1992 kommt die nächste große Aufgabe auf die Landesregierung zu. Es geht vorrangig um »Standortwettbewerb«[8]. Die Politik ist also stark nach außen, zwischenstaatlich und (welt-) marktorientiert. Daraus ergibt sich als Folge, den Versuch zu unternehmen, Inneres für diese Orientierung zu mobilisieren und zu funktionalisieren.

Die mit dem industriellen Strukturwandel einhergehenden Veränderungen sind vor allem auch eine »kulturelle Herausforderung«.

> »Der Abschied von der Industriegesellschaft alter Art ist ein kulturhistorischer Vorgang, und die Entfaltung neuer kreativer Kräfte, die wir zur Bewältigung der vor uns liegenden Aufgaben dringend brauchen, setzt eine dynamische und infrastrukturell verstandene Kulturpolitik voraus. (...) Wenn wir nicht nur auf dem Weg zu einer Informationsgesellschaft, sondern auch zu einer Kulturgesellschaft sein sollten, dann muß Baden-Württemberg auch insoweit ein Modell deutscher und europäischer Möglichkeiten werden«[9].

Baden-Württemberg soll, nach Einschätzung der Führungskräfte in Politik und Wirtschaft, im geeinten zukünftigen Europa eine Schlüsselrolle spielen. Schon heute werden wissenschaftliche, technologische und wirtschaftliche Kontakte mit dem Rhône-Alpe-Gebiet, der Region um Grenoble und dem Genfer Forschungsraum gepflegt. Hier entsteht *das* europäische Entwicklungszentrum der Zukunft.

Ein »europäisches Modell« wäre als bloße Ansammlung hochtechnologischer Industriekonglomerate freilich wenig attraktiv.

Die emsig - mit staatlicher Förderung - vorangetriebene Modernisierung der Industrie, *für und durch* High-Tech, verlangt nach dem technologischen Innovationsschub nun einen kulturellen. Baden-Württemberg, vor gar nicht so viel Jahren noch überwiegend Agrarstaat, hat, gegenüber den anderen Bundesländern, zuerst Nachhol-, dann Überholbedarf.

Die politische Führung des Landes stellt Baden-Württembergs Zukunft als die Überwindung der obsoleten »Industriegesellschaft« durch eine »Informationsgesellschaft« dar, die zugleich »Versöhnungs-

6 ebd.
7 ebd.
8 ebd.
9 ebd., S. 20 f.

gesellschaft« und »Freizeitgesellschaft« ist. »Informationsgesellschaft« spiegelt die *technologische* Dimension der Zukunftsvision wider, »Freizeit«- und Versöhnungsgesellschaft« sind die Dimensionen der »Kulturgesellschaft«.

Die Transformation der »Industrie«- zur »Informationsgesellschaft« vollzieht sich aufgrund des »technisch-wissenschaftlichen Evolutionsprozesses« (Lothar Späth) zwangsläufig, allerdings - aufgrund des »internationalen Wettbewerbs« - nur in den Ländern, in denen der Staat bzw. die politische Führung zu *der* Modernisierungsagentur im Lande wird[10].

Modernisierung der Wirtschaft, Auf- und Ausbau wissenschaftlicher Infrastruktur, Umorientierung von Hochschul-, Forschungs- und Bildungspolitik, Anpassung der Gesellschaft an moderne Produktionserfordernisse sowie eine entsprechende Ausgestaltung des politischen Exekutivapparates (Verwaltung) sind zentrale Felder Späthscher Politik. Kultur kommt nun aus mehreren Gründen hinzu.

Da sie von zentraler Bedeutung für die Zukunftsvorbereitung sind, werden diese Politikfelder vom »Chef« persönlich betreut. Alle sind im Staatsministerium (entspricht der Staatskanzlei anderer Bundesländer) des Ministerpräsidenten zentralisiert. Die Führungskräfte für diese Aufgaben, wie z.B. der Landesbeauftragte für Technologietransfer, der Landessystembeauftragte und neuerdings der Staatsrat h. c. für Kultur unterstehen direkt dem Ministerpräsidenten. Nach High-Tech-, Forschungs-, Wirtschafts- und Verwaltungspolitik ist nun auch Kultur »Chefsache«. Liest man das vorangestellte Zitat des Finanzministers im Zusammenhang der Gesamtvision »Baden-Württemberg 2000«, dann wird deutlich, wozu Kulturpolitik dienen soll: der *Mobilisierung für die »Informationsgesellschaft«.*

»Hinter High-Tech muß nun eine weitere Stufe geschaltet werden«[11], eine kulturelle.

»Stufe« weist auf den Bestandteil-Charakter von Kultur in einer Gesamtsystematik hin. *»Schalten«* auf die Lenkung durch die politische Führung.

Drittens wird diese Notwendigkeit der Moderne zentral durch*gesetzt.* Der für diese Aufgabe mit Kabinettsrang ausgestattete Staatsrat für Kultur, Chef des Stuttgarter Staatstheaters und Intendant der Ludwigsburger Festspiele, Wolfgang Gönnenwein, wird in der Öffentlichkeit gelegentlich als »Späths Wehrbeauftragter für Kultur«[12] bezeichnet. Kultur wird

10 K. Erdmenger/W. Fach/G. Simonis, Modernität als Staatsräson, in: N. Dose/A. Drexler (Hrsg.): Technologieparks - Voraussetzungen, Bestandsaufnahme und Kritik, Opladen 1988

11 Lothar Späth, Interview in: SÜDWESTPRESSE (SWP) v. 19.7.1986

12 SWP, 4.5.1986

mehr und mehr zur »strategischen Waffe« im wirtschaftlichen Konkurrenzkampf. Nur Johann Wolfgang Goethe hatte in Weimar, zusätzlich zur Kultur, mit dem Bergwerks- und Straßenwesen einen größeren Zuständigkeitsbereich. Die Führung im Aufsteigerland Baden-Württemberg liebt die große Pose der Neureichen.

Kultur erhält zentrale Bedeutung bei der Gestaltung der »Informationsgesellschaft« in ökonomischer und sozialer Hinsicht.

Kultur als Wirtschaftsfaktor

Die Attraktivität von Standorten moderner Industrien hängt zunehmend vom kulturellen Angebot ab, lautet die neueste These der Modernisierungspolitiker.

> »Die Menschen, die in diesem technologischen Bereich (der Chip- und High-Tech-Produktion; N.R.) arbeiten, werden einen hohen Ausgleichsbedarf haben. Die Entwicklung der Forschungsinfrastruktur ist im Fluß. Wir müssen daher nun die Themen kulturelle Infrastruktur und Bildungsinfrastruktur mit Blick auf die 90er Jahre angehen. Hinter »High-Tech« muß eine weitere Stufe geschaltet werden. Das hat einmal einen wirtschaftlichen Aspekt, denn die Standortentscheidung qualifizierter Arbeitskräfte wird künftig zunehmend von der Qualität des Freizeitangebots, vor allem des kulturellen Angebots abhängen. Zum zweiten gibt es einen neuen Trend zur ganzheitlichen Denkweise. Immer mehr Menschen kommen zu der Überzeugung, daß sie sich nicht aufspalten können in den Bereich Arbeitswelt einerseits und Konsum- und Freizeitwelt andererseits. Die Frage der Grenzen der Technik, die Frage der Ethik rückt wieder stärker in den Vordergrund, auch in den technischen Wissenschaften.«[13]

Genügten bisher billige Grundstücke, niedrige Energiekosten, ausgebaute Verkehrswege und Steuervergünstigungen, um einen Betrieb in eine bestimmte Region zu locken, so müssen heute zum gleichen Zweck gute Bildungs- und Forschungseinrichtungen und lockende kulturelle Angebote gemacht werden. Eine Stadt gewinnt als Industriestandort und auch als Kongreß- und Tagungszentrum durch ihr kulturelles Angebot. Gerade die kulturelle Infrastruktur, inclusive eines schicken Café-, Kneipen- und Galerienmilieus, sei »Ursache für den Erfolg Münchens«[14]. Stuttgart hat in dieser Beziehung viel aufzuholen. Traditionell bedingt, war Stuttgart nie kultureller Mittelpunkt des Landes. Baden-Württem-

---

13 Späth, Interview mit SWP
14 W. Engels in: Wirtschaftswoche v. 18.7.1986

bergs Kultur ist eher dezentral strukturiert, in den vielen mittleren Städten, die oft schon früh freie Reichsstädte gewesen sind, beheimatet und weitgehend provinziell. Der bis heute stark ausgeprägte und verbreitete pietistische Geist, der (nicht nur) geschauter Lust abhold ist, verhinderte zusätzlich die Herausbildung jeglicher architektonischer Schönheit oder anderer repräsentativer Symbolik. Selbst Kirchen gleichen in Stuttgart Fabriken oder Bankhäusern. Repräsentative Staatskultur entwickelte sich aufgrund dieser Struktur nicht. Stuttgart war äußerlich nie Hauptstadt.

Neidvoll ging und geht der Blick in die benachbarte Metropole München, wo es Montgelais gelungen ist, alle öffentlichen Funktionen auf eine mächtige Hauptstadt zu konzentrieren. Damit soll nun Schluß sein. Späth verfolgt in Stuttgart das ehrgeizige Projekt einer *Kulturmeile*. Davon steht freilich erst die von Stirling entworfene Staatsgalerie; ein Bau, den man heute als *postmodern* bezeichnet. Mehr ein gelungener architektonischer »Gag« als der ersehnte staatsrepräsentative Bau. Die - noch zu schaffende - Kulturmeile soll Bibliotheken, Museen, eine Musikakademie, Theaterschule, Staatstheater und Staatsgalerie vereinen. Durch einen vierzig Meter hohen Konzertsaal soll der Architekt James Stirling endlich das staatsrepräsentative Symbol schaffen. »Nun rüstet auch Stuttgart auf«[15].

Nicht nur der Attraktivitätssteigerung des Stuttgarter Industriestandortes dienen die kulturellen Projekte, mit ihrer Hilfe soll der starke Wirtschaftsraum endlich hauptstädtisches, staatsrepräsentatives Ambiente erhalten. Der politischen Zentralisierung im Lande entspricht der Ausdruck in »hauptstädtischen« Symbolen.

Die Sprache, militärisch, mit aggressiven Ausdrücken, »verrät« die Herkunft der kulturellen Anstrengungen: das »Schlachtfeld« des nationalen und internationalen Konkurrenzkampfes. Wenig verwunderlich wäre es, wenn in einer Neuauflage von Lothar Späths programmatischer Schrift »Wende in die Zukunft«[16], neben Kapital, Boden, Arbeit und dem neu entdeckten Produktionsfaktor Information Kultur als fünfter auftauchen würde.

Das oben genannte Zitat von Lothar Späth läßt auf weitere Implikationen der Kulturpolitik schließen: Beantwortung von »Fragen der Ethik«, die mit dem technisch-wissenschaftlichen Fortschritt auftreten.

15 FAZ v. 14.4.1987
16 Lothar Späth, Wende in die Zukunft, Reinbek 1985

Die sozialen Komponenten von Kultur

Mit den technischen Entwicklungen in den kapitalistischen Ländern wurde in den letzten Jahren nicht unbedingt »Fortschritt« verbunden. Militärische Bedrohung, ökologische und technische Katastrophen, verschärfte soziale Mißstände sowie das - entgegen allen kapitalistischen Versprechen - weitere Auseinanderklaffen von Arm und Reich erschütterten das Vertrauen in »zügellosen« technologischen Fortschritt. »Grenzen des Wachstums« und die »cultural contradictions of capitalism« (Daniel Bell) wurden sichtbar und thematisiert. Die kapitalistische Funktionslogik endete nicht in der von A. Gehlen diagnostizierten »posthistoire«, sondern in einer - seit ca. Mitte der siebziger Jahre - anhaltenden »Akzeptanzkrise«. Ethisch-moralische Fragen aber werden kulturell ausgetragen. Der apokalyptischen Vision (etwa Club of Rome oder R. Bahro), die aus dieser Akzeptanzkrise entstand, wird die »linke« Variante der »Modernisierung der Volkswirtschaft«[17] entgegengesetzt, die - für viele verblüffend - von »rechts« weitgehend übernommen wurde[18]. Modernisierungsagentur in diesem Zukunftsprogramm ist der Staat. Folglich obliegt ihm auch die Gestaltung des kulturellen Wirtschaftsfaktors. Kultur als Motivations- und Kompensationsfaktor dient - nur scheinbar paradox - beidem: Technikförderung und der Bewältigung ihrer Folgen.

Motivation und Mobilisierung

»Manager legen großen Wert auf Kultur«[19], ergab eine Studie des Kommunalverbandes Ruhrgebiet. Staatliche Kulturpolitik ergänzt private Anstrengungen in den Unternehmen. 83 % der in dieser Studie befragten Unternehmen sind bereit, als Sponsoren und Mäzene öffentliche Kulturanstrengungen zu unterstützen. Vor allem High-Tech-Mitarbeiter, hochqualifizierte Spezialisten und Gutverdienende verlangen in ihrer Arbeitsumgebung mehr und mehr Freizeit- und Kulturangebote. Unternehmen nutzen die öffentliche Infrastruktur zur Motivationssteigerung ihrer Mitarbeiter, unternehmen aber darüber hinaus eigene, private, innerbetriebliche Anstrengungen. Konzepte, die unter den Stichworten »corporate identity«, »Unternehmenskultur« oder »Unternehmensphilo-

---

17 Volker Hauff, Fritz W. Scharpf: Modernisierung der Volkswirtschaft, Frankfurt/M.-Köln 1975

18 Vgl. hierzu W. Väth: Konservative Modernisierungspolitik - ein Widerspruch in sich?, in: PROKLA 56, S. 53 ff.

19 SWP v. 22.4.1988

sophie« kursieren[20]. Nach Überzeugung einiger Managementtheoretiker ist zur Bewältigung der immer kürzer werdenden Innovationszyklen in der Industrie der kulturelle Faktor entscheidend. Kreativität und Motivation von »Künstlern der italienischen Renaissance«, mit denen Steven Jobs (einstiger Gründer der Computerfirma Apple) seine Ingenieure vergleicht, lassen sich nicht befehlen, sondern nur erzeugen - ähnlich wie die Schöpfungskraft der Kulturschaffenden. (Unternehmens)Kultur erzeugt das »Wir-Gefühl« der individuellen »Künstler«. Die Politik scheint die Bedeutung von Kultur als des Faktors, der das Individuum an das Allgemeine bindet (Lukács), verstanden zu haben. Das Allgemeine kann ein Unternehmen, aber auch eine Region, gesellschaftliche Einheit oder staatliche Struktur sein.

Motivation und Kompensation

»Informationsgesellschaft« zeichnet sich durch schnellebige Innovationszyklen aus. Innovation beinhaltet neue Produkte und neue Produktionsverfahren. Durch Technologietransfereinrichtungen und Umwidmung bzw. Neuschaffung von Forschungskapazität unterstützt die Landesregierung die Entwicklung neuer Produkte. Vor allem in Maschinenbau, Mikroelektronik, Straßenfahrzeugbau, Bio- und Gentechnologie sowie in den Bereichen, die zur Innovation dieser Industrien als notwendig erachtet werden wie z.B. »Angewandte Wissensverarbeitung« (künstliche Intelligenz), Computerlinguistik, die Umwidmung der »Orchideenfächer« Sinologie und Japanologie in »exportorientierte Landeskunde«, durch die Managern das Bewegen auf dem Parkett fremder Kulturen beigebracht werden soll, die Stiftung Exportförderung, die Einrichtung einer EDV-gestützten Exportdatenbank, Messe- und Ausstellungsaktivitäten, Einrichtung entsprechender Informations- und Kommunikationsinfrastrukturen oder die Schaffung sogenannter »Exportakademien«. Baden-Württemberg besitzt das dichteste Hochschul- und Forschungsnetz aller Bundesländer. In gleichem Maße wird private Forschung gefördert sowie die Drittmittelforschung an den Universitäten und Fachhochschulen, die die Aufgabe des Technologietransfers im wesentlichen tragen, unterstützt. 1987 flossen 145 Mio. DM in wirtschaftsnahe Forschung. Die Produktionsverfahren der »Informationsgesellschaft« - so zumindest die Annahme des industriellen Managements und der politischen Führung - zeichnen sich durch dezentrale, regionale und hochflexible Strukturen aus, in denen die industriegesellschaftliche Massenproduktion durch

20 Vgl. Norbert Reiber, Moneykultur, in: links 9/87

»flexible Spezialisierung« abgelöst ist[21]. Schlüsseltechnologie dieser Produktionsweise ist Informationstechnologie sowie reprogrammierbare Fertigungstechnologie, die flexibles Reagieren auf Marktsituationen erlaubt. Das Management verfolgt für die »Fabrik der Zukunft« das sogenannte »CIM-Konzept« (Computer Integrated Manufacturing). In dieser Unternehmensstrategie sind sämtliche Unternehmensbereiche in Informationsverbünden integriert. Darüber hinaus erfolgt eine Anbindung der Zulieferbetriebe in einen Kommunikationsverbund, um die Strategie der sog. »Just-in-Time«-Produktion zu verfolgen. In diesem Produktionsverfahren werden Lagerhaltungs-Kosten dadurch minimiert, daß sie auf die Zulieferer verlagert werden. Bestellungen erfolgen automatisch nach Erreichen einer bestimmten Mindestmenge, Zulieferer müssen flexibel reagieren können und die Lieferung zu der Zeit, direkt ans Montageband liefern, zu der die Teile dort gebraucht werden. Zwar ist CIM in weiten Teilen noch Vision, in einigen Bereichen jedoch bereits weit fortgeschritten. Die Motorsägenfabrik Stihl in Waiblingen (mittlerer Neckarraum) bspw. kommt diesem Konzept bereits sehr nahe[22]. Der Eigentümer dieses Unternehmens, Herr Stihl, ist Präsident des Deutschen Industrie- und Handelstages (HIHT); dadurch erhält er großes politisches Gewicht, womit auch die von ihm vertretene Modernisierungsstrategie in Führungsgremien nicht undiskutiert bleibt. Andere Firmen, bspw. Daimler Benz, verfolgen ebenfalls Strategien computergestützter Produktionsplanung. Für die verschiedenen Projekte, die der Optimierung betrieblicher Logistik dienen sollen existieren verschiedene Bezeichnungen, die Entwicklungstendenz zur Integration von Produktionskomplexen und führungsorientierter Informationshierarchien ist aber weitgehend einheitlich. Entscheidend scheint mir zu sein, daß die politische Führung die Zukunftsvision »Informationsgesellschaft« in diesem, hier nur knapp skizzierten, Sinne strukturiert sieht[23].

Die neuen Produktionskonzepte der »flexiblen Spezialisierung« (Piore/Sabel) machen hochmobile und flexible Arbeitsverhältnisse notwendig. Außerdem, aufgrund der Anfälligkeit für Störungen an der Peripherie (sprich Zulieferbetriebe) dieser komplexen Produktionsstrukturen, Desorganisationspolitik gegenüber kollektiver Interessensvertretung (sprich: dem Gewerkschaftslager). Die Bonner Politik des Beschäftigungsförderungsgesetzes (Zeitverträge), des § 116 AFG (Einschränkung der Streikfähigkeit), der (vorgesehenen) Novellierung des Betriebsverfassungsgesetzes (Spaltung von Betriebsgremien), der Förderung eines

---

21 Vgl. M. Piore/Ch.F. Sabel: Das Ende der Massenproduktion, Berlin 1985
22 s. »Fabrik der Zukunft«, Sendung in Südwest drei (S 3) am 4.8.1986
23 vgl. Kommission »Zukunftsperspektiven gesellschaftlicher Entwicklung« (ZGE), Bericht, Stuttgart 1983 und Späth, Wende, a.a.O.

Ansteigens des Anteils von Teilzeit- und prekärer Arbeit und andere Maßnahmen mehr ist auf diesem Hintergrund entstanden. In Baden-Württemberg wird diese »segmentierende Strategie«[24] verfolgt. Späth nennt drei gesellschaftliche Kräfte, die der informationsgesellschaftlichen Zukunft entgegenstehen und infolge dessen - natürlich unausgesprochen - durch Desorganisation geschwächt werden sollen:

> »Der Einstieg in die Erörterung von Zukunftsfragen, so sagten wir, hat in Deutschland zögerlich begonnen, weil wichtige gesellschaftliche Gruppierungen lange abseits standen. (...) Sozialwissenschaften, Gewerkschaften, Fernsehen (...).«[25]

Die ersten predigen nur den Konflikt, die zweiten verteidigen überkommene industriegesellschaftliche Strukturen, die dritten verbreiten keine optimistische Zukunftsvision (Tele-Vision) der »Informationsgesellschaft«[26]. Die Sozialwissenschaften wurden gegenüber Natur-, Ingenieurs- und Informatikwissenschaften in ihrer Bedeutung durch Stellenstreichungen herabgemindert und in verbleibenden Bereichen »modernisiert« (Computerlinguistik, künstliche Intelligenz). Sie haben sich von »Diskussionswissenschaften« (Späth) zu »Akzeptanzwissenschaften« zu wandeln.

> »Die Sozialwissenschaften werden wohl erst dann einen wirklich konstruktiven - und das heißt: einen auch pragmatisch verwertbaren - Beitrag zur Orientierung im technisch-wissenschaftlichen Evolutionsprozeß leisten können, wenn sie bereit sind, ihr Menschenbild wieder aus den Zwängen der gesellschaftlichen Normierung zu entlassen. Dazu gehört, die Technik zu entdämonisieren, indem die Einzig- und die Andersartigkeit des Menschen, seine prinzipielle Überlegenheit gegenüber jeder Art maschineller Hilfsverrichtung anerkannt und zum Ausgangspunkt differenzierter sozialer Handlungsstrategien genommen wird, die auch technische Chancen berücksichtigen. Dazu gehört auch die Tatsache zu akzeptieren, daß gerade die modernen Informations- und Kommunikationstechnologien mit ihrem weiten Spektrum individueller Handhabung Wege zur Überwindung alter ökonomischer und sozialer 'Rollenspiele' weisen können.«[27]

In dieser informationsgesellschaftlichen Zukunftsvision erscheint das Individuum, losgelöst von politischen, ökonomischen und sozialen Strukturen, als souveräner Selbständiger in einer »Unternehmensgesellschaft«

---

24 Horst-Dieter Zahn, High-Tech - High-Culture. Zur kulturellen Bedeutung der neuen Technologien im Neokonservatismus, in: GMH 4/88, S. 249

25 Späth, Wende, a.a.O., S. 42

26 Klaus Erdmenger/W. Fach/G. Simonis, Modernität, a.a.O., S. 250

27 Späth, Wende, a.a.O., S. 65

(Giersch)[28]. Die Sozialwissenschaftler machen »die Gesellschaft« verantwortlich für Biografien, die doch nur der Einzelne, fleißig und pfiffig oder faul und dumm, zu verantworten hat. Die Tendenz der »Privatisierung« von Arbeit und Beschäftigungsrisiko in ungesicherten Arbeitsverhältnissen unterstützt die Herausbildung der »individualisierten« Gesellschaft. Die Bonner Desorganisationspolitik gewerkschaftlicher Macht wird landespolitisch unterstützt, etwa durch Verweigerung und stark eingeschränkte Mitbestimmung im öffentlichen Bereich, gerechtfertigt mit dem »Demokratieprinzip«, welches erfordert: »daß dem parlamentarisch verantwortlichen Minister das Recht der endgültigen Entscheidung zusteht, wenn keine Einigung möglich ist.«[29]

Dem Fernsehen und anderen Massenmedien öffentlichen Rechts erwächst mit der Unterstützung »zielgruppenorientierter« (Genscher) Medien privater Verfaßtheit Konkurrenz. Erst jüngst wurden vom Land 48 Mio. DM für die Förderung der Technik des Privatrundfunks zur Verfügung gestellt[30].

Die dynamische Zukunftsgesellschaft in Baden-Württemberg, getragen vom innovativen schumpeterianischen Unternehmertypus, zerfällt in atomisierte Individuen und stark segmentierte, ausdifferenzierte Einheiten. Die staatspolitische Frage lautet nun: Wie hält man diese Segmente zusammen, auf ein Gemeinsames verpflichtet? Denn eines ist sicher: die »Mehrung von sozialem Frieden«, durch »Mehrung von Wohlfahrt«, durch »Steigerung von Produktivität«, durch High Tech, besitzt »Zustimmungsfähigkeit, ja Zustimmungspflichtigkeit«[31].

Die Herstellung von Staatlichkeit über Gesetz und Normen reicht nicht (mehr) aus. Normen sind zwischenzeitlich brüchig geworden oder überwunden (Wertewandel). Gesetzlich eingeholte oder gar erzwungene Gemeinsamkeit wirkt wenig kreativfördernd und mobilisierend, sondern verstärkt eher die »Akzeptanzkrise« gegenüber dem »Staat«.

Die »Heimat- und Vereinsstrategie« etwa des Kultusministers Mayer-Vorfelder fängt längst nicht mehr bei allen Bevölkerungsteilen; insbesondere nicht bei den hochqualifizierten Mitarbeitern der Zukunftsbranchen. Außerdem ist mit reaktionären oder nur traditionellen Lehrplaninhalten kaum »Informationsgesellschaft« zu konstituieren. Die Realität in den Schulen sieht demgemäß auch anders aus als es »Nationalhymnen-Verordnungen« erscheinen lassen. Religion hat vielfach ihre bindende Kraft eingebüßt. Zwar kann auch jemand, der Elektronen oder Gene manipuliert, an Gott glauben und religiös empfinden, dennoch hat der

28 Zum Bild des Selbständigen im Späth-Konzept: Späth, Wende, a.a.O., S. 122
29 LT-Drs. 9/3310, S. 14 (zur Novellierung des LPVG)
30 SWP, 27.7.1988
31 ZGE-Bericht, S. 30

Geist der Aufklärung, allen - auch »linken« und »alternativen« - Widerständen zum Trotz, mit steigendem Bildungsgrad größere Verbreitungschancen und ist folglich auch in Baden-Württemberg mehr und mehr anzutreffen. Die Realität wird (und ist) weltlich. Ist da Kunst als Kulturgut nicht willkommener Ersatz für Religion? Stand doch pietistischem Glauben Kunst immer in der Nähe von Religionsausübung. Kunst ist oft religiösen Ursprungs, bis hin zur »rebellierenden Jugendkultur« der Rock- und Popmusik. War nicht Woodstock der letzte große Gottesdienst?

Auch Kulturpolitik erfolgt zielgruppenorientiert, milieugerecht und flexibel.

Sie ist allerdings - in Baden-Württemberg immer pompös aufgetragene - Dreingabe, die die wahren Bindungen der Individuen verdeckt und/oder erträglich(er) macht.

Wolfgang Fach hat darauf hingewiesen, daß »praktische (Massen-) Kultur *in* der Realität« segensreicher als »pathetische (Amts-)Kultur *über* der Realität« für die »Symbiose zwischen differenzierten Formen des Arbeitens und seinen *Motiven*« wirkt. Diese Motive nennt er »Geld-plus-Motive«. Davon ortet er vier wesentliche Typen:

Typ A: Der Kernarbeiter bezieht seine Arbeitsmotivation aus dem Bezug von Geld plus Konsum.

Typ B: Der »Schweißarbeiter« aus Geld plus Konkurrenz;

Typ C: Die Heimarbeit wird durch Geld plus Kommune motiviert und

Typ D: Die Teilarbeit durch Geld plus Kombinationen der »Plus-Motive des Typus A - C.[32]

Diese (Massen-)Kultur *in* der Realität wird durch staatliche Kulturpolitik überformt. Die »High-Culture« als Wirtschaftsfaktor *und* Staatssymbolik, repräsentiert in Projekten, wie »Kulturmeile« ist nicht Massenkultur, sondern milieuspezifisch. Die segmentierte Gesellschaft erzeugt differenzierte Milieus (Szenen). Die kulturelle Überformung der jeweils spezifischen Reproduktionssituationen und die »Pluralisierung der Lebensweisen«[33] dieser Segmente erfordert »milieugerechte« Kulturformen.

---

32 W. Fach: Die Flexibilisierung des Zeitgeistes. 'Kulturen' und 'Realitäten' der Tendenzwende, in: Thomas Kreuder/Hanno Loewy (Hrsg.): Konservatismus in der Strukturkrise, Frankfurt/M. 1987, S. 312

33 ZGE-Bericht, S. 9 f

Segmentierte Kulturen

Im traditionellen, ländlichen Bereich, der auch in Bewußtseinslagen von Stadtbevölkerung (noch) vorhanden ist, wird die »Blüte der Alltagskultur«[34], bswp. das Vereinswesen, gefördert.

Vereine, Feuerwehren, Verwandtschafts- und Nachbarschaftsgruppen usw. stehen hoch im Kurs. Die Freizeit gewinnt zunehmend an Stellenwert. Freizeit als disponible Zeit ist - so die Analyse der Staatslenker - zunächst ohne Sinn.

»Im Vereinswesen kann diese Dispositionsfreiheit in Sinn transformiert werden«. Glück und Selbstverwirklichung bedürfen der kulturellen Unterstützung (Hermann Lübbe), wenn beides für viele Menschen in der (gleichförmigen) Arbeit nicht zu finden ist. Der Kern der Vereinsblüte (auch alternativer Initiativen) ist in der Formel ausgedrückt: »Lebensgewinn durch Verpflichtungskonsequenzen freiwilligen Engagements bei Zwecken von unbestreitbarer objektiver Sinnfülle.«[35] Der ZGE-Bericht fährt, Programmatik erläuternd, fort:

> »Schulfeuerwehren wurden auf dieser Grundlage gebildet. Sanitätergruppen oder auch Orchester und Chöre. Das funktioniert heute in den Bürgerschaften unserer Kommunen nicht anders. Gemeindefeuerwehrverbände haben über Mitgliedermangel nicht zu klagen. Jugendgruppen und Altersabteilungen bilden Subformationen: die Geselligkeitsbedürfnisse sind reichlich bedient. Der Ernstfall bricht dann und wann lebensernststiftend ein, die Bewährung findet ihre Anerkennung. Und all das ist über seinen gesetzlichen Rahmen auch mit den politischen Institutionen verbunden. Das bedeutet: Dispositionsfreiheit hat sich in Bürgersinn umgesetzt.«[36]

In den kleinen kulturellen Einheiten »unten« wird Sinn in der disponiblen Zeit gesucht, während - gesichert über die gesetzliche Verbindung - »oben« die Verwendung der nichtdisponiblen Zeit organisiert wird. Die kulturelle Überformung der »Geld-Plus«-Arbeitsmotive (W. Fach) funktioniert, weil alle »Subkulturen« profitieren. Mit »Feuerwehrmännern« ist nicht unbedingt ein Mega-Chip zu bauen. Städtisches, jugendliches, hochqualifiziertes und mit »gewandelten Werten« ausgestattetes Publikum verlangt nach anderem als Kirchenchor und Feuerwehr: Kultur mit »Weltniveau«, experimentelle und alternative Kultur, sozio-kulturelle Zentren und »Selbstgemachtes«. Das soll es künftig auch geben.

---

34 ebd.
35 ebd., S. 36
36 ebd.

Auf einer Podiumsdiskussion des Deutschen Kulturrates in Stuttgart zum Thema »High-Tech - High-Culture« beklagte ein Vertreter alternativer Kulturveranstalter die Benachteiligung experimenteller Kulturformen gegenüber etablierten. L. Späth anerkannte diesen Befund als »grundsätzliches kulturpolitisches Problem«. Der Rest, die Musikschulen, traditionellen Vereine usw. war ihm »Kampf der Interessensverbände um Bargeld.«[37]

Alternative Initiativen avancieren so zu etablierten Projekten. Förderung sozio-kultureller Zentren und anderer als althergebrachter Kulturformen ist vorgesehen.

Dies ist durchaus - gegenüber traditioneller konservativer Politik - als Fortschritt zu sehen. Zeichnet sich (politische) Qualität kultureller Initiativen doch nicht dadurch aus, daß diese unterm oder am Existenzminimum arbeiten. Für die peripheren, industriell kaum erfaßten Regionen wie Schwarzwald, Hohenlohe oder Schwäbische Alb werden ebenfalls »passende« Programme der »Kultur auf dem Land«[38] initiiert. Für die »Lebenswelt Dorf« werden Vereinsleben, Laien- und Amateurtheatergruppen, Musik, Literatur, (Heimat-) Museen und Heimatpflege gefördert. Die »Förderung der Kultur im ländlichen Raum (ist) eine staatspolitische Aufgabe« (ebd.) ebenso wie die Förderung städtischer oder »alternativer« Kulturformen. »Der Staat bekannt sich aktiv und mit Taten zu seiner mäzenatischen Verantwortung«.[39] Späthsche Kulturpolitik versucht die öffentliche Kontrolle der (privater) Kultur(en) zu organisieren.

»Plurale Lebensstile« (ZGE) und dementsprechende Kulturformen und -praktiken stellen durchaus eine Bereicherung gesellschaftlichen Lebens dar. Ebenso wie die verschiedenen architektonischen und kulturellen Maßnahmen der »Unternehmenskultur« zur Verbesserung des Betriebsklimas und »Ästhetisierung« der Produktion(sanlagen) beitragen können. Es kann - auch um der Bewahrung von Kritikfähigkeit halber - nicht übersehen werden, daß kulturelle Überformungen gesellschaftlicher Beziehungen auf der einen (privaten) Seite der Optimierung moderner Produktions- und Ausbeutungsbeziehungen dient, auf der anderen, der öffentlichen, der Mobilisierung *und* Selbstregulation der »Soziotope« in relativer Autonomie. Diese relative Autonomie ist begrenzt durch »Bürgersinn«, der durch den gesetzlichen Rahmen bestimmt wird. Damit sind aus dem »Kulturpluralismus« bestimmte

---

37 SWP, 11.10.1986

38 Ministerium für Wissenschaft und Kunst/Ministerium für ländlichen Raum (Hrsg.): Kultur auf dem Land - Förderung der Kultur im ländlichen Raume - eine staatspolitische Aufgabe, Stuttgart 1987

39 RE 88, a.a.O., S. 20 f.

Formen ausgeschlossen: die der sogenannten »cultura negativa«. Diese intellektuellen Kulturformen entstammen noch der Phase der Konfliktpredigten, die durch die Versöhnungsgesellschaft, in der nun auch Kulturpluralismus herrscht, überwunden wird. Sinnstiftend muß Kultur sein, mobilisierend und banal.

Der der »musica negativa« zugerechnete Stuttgarter Musikprofessor und Komponist Helmut Lachenmann kann nicht zusammen mit Beethoven und nicht vor Späth gespielt werden. (Wobei die vortragenden Musiker diese Einschätzung selbst vornehmen; nach den »mageren Jahren« der Kulturpolitik, setzt nun, in Erwartung der »sieben fetten Jahre«, der vorauseilende Gehorsam starke Selbstzensur-Kräfte frei).

»Neue Musik, die sich falschem Optimismus widersetzt, widerspricht der Modernität der Stuttgarter Linie«[40]. »Die Situation nach der geistigen Wende«, fährt Lachenmann in dem zitierten Artikel fort, fordere »volkstümelnde« banale Kunst. Kritiker verträgt das antiaufklärerische, unpolitische Klima des Landes nicht. Aufhebung der Konflikte zwischen den Klassen - durch den individualisierenden Strukturwandel obsolet -, zwischen Ökonomie und Ökologie - durch neue High-Tech-Produktion obsolet -, in der »Informations«- bzw. »Versöhnungsgesellschaft« lautet die Verheißung. Kritik stört das schöne Bild und weckt alte Ängste, daß mit Kapitalismus und technologischem Fortschritt doch nicht alles so reibungslos verlaufen könnte wie es die Staatsräson verlangt; Ängste, die die Konservativen selbst erst vor kurzem scheinbar »verloren« haben.

Die Späthsche Kulturkonzeption schmiedet die aus diesen Ängsten geborene Kompensationskultur mit dem Wirtschaftsfaktor Kultur zur *Mobilisierungskultur* der Zukunft zusammen.

Hermann Lübbe formuliert die Herleitung von *Kompensationskultur*, traditions- und heimatorientierter Kultur. Seine Formulierung belegt auch die Behauptung, wonach »milieugerechte« Kulturformen und -praktiken, Kehrseite ungezügelter kapitalistischer Entwicklung sind.

> »Generell ist die historische Kultur nur erklärbar als Versuch der kulturellen Kompensation eines veränderungsbedingten Vertrautheitsschwundes.« Dieser theoretischen Einordnung historischer Kulturorientierung folgt die Erklärung empirischer Beobachtung von Alltagskultur. »Zur Blüte unserer Alltagskultur (...) gehört ja auch die Hobbyküche. Unter dem Aspekt des Hobbykochens spielen heute auch Regionalküchen, zugleich im Kontext des erwähnten europäischen Regionalismus, eine wesentliche Rolle. Das ist der Zusammenhang, in dem auch neu aufgelegte altschwäbische Kochbücher reichen Absatz finden. Wieso? Die

40 zit. n. dvz/die tat v. 8.8.1986

Erklärung lautet: Wir kompensieren so den Erfolg von McDonalds.«[41]

Auf wirtschaftsfördernde *Mobilisierungskultur* wurde hingewiesen. Je weniger Industriebetriebe von Rohstoffvorkommen und Verkehrsverbindungen abhängig sind und Kommunikations- und Informationsbedürfnisse komfortabel technisch abgedeckt werden, desto freier sind sie in ihrer Standortwahl. Schönheit der Umgebung, kulturelles Angebot der (naheliegenden) Stadt sind, neben der Nähe zu Forschungseinrichtungen, wichtige Faktoren bei der Standortentscheidung neuer, mobiler Unternehmen geworden.

> »Unsere gesättigte Konsumgesellschaft will nicht noch mehr Bier, nicht noch mehr Fernsehen, nicht noch mehr Reisen, sondern - und das zeichnet sich schon ab - sie findet immer mehr Gefallen an kultureller, musischer Betätigung - sei es aktiv oder passiv.«[42]

Kultur und Unsicherheit

Der Glaube, mittels »Computersimulation« die gesellschaftliche Entwicklung berechenbarer,[43] mittels High-Tech-Politik zukunftssicherer, stabiler und mittels Kulturpolitik »versöhnlicher« zu machen sowie die rastlose Hektik, mit der diese Programme vorgetragen und umgesetzt werden, spiegeln bei genauerem Hinsehen traditionelle Unsicherheitsgefühle wider. Unsicherheit gegenüber der technisch-industriellen Zukunft, aus der der Wunsch nach ihrer Berechenbarkeit stammt - ein Wunsch, der nicht eingelöst werden kann. An allen Ecken und Enden lauern »Tiger«. Die »cultural contradictions of capitalism« (Bell) sind nicht überwunden. Moderne Flexibilisierungs- und Mobilitätsanforderungen lösen in der individualisierten Gesellschaft traditionelle Bindungen, wie Religion, Ehe, Familie, selbst Beruf auf[44]. Kulturelle Betriebsamkeit versucht den »Atomisierungsprozeß« aufzufangen. Die Tragfähigkeit für die Zukunft ist jedoch unsicher. Die Alltagskultur *in* der Realität (Fach) verläuft nach anderem Muster als ihre kulturelle Überformung. Der »veranstalteten« Kultur droht ihr Abgleiten ins Banale.

---

41 Hermann Lübbe: Neue Dimensionen von Arbeit und Freizeit, in: »Zukunftschancen eines Industrielandes - Herausforderung Weiterbildung; Dokumentation: Kongreß der Landesregierung Baden-Württemberg am 17. und 18. Dezember 1984, Stuttgart, S. 235 ff.

42 Lothar Späth, Interview im FAZ-Magazin v. 8.1.1988

43 Späth, Wende, a.a.O., S. 31

44 vgl. H. König: Von der Masse zur Individualisierung - Die Modernisierung des Konservatismus in der Bundesrepublik, in: Leviathan 2/88, S. 252 ff.

Schon beklagen Museumsfachleute die »Folklorisierung« durch den Museumsboom[45]. In 1111 Gemeinden in Baden-Württemberg existieren 1988 rund 900 Museen, vorwiegend Heimatmuseen, mit immer denselben Exponaten. Die »Operettenhaftigkeit« dieser Bauernstuben mag zwar die apolitische Linie der Landesregierung durch »Verfälschung der Wirklichkeit« (ebd.) unterstützen, ob sie allerdings auf Dauer gewünschter Kompensation dient, ist mehr als fraglich.

Fraglich ist auch, ob »Kulturmeilen« in der Anhäufung von »Mobilisierungskultur« dauerhaft mehr als Langeweile erzeugen. »Änderungsbedingter Vertrautheitsschwund« (Lübbe) durch verschärftes »Innovationstempo« (Späth) aufgrund des internationalen Wettbewerbs - er wird weiterhin und zunehmend die (private) Anpassung der Individuen an diese kapitalistische Realität und damit deren Alltag(skultur) prägen.

45 SWP v. 25.4.1988

Gerd Bender

Führung an der langen Leine

Produktivitätssteigerung durch »Unternehmenskultur«

Die Diskussion über »Unternehmenskultur« stammt - wie so viele segensreiche Entdeckungen - aus den USA und ein Teil der Mißverständnisse und Verwirrungen, die sie hierzulande anrichtet, hängt wohl damit zusammen, daß »culture« mit dem im Deutschen so beladenen Begriff »Kultur« nicht ganz deckungsgleich ist. Daß es eine »Unternehmenskultur« gibt, heißt also nicht, daß der Arbeitstag mit dem Rezitieren geistvoller Gedichte oder vergleichbarer Präsentation von »Kulturgütern« begänne, sondern meint wesentlich pragmatischer bestimmte Formen des Umgangs miteinander und mit anderen/anderem.

Relativ neu ist, daß Unternehmensberater die »Unternehmenskultur« zu *dem* entscheidenden Faktor für den wirtschaftlichen Erfolg eines Unternehmens erklärt haben und anscheinend wild entschlossen sind, ihre »Unternehmenskultur«-Konzepte zu Verkaufsschlagern zu machen. »Unternehmenskultur« ist also auch eine Ware (aber kein geschütztes Warenzeichen, weshalb ich mir im weiteren die Anführungszeichen sparen werde).

Haben oder Sein - was ist Unternehmenskultur (konzeptionell)?

Bei der Lektüre einschlägiger Publikationen fällt auf, daß es zwei grundlegend verschiedene Auffassungen darüber gibt, was Unternehmenskultur ist, beziehungsweise wo sie herkommt. Man könnte die beiden Varianten entlang der Frage: Hat ein Unternehmen eine Kultur oder ist ein Unternehmen Kultur? unterscheiden, der Frage danach also, ob Kultur als - abhängige oder unabhängige, interne oder externe - Variable begriffen wird oder als grundlegende Kategorie einer Konzeptualisierung von Organisationen (als »root metaphor«)[1].

1 Siehe zu dieser Unterscheidung Linea Smircich, Concepts of Culture and Organizational Analysis, in: Administrative Science Quarterly, 28 (1983), S. 339 - 358

Wenn Organisationen Kulturen sind, und wenn Kultur als Manifestation menschlichen Bewußtseins begriffen wird, dann wird sich das Interesse von berufsmäßig mit Organisationen befaßten auf die nicht-formalisierte, unberechenbare, eben auf die »menschliche Seite« ihres Untersuchungs- respektive Gestaltungsgegenstandes zu konzentrieren haben. »Angeblich harte, konkrete, handgreifliche und 'reale' Aspekte des Lebens in Organisationen (organizational life) hängen von den subjektiven Konstruktionen individueller menschlicher Wesen ab.«[2] Organisationen werden in dieser Version als Netzwerk subjektiver Meinungen und gemeinsamer Bezugsrahmen interpretiert; ein Netzwerk, das für einen Außenstehenden als personenunabhängiges Regelwerk erscheint. Tatsächlich handelt es sich aber um ein System geteilter Werte, die ihren Niederschlag finden in Symbolen und gemeinsamen Bedeutungszumessungen[3]. »Organisation« wird so zu einer Manifestation menschlichen Bewußtseins, zur Materialisierung kognitiver oder symbolischer oder psychodynamischer »Sinnsysteme«. Regelmäßigkeiten in den Organisationsstrukturen werden nicht als Reaktion auf gleiche Kontextbedingungen interpretiert, wie das in der Organisationsforschung bislang (eher) die Regel war, sondern als Resultat von durch gemeinsame Werte und Ideale, durch gemeinsames Wissen etc. bedingten Regelmäßigkeiten in den Kognitionen der Mitglieder. Eine Organisation ist also nicht nur ohne Kultur undenkbar, mehr noch: die Organisationskultur konstituiert erst die Organisation.

Ausgangspunkt solcher Konzepte ist die durchaus plausible Überlegung, daß Organisationen - somit auch Unternehmen - auch aus Menschen »bestehen«, Menschen, die Vorstellungen und Ideale haben, welche ihr Handeln und Verhalten beeinflussen. Damit gerät die Tatsache nachdrücklich ins Blickfeld, daß Wissen und Bereitschaft zur Mitarbeit der Beschäftigten wesentlich ist für die Art und Weise, in der ein Unternehmen »funktioniert« und die Existenz von Subkulturen, die nicht notwendig immer im Interesse des Gesamtunternehmens handeln müssen, kann ausgemacht werden. Kurz: diese Konzepte sind nicht-deterministisch. Kurzschlüssige funktionalistische Vorstellungen werden damit kritisierbar.

Diese potentielle Stärke wird allerdings zur manifesten Schwäche, bleibt man bei solchen handlungstheoretisch ausgerichteten Analysen stehen. Das strikte Leugnen objektiver, das heißt nicht in subjektiven Intentionen und Interpretationen aufgehender Bestimmungen führt zu einem tendenziell ideologischen Bild. Mehr noch als das: Einen interna-

2 zitiert nach Mark Ebers: Organisationskultur: ein neues Forschungsprogramm?, Wiesbaden 1985

3 Smircich, Concepts, a.a.O., S. 349

tional agierenden kapitalistischen Industriekonzern wesentlich aus den »Werten« und (scheinbar »freischwebenden«) Situationsinterpretationen seiner Mitarbeiter erklären zu wollen, ist unsinnig.

In der zweiten der beiden hier stilisiert dargestellten Varianten wird Unternehmenskultur als eine kritische Variable (unter anderen) interpretiert, von der der Unternehmenserfolg abhängt. Die Gestalt der jeweiligen Unternehmenskultur ist abhängig von externen Bedingungen, wie zum Beispiel der nationalen Gesetzgebung (etwa Kündigungsschutzbestimmungen oder gesetzlich verankerte Mitbestimmungsrechte) oder auch dem (Aus-)Bildungssystem des Staates, in dem das Unternehmen ansässig ist (zu denken ist hier an die besondere Stellung der, im Vergleich zu anderen Ländern, relativ vielseitig qualifizierten Facharbeiter in Deutschland).

Unternehmenskultur ist aber auch in dieser Version nicht bloßer Reflex auf Kontextbedingungen. Die Organisation selbst - so heißt es - produziert die Umgangsformen, Rituale, Symbole etc., also ihre Kultur, die dann, als »sozialer Leim« (Smircich) wirkend, das Ganze zusammenhält. Unternehmenskultur ist in dieser Interpretation ein »Stil des Hauses«, was immer auch (Selbst-)Darstellung nach Innen wie nach Außen impliziert. Solche verschiedenen, in Organisationsstrukturen sedimentierten Stile zur Kenntnis zu nehmen und erklären zu können, ist sinnvoll und wichtig. Für einigermaßen problematisch halte ich allerdings den in den Sozialwissenschaften aufkommenden Versuch, diese Vielfalt nicht als Vielfältigkeit in einem (genauer zu bestimmenden) Rahmen zu begreifen, der wesentlich durch gesellschaftsstrukturelle Bestimmungen und Bedingungen konstituiert wird, sondern diese Phänomene in den Rang von Strukturmerkmalen zu erheben. Adorno sagte einmal, das Ganze sei, wenn man es denn kennt, auch in den Einzelheiten zu erkennen. Eine zentrale Schwäche bei vielen Organisationskultur-Forschern - aber nicht nur bei diesen - besteht darin, daß sie dieses Diktum als Gleichung behandeln und diese - unzulässigerweise - umdrehen[4].

Wesentlich unkomplizierter sind da schon die Propagandisten von Unternehmenskultur(-Konzepten)[5]. Hier wird erfrischend deutlich, worum es geht: Unternehmenskultur ist kein analytisches Konzept, sondern eine *normative Vorgabe*; die Unternehmenskultur soll so beschaffen sein, daß ... jeder mitdenkt, flexibel reagiert werden kann und wird und

4 Eine funktionalistische Interpretation, die glaubt, die »Einzelheiten« als »strukturell irrelevant« vernachlässigen und/oder als Trick »des Kapitals« abtun zu können ist, das sei vorsichtshalber gesagt, ebenso steril.

5 dazu: Thomas Peters/Robert H. Waterman: Auf der Suche nach Spitzenleistungen. Landsberg am Lech 1984; Cuno Pümpin: Klassische Instrumente allein genügen nicht mehr, in: Innovatio 9/10, 1987, S. 42-44

dergleichen mehr. »Die exzellenten Unternehmen zeichnen sich durch sehr ausgeprägte Firmenkulturen aus, die nur eine Alternative lassen: sich voll in diese Norm einzufügen oder auszuscheiden. Einen Mittelweg gibt es für die meisten Mitarbeiter dieser Unternehmen nicht.«[6] Angesichts dieser Tatsache, daß also, wenn von Unternehmenskultur gesprochen wird, häufig ein Soll-Zustand beschrieben wird, verbietet es sich meines Erachtens, sich darauf zu beschränken, den z.T. bemerkenswerten Blödsinn spöttisch zu kommentieren, der auf diesem Gebiet auch getrieben wird. Es gilt wohl zu unterscheiden zwischen dem Geschwafel über Kulturrevolution in Managementpublikationen und dem »harten Kern«, der im ideologischen Schaum verborgen steckt.

Hymnen, Fahnen, Rituale - wie soll die Unternehmenskultur beschaffen sein (empirisch)?

Die Beschäftigten von Walt-Disney-Productions werden nicht Arbeitnehmer genannt, sondern »Mitglieder des Ensembles«; bei McDonalds sind sie »Mannschaftsmitglieder« und besuchen bisweilen Kurse an der *Hamburger Universität* (Hämbörger, nicht Hansestadt). - Der Leiter einer *IBM-Verkaufsniederlassung* in New Jersey mietete ein Stadion an. Nach Feierabend wurde die Belegschaft mit Familie ins Stadion gebeten. Die Verkäufer der Niederlassung liefen einzeln durch den Spielertunnel in den Stadion-Innenraum ein. Immer wenn einer von ihnen hervorkam, leuchtete ... auf der elektronischen Anzeigetafel sein Name auf. Führungskräfte aus der Unternehmenszentrale, Angestellte aus allen Niederlassungen, Angehörige und Freunde saßen applaudierend auf den Rängen, damit bewies *IBM* gleichzeitig seine eigene 'heroische Dimension' ... und sein Verständnis für individuelle Selbstdarstellung. - Dem Top Management von *Tupperware* wird nachgesagt, sie verbrächten dreißig Tage im Jahr auf »Jubilee« Festen, um die Erfolge der besten Verkäufer zu feiern. - Der erste Computer der 3000er Serie von *Hewlett Packard* wurde mit einem »HP-Lied« des Titels »Grab a Grizzley« gefeiert. - Es gibt ein IBM-Liederbuch, in dem sich der folgende schöne Vers findet: »Wir kennen und wir lieben Dich (i.e. der Firmengründer Watson) und wissen, daß Dir unser Wohl am Herzen liegt.« - Die ganze Anlage des *General Motors*-Werkes in South Gate in den USA hängt voller Schilder mit Aufschriften wie »Schlagt Japan!«. Diese und eine beeindruckende Fülle ähnlich ergreifender Beispiele finden sich in der Erzählung der beiden McKinsey-Mitarbeiter Thomas Peters und Robert

6 Peters/Waterman, Suche, a.a.O., S. 104

Waterman[7]. Sinn und Zweck dieser und vergleichbarer Übungen ist es, alle Beteiligten auf die strategischen Ziele des Unternehmens einzuschwören. Die Methoden, mit denen dieses Ziel erreicht werden soll, sind nicht immer so dümmlich wie die oben beschriebenen; diese sind nur der auffälligste - beziehungsweise lautstärkste - Teil des Gesamtkonzepts »produktivitätssteigernde Unternehmenskultur«.

»Die Unternehmenskultur legt kompromißlos die wenigen wirklich ins Gewicht fallenden Anforderungen fest, und sie vermittelt Sinn und Zweck. Doch innerhalb dieses qualitativen Rahmens ... werden die Mitarbeiter ermutigt sich hervorzutun, innovativ zu sein.«[8] Dazu genügt nun ein Massenauftrieb im Stadion ebensowenig wie Dankeslieder an den Patriarchen. Unternehmenskultur ist ein Instrument, das auf die Erschließung subjektiver Potentiale zur Steigerung der Produktivität gerichtet ist. Gefordert wird, daß die Unternehmensziele möglichst von allen Beschäftigten internalisiert, das heißt zu »eigenen« Zielen gemacht werden. Dies könnte zwar auch angeordnet werden, der Erfolg solch verordneten Fühlens bleibe allerdings mäßig (gleichwohl sollte die Wirkung penetranter Wiederholung bestimmter Parolen - Think!, Qualität hat Vorfahrt, Kraft durch Freude! - nicht unterschätzt werden). Man wird davon ausgehen können, daß der Propagierung steter Bereitschaft zum Mitdenken die Möglichkeit korrespondiert, solches Denken auch in Handeln umzusetzen. Autoritäre Strukturen - und sei es zeitweise - werden aufgeweicht, entformalisierte Kommunikationsbeziehungen und Informationsverläufe werden ermöglicht. Es ist allerdings anzunehmen, daß die damit einhergehenden Veränderungen nicht in allen betrieblichen Funktionsbereichen und auf allen Stufen der Hierarchie gleichförmig erfolgen. Meine Vermutung ist, daß die angesprochene Entformalisierung da häufig und relativ weitgehend praktiziert wird, wo das Management mit neuen, unbekannten Situationen umzugehen hat.

Solche organisationsstrukturellen Veränderungen finden ihre unmittelbar aufs Subjekt gerichtete Entsprechung in der Unternehmenskultur. Ziel ist es, Unternehmensstrategien bei/in den Mitarbeitern zu verankern; das »gemeinsame Boot«, in dem ohnehin schon alle sitzen, soll zur »Wertegemeinschaft« werden und dazu ist ein Führungsstil nötig, der dieses Postulat nicht von Anfang an Lüge straft. Die Beschäftigten sollen sich ernst genommen fühlen, insbesondere jene Beschäftigten, auf deren

7 Oder McKinsey-Chormitglieder? Brüder im Geiste? Genossen gar? Wer könnte das noch sagen. Ihr Buch erschien 1982 in den USA und wurde dort schon mehr als 4 Millionen mal verkauft. Die deutsche Erstauflage kam im Oktober 1983 auf den Markt, im Februar 1984 bereits die sechste! Im Verlauf des Jahres 1984 erschienen noch weitere vier Auflagen.

8 Peters/Waterman, Suche, a.a.O., S. 134

willige Kooperation das Management besonders angewiesen ist, weil die verrichteten Arbeitsvollzüge (noch?) nicht nach dem tayloristischen Prinzip von Analyse und Synthese durchstrukturiert werden können. Typisch hierfür (aber nicht exklusiv) sind Arbeiten im Bereich Forschung und Entwicklung; daß solche Entwicklungen gerade jetzt notwendig werden, wird denn auch mit der Forderung nach Flexibilität und Innovationsfähigkeit begründet.

»Und auf einmal steh es neben dir«. Auftauchen und Verbreitung eines THEMAs

Ausgehend von den USA, wo das Thema »Unternehmenskultur« vom Ende der siebziger Jahre an immer breiter diskutiert wurde, gewann es - mit der üblichen Zeitverschiebung von etwa fünf Jahren - auch in Westdeutschland an Verbreitung. Als Vorläufer dieser Form des kapitalistischen Arbeitsprozesses wird man getrost den sogenannten »Human Relations-Ansatz« in der Organisationsforschung verstehen können, der im Anschluß an die berühmt gewordenen Hawthorne-Experimente noch in den fünfziger und frühen sechziger Jahren (insbesondere in Skandinavien) weitgehende Beachtung in Theorie und Praxis fand. Wie diese Renaissance nach gut drei Jahrzehnten zu erklären ist, darüber kann man relativ plausible Spekulationen anstellen:

Was an den Überlegungen zur Unternehmenskultur auf jeden Fall besticht - und das dürfte einer der Gründe für ihre Verbreitung sein, ist die Schlichtheit des Gedankens: Wenn man nur richtig will, dann kann man auch. Nach Jahren der Formalisierung und der Versuche, »Gesetzmäßigkeiten« im Verhältnis von Umwelt und Organisationsstruktur (und -erfolg) dingfest zu machen (auf die Spitze getrieben wurde dies in den Arbeiten der Forscher an der Aston-Universität von Birmingham in England, die in den siebziger Jahren von zentraler Bedeutung in der Organisationsforschung waren) war nun der begabte Macher gefragt. Kein kraft- und saftloser Verwalter, sondern der hemdsärmelige Unternehmer; keine langweiligen Berichte und Sitzungen, sondern Intuition; kein Carter, sondern Reagan.

Dies allein als Erklärung zu akzeptieren, hieße aber, sich auf die Analyse der ideologischen Seite der Medaille zu beschränken. Es gibt sehr wohl einen materielleren Hintergrund dieser Diskussion. Die verschärfte Konkurrenz auf den Weltmärkten ist ein Aspekt dieses Hintergrundes; Unternehmenskultur wird nicht zuletzt als Waffe gegen die »japanische Herausforderung« verstanden, eine Waffe, die die japanischen Kapitaleigner und Manager angeblich meisterhaft zu führen wissen. Die gestiegene Kapitalintensität der Produktion in den Industrienationen ist ein weiterer Aspekt. Anlagenstillstand kostet unter Umständen Unsummen und muß deshalb mit allen denkbaren Mitteln verhindert werden. Dazu ist »vorsorgende Instandhaltung« notwendig, die wiederum entsprechend geschultes und bereitwilliges Personal voraussetzt. In diesem Zusammenhang ist auch das zu sehen, was in der Industriesoziologie seit einiger Zeit als »systemische Rationalisierung« bezeichnet wird.

Diese ist nicht auf die Optimierung der einzelnen Arbeitsprozesse gerichtet, sondern auf die Integration der einzelnen Abläufe zu einem Gesamtprozeß. Dieser Gesamtprozeß reicht von der Entwicklung über die Fertigung zum Vertrieb, inklusive Marketing, Lagerhaltung etc., er umfaßt aber auch wichtige Zulieferer und Kunden. Diese hochintegrierten Prozesse sind enorm sensibel[9] und wirtschaftlich riskant. Fällt eine Stelle aus, zeitigt das unmittelbare Folgen in allen anderen Bereichen. Solche Schwierigkeiten werden durch Zeit- und Materialpuffer abgefedert, aber dies ist eben nur in engen Grenzen möglich, »Just in Time«-Produktionskonzepte etwa zeichnen sich ja gerade dadurch aus, daß Lager minimiert und die »Poren des Arbeitstages verdichtet« (Marx) werden. Zentral wichtig, auch für die Einschätzung der emanzipatorischen Reichweite von »offener« Unternehmenskultur ist, daß solche Produktionsorganisation überhaupt nur dann zum Einsatz kommt, wenn diese Prozesse in allen Einzelheiten vorweg bekannt sind, beziehungsweise wenn mindestens bekannt ist, welche Teilprozesse noch nicht »hinreichend« durchschaut werden (s.u.).

Für die Strukturveränderungen in der gesellschaftlichen Organisation der Arbeit, vor deren Hintergrund Unternehmenskultur als Thema (wieder-)entdeckt wurde, gehört auch der qualitative und quantitative Bedeutungszuwachs von Wissenschaft(lern) in der Industrie in den letzten dreißig Jahren. Als deutlicher Hinweis auf diesen Bedeutungszuwachs kann die Tatsache interpretiert werden, daß seit den fünfziger Jahren eine Fülle von Methoden entwickelt worden sind, die darauf gerichtet sind, Forschung zu planen und zu organisieren, respektive sie planbar und organisierbar zu machen[10]. An der Erkenntnis, daß und welche

---

9 Was sich die IG-Metall mit ihrer Mini-Max-Strategie zunutze gemacht hat. Mit den bekannten arbeitskampfrechtlichen Folgen (§ 116 AFG).

10 Lothar Hack: Vor Vollendung der Tatsachen. Die Rolle von Wissenschaft und Technologie in der dritten Phase der industriellen Revolution, Frankfurt a.M. 1988. Das heißt nun nicht, daß Forschungsplanung erst vor dreißig Jahren begonnen hätte. Wichtig für die Entwicklung, die nach dem Zweiten-Weltkrieg einsetzte, waren Erfahrungen, die während des Krieges in Forschungsprojekten von bis dahin nicht gekannter Größenordnung gemacht worden waren. Zu denken ist hier beispielsweise an das Manhattan-Projekt zum Bau der Atombombe in den USA oder an die Radarforschung in Großbritannien.

möglichen Strukturveränderungen sich damit möglicherweise ergeben werden, waren sozialwissenschaftliche Beobachter auch schon »näher dran«, als es die zum Teil kaum problematisierte konzeptionelle Aufnahme der Unternehmenskultur auch in diesen Kreisen vermuten läßt. Hans-Wilhelm Hetzler schrieb bereits 1965, daß die »Vereinigung von Wirtschaft und Wissenschaft« tiefgreifende Strukturveränderungen in beiden Bereichen zur Folge habe[11]; man solle nicht übersehen, »daß der Entschluß, Wissenschaftler mit der Lösung industrieller Aufgaben zu befassen, einen Schritt darstellt, der auf lange Sicht auch zu einer Konzeptionsänderung der Unternehmensführung zwingt.« (ebd.)

Spiel(t)räume?

Nach dem zuletzt Gesagten könnte der falsche Eindruck entstehen, daß die Organisierbarkeit wissenschaftlich-technischer Prozesse sozusagen das Maß bestimmt, zu dem »systemisch rationalisiert« werden kann. In der Argumentationsrichtung ähnliche Argumente - wenn auch anders begründet - hört(e) man auch in der Diskussion um die sogenannten Neuen Produktionskonzepte (Kern/Schumann). In Debatten um Unternehmenskultur werden solche Thesen auf die Spitze getrieben: Von säkularen Veränderungen der betrieblichen Hierarchie ist die Rede, von systematischem Machtzuwachs der Individuen, von Demokratisierung der Produktionssphäre und bisweilen auch davon, daß dies alles sich aus dem ergäbe, was man früher »Entwicklungsstand der Produktivkräfte« genannt hat[12]. In jeder dieser Thesen wird auf mehr oder weniger wich-

11 Hans-Wilhelm Hetzler, Forschung und Unternehmenspolitik, in: Soziale Welt H. 1 1965, S. 70-78. Er berichtet dort über die »Europäisch-Nordamerikanische Konferenz über Forschungsorganisation der OECD« im Februar 1965 in Monte Carlo. Thema dieser Konferenz, aus der später (1966) die European Research Management Association (EIRMA) hervorging, war »Integration der Forschungsleitung in die allgemeine Unternehmensorganisation.«

12 Dies durchaus auch in Kreisen, die nicht den Ruf haben, allzu unkritisch zu sein. Auf einer technologiepolitischen Tagung der Zeitschriften »Wechselwirkung« und »express« im Mai 1988 in Frankfurt a.M. waren Diskussionsbeiträge dieser Art zu hören. Man kann dies wohl als Ausdruck der aktuellen Orientierungslosigkeit »der Linken« interpretieren, wenn ich auch meine, daß eine Tendenz zu pauschalen Urteilen öffentlichen Diskussionen häufig anhaftet; nur die Richtung - und das ist allerdings aufschlußreich - ist neu: wurde kapitalistische Arbeitsorganisation lange Zeit mit Taylorismus gleichgesetzt und Taylorismus mit dem von Taylor 'vorgeführten' tumben Schmidt, fallen manche Leute nun ins andere Extrem. Falsch sind beide Interpretationen. Die neuen Formen der Arbeitsorganisation sind als Verlängerung des immer schon und immer wieder gleichen nicht hinreichend interpretiert! Sie sind etwas anderes, etwas Neues. Etwas Neues allerdings, das in der Kontinuität kapitalistischer Produktionsverhältnisse steht. Genau diese »Dialektik von Kontinuität und Bruch« (R. Rossanda) ist es, was zu begreifen wäre.

tige empirische Phänomene aufmerksam gemacht. Die weitgehenden Schlußfolgerungen, die daraus zum Teil gezogen werden, halte ich für abenteuerliche Fehlinterpretationen.

Zunächst einmal ist festzuhalten, daß zur Zeit (noch) nur eine Minderheit aller Beschäftigten in der BRD in den 'Genuß' solch neuer Unternehmenskultur kommt. Zur Kenntnis nehmen muß man allerdings, daß Formen des 'Führens-an-der-langen-Leine' gerade in den Industriezweigen nicht mehr nur eine Minderheit von besonders hoch Qualifizierten betreffen, die als in vieler Hinsicht besonders zukunftsträchtig gelten, zum Beispiel die Elektronikindustrie.

Belege lassen sich auch dafür aufzeigen, daß vergrößerter Handlungsspielraum der einzelnen Beschäftigten (-Gruppen) nicht notwendig einen Kontrollverlust zentraler Instanzen impliziert, sondern daß neue, nicht weniger verbindliche Kontrollmechanismen wirksam gemacht werden, deren »Ansatzpunkt« allerdings als auf höherem Niveau der Abstraktion liegend interpretiert werden muß. Die Wirkungsweise solcher Kontrollformen ist dann nicht mehr durch bloßes Hinschauen zu erkennen, sondern nurmehr interpretativ zu rekonstruieren; hierher gehören zum Beispiel die Kontrollmöglichkeiten, die sich aus dem Einsatz neuer (I+K-) Technologien ergeben, wie etwa »Online«-Betriebsdatenerfassung, hierzu gehören Vorweg-Definitionen zukünftiger Arbeitsprozesse, wie sie in Wertanalyse-Gruppen vorbereitet werden und auch die Tendenz zur technisch vermittelten, immer engeren Vernetzung einzelner betrieblicher Funktionsbereiche wie Entwicklung, Konstruktion, Fertigung, Marketing, allgemeine Logistik (Stichwort: CIM).

Die Thesen, mit denen eine »systematische« Ausdehnung der Autonomie-Spielräume der Beschäftigten behauptet wird, verkennen die Tatsache, daß die Unternehmenskultur, in der solche Spielräume möglich sind, eine »synthetische Kultur« (A. Blume) ist, das heißt, daß die Spielräume der Beschäftigten nicht Ausdruck individueller Autonomie sind, sondern *zugewiesen* werden[13]. Wie auch Peters/Waterman zeigen: die Unternehmenskultur legt *kompromißlos* den *Rahmen* fest, innerhalb dessen die Mitarbeiter agieren sollen[14], und zwar sollen sie sinnvoll und zweckhaft agieren, wobei Sinn und Zweck wiederum von der Unternehmenskultur vermittelt werden[15]. Wem das nicht paßt - respektive wer da nicht paßt - kann ja gehen: »(E)inen Mittelweg gibt es da für die meisten

13 Diesen Gedanken formulierte Andreas Blume in einem Diskussionsbeitrag auf der in der letzten Anmerkung angesprochenen Tagung. Zentralen Rang in seinem Argument nimmt die Frage nach der Verfügungsgewalt über das *Wissen* ein, das zur Aufrechterhaltung der Prozesse notwendig verfügbar sein muß.

14 Peters/Waterman, Suche, a.a.O., S. 134

15 ebd.

Mitarbeiter ... nicht.«[16]. Die Spielräume »entstehen« also wesentlich nicht daraus, daß Individuen über etwas verfügen (Erfahrungswissen), auf das das Management angewiesen ist (»Verfügung über Ungewißheitszonen« wie Michael Crozier das nennt) und das eine »echte Machtbasis« wäre. Daß solche offenen Organisationskonzepte überhaupt mit kalkulierbarem Risiko durchgesetzt werden können, setzt vielmehr die tendenzielle Entwertung von Erfahrungswissen voraus. Diese Entwertung ist zum einen Resultat jahrzehntelanger Enteignungsprozesse und zum anderen Resultat der Tatsache, daß - vor diesem Hintergrund - Arbeitsprozesse unter Einsatz wissenschaftlich-technischer Kompetenz buchstäblich synthetisiert werden. In einer Fabrikationsanlage (zum Beispiel einem Automobilwerk), die unter Anwendung aller verfügbaren technisch-organisatorischen Finessen entworfen und auf der »grünen Wiese« (zum Beispiel in Südspanien) aufgebaut wurde, sind die Arbeitsvollzüge weitgehend definiert, bevor noch der erste Arbeiter eingestochen hat (weitgehend heißt nicht vollständig. Die konkrete Umsetzung der Planungen impliziert wohl immer Anpassungsschwierigkeiten); das heißt, daß die Abläufe mindestens soweit bekannt sein müssen, daß vorweg bestimmt werden kann, welche Abschnitte *nicht* en detail verfügbar sind und deshalb einer anderen Strukturierung bedürfen.

In den komplex strukturierten Arbeitszusammenhängen, von denen hier die Rede ist, wird die unmittelbare Leistungsverausgabung mehr und mehr vom verwertbaren Ergebnis dieser Leistung getrennt[17]. Auch hier läßt sich zeigen, wie das Rationalisierungsinstrument Unternehmenskultur eingesetzt wird; durch ganzheitlichen Zugriff auf die Individuen und zwar mit erheblicher Verbindlichkeit; entweder Du gehst ganz mit oder ganz raus. Peters/Waterman zitieren einen begeisterten Kunden mit den Worten »All das, was Sie so lange als nicht beeinflußbare, irrationale, intuitive oder informelle Elemente der Organisation abgetan haben, kann *doch* durch Führungsmaßnahmen gesteuert werden.«[18]

Es kann gesteuert werden, aber nur auf eine Art, die der Subjektivität der dergestalt Geführten einen Freiraum einrichtet; auf eine Art, die kalkulierbare »Kontrolldefizite« bewußt zuläßt. Die abstrakten Regeln und die objektiven Organisationsstrukturen determinieren die konkrete Handlungssituation nicht vollständig. Sie haben das noch nie getan (auch wenn Taylor und seine Mannen sowie Generationen von »wissenschaft-

16 ebd., S. 104

17 Diese Entwicklung ist nicht neu. Bereits 1962 wurde sie in einer industriesoziologischen Studie von B. Lutz u.a. untersucht. Die damals aufgestellte These von der »Krise des Leistungslohns« hat sich allerdings nicht bestätigt. Immerhin, da war von Lohnformen noch die Rede. In den Diskussionen um Unternehmenskultur kommt so etwas gar nicht erst vor.

18 Peters/Waterman, Suche, a.a.O., S. 33

lichen Betriebsführern« das immer wieder versucht haben und nicht wenige das auch noch versuchen) und das tun sie bei den neuen Organisationskonzepten noch weniger. Damit ist der objektive Zwangsapparat keineswegs obsolet geworden. Es wurden Formen der Arbeitsorganisation entwickelt und erprobt, die es »dem Kapital« ermöglichen, den Faktor Arbeit auch anders denn als möglichst zu reduzierende Restgröße zu behandeln. Aber eben immer noch als »Faktor«. Festzuhalten bleibt, daß diese Formen der Führung »an der langen Leine« den Interessen der so »Geführten« ein ganzes Stück entgegen kommen: Die offene Unternehmenskultur erzeugt eine »positive Grundeinstellung«, die - durch flexiblere Formen der Arbeitsorganisation unterstützt und diese mit absichernd - die freiwillige Unterordnung (möglichst aus Überzeugung) unter gesetzte Vorgaben gewährleisten soll: *Wir* sind ein High-Tech-Unternehmen. *Wir* tragen Entscheidungen, die gefällt werden, mit, weil wir daran beteiligt sind, auch wenn sie im Einzelfall bitter sein mögen; daß und welche Entscheidungen gefällt werden müssen, ist - so scheint es dann - allemal Resultat von Sachzwängen. Das macht den konservativen Charakter dieser neuen Entwicklung aus, und das ist der Grund für mein »Unbehagen in d(ies)er Kultur.«

Autoren und Herausgeber

Gerd Bender, Soziologe, arbeitet in einem DFG-Projekt »Frühe Formen der Forschungsplanung (Industrieforschung)«, wissenschaftlicher Mitarbeiter am Schwerpunkt Technik des Fachbereichs Gesellschaftswissenschaften der Johann-Wolfgang-Goethe-Universität Frankfurt.

Volker Heins, geb. 1957, Politikwissenschaftler, wissenschaftlicher Mitarbeiter am Fachbereich Gesellschaftswissenschaften der Johann-Wolfgang-Goethe-Universität Frankfurt.

Thomas Kreuder, geb. 1960, Rechtsreferendar, wissenschaftliche Hilfskraft am Institut für Arbeits- und Wirtschaftsrecht der Johann-Wolfgang-Goethe-Universität in Frankfurt a.M. Veröffentl. u.a.: Konservativismus in der Strukturkrise, 1987 (Mitherausgeber und -verfasser); Der halbierte Fortschritt, 1989 (Mitherausgeber und -verfasser).

Ulrich Mückenberger, geb. 1944. Nach dem Studium (Recht und Politik) beide jurist. Staatsex. 1973 - 1977 Dozent an der DGB-Bundesjugendschule Oberursel. 1982 Habilitation für Rechts- und Politikwissenschaft. Mitherausgeber der »Kritischen Justiz« seit 1971, Vertrauensdozent der Hans-Böckler-Stiftung. Derzeit Prof. für Arbeitsrecht an der Hochschule für Wirtschaft und Politik (HWP) Hamburg.

Oskar Negt, geb. 1934, ist Professor für Soziologie an der Universität Hannover. Wichtige Publikationen: Soziologische Phantasie und exemplarisches Lernen 1968, Öffentlichkeit und Erfahrung (zus. mit A. Kluge) 1972, Geschichte und Eigensinn (mit A. Kluge) 1981, Lebendige Arbeit, enteignete Zeit 1984, Modernisierung im Zeichen des Drachen. China und der europäische Mythos der Moderne 1988.

Thomas Noetzel, geb. 1957, wissenschaftlicher Mitarbeiter am Institut für Politikwissenschaft der Philipps-Universität Marburg. Veröffentlichungen u.a.: Die Revolution der Konservativen - England in der Ära Thatcher, 1987; Die Faszination des Verrats - Eine Studie zur Dekadenz im Ost-West-Konflikt, 1989.

Norbert Reiber, geb. 1956, Sozialwissenschaftler, Doktorand der Politikwissenschaften an der Universität Konstanz. Arbeiten über Modernisierungspolitik, Verwaltungspolitik und Einsatz neuer Technologien in Büro und Verwaltung, Zukunftsstrategien. Lebt in Tübingen.

Fritz Reusswig, geb. 1958 und *Michael Scharping*, geb. 1957, sind Diplom-Soziologen und Mitarbeiter der Frankfurter Forschungsgruppe Soziale Ökologie.

Hermann Schwengel, Privatdozent am Soziologischen Institut der Freien Universität Berlin und Mitglied des Forschungsprojekts »Politik der Lebensstile«. Studierte Philosophie und Sozialwissenschaften in Konstanz, Marburg und Zürich. 1985/86 Forschungsaufenthalt an der City University New York. Veröffentlichungen u.a.: Der kleine Leviathan. Politische Zivilisation um 1900 und die amerikanische Dialektik von Modernisierung und Moderne. Frankfurt/M. 1988.

Bernd Wagner, geb. 1948, arbeitet in einem Frankfurter Verlag. Mitarbeit in der »Bundesarbeitsgemeinschaft Kultur« der Grünen, außerdem Redakteur der Kulturzeitschrift »Umbruch«.

Horst-Dieter Zahn, geb. 1950. Nach verschiedenen Tätigkeiten in der Industrie und Studium 1974 Pädagogik-Diplom. 1975 - 1979 Jugendbildungsreferent. 1980 - 1985 Redakteur. Derzeit Promotion in Soziologie. Publizistisch und in politischer Bildung tätig. Schwerpunkte: Konservatismus, neue Informations- und Kommunikations-Technologien, Kulturtheorie und Medienentwicklung.

Nachweise

Der Beitrag von Ulrich Mückenberger - »Zwang zur Freiheit. Ruhe, Ordnung, Deregulierung« - geht auf ein Referat zurück, das er auf einer Tagung der Hans-Böckler-Stiftung im Mai 1987 zum Thema »Gewerkschaften und neokonservative Hegemonie« hielt. Auszüge aus der Diskussion dazu sowie weitere Referate und Diskussionsbeiträge bietet die diese Tagung dokumentierende Broschüre, die als »Graue Reihe - Folge 1« bei der Hans-Böckler-Stiftung, Bertha-von-Suttner-Platz 3, 4000 Düsseldorf 1 zu beziehen ist.

Der Beitrag von Oskar Negt - »Wissenschaft in der Kulturkrise und das Problem der Heimat« - ist erstmals erschienen im Heft 2, Jg. 1 von »Niemandsland. Zeitschrift zwischen den Kulturen«, 1987.

Den Beitrag von Bernd Wagner - »Wohin wird die Kultur »gewendet«? Konservative Kulturkonzeptionen zwischen Tradition und Moderne« - entnehmen wir der Theater-Zeitschrift II/88, Heft 24. Wir danken für die freundliche Abdruckgenehmigung.

Alle anderen Beiträge sind für dieses Buch verfaßte Originalbeiträge.